LA FRANCHE-COMTE

A LA RECHERCHE DE SON TERRITOIRE

LA FRANCHE-COMTE A LA RECHERCHE DE SON TERRITOIRE

ELEMENTS DE GEOGRAPHIE HISTORIQUE
DE L'ESPACE COMTOIS

D. MATHIEU
J.P. NARDY
A. ROBERT

ANNALES LITTERAIRES DE L'UNIVERSITE DE BESANCON, 309

LES BELLES LETTRES, 95 boulevard Raspail, Paris VI

PREFACE

Les travaux qui font l'objet de la présente publication ont été conduits dans le cadre du Laboratoire de Géographie humaine de l'Institut de Géographie de Besançon. Ils portent sur certains aspects historiques de la perception ou de la construction de l'espace comtois. Le premier article, qui traite de la maîtrise de l'eau représente la contribution de l'auteur aux recherches suscitées par le groupe français : histoire des irrigations et du drainage (1). Les deux autres, groupés dans une seconde partie, ont été présentés lors des séminaires de l'Institut d'Etudes Comtoises et Jurassiennes (I.E.C.J.) ; ils constituent le volet géographique de l'ouvrage : "La Franche-Comté à la recherche de son histoire : 1800-1914" (2), dont le premier tome faisait état des recherches plus spécifiquement historiques. Les auteurs tiennent à remercier leurs collègues historiens de l'I.E.C.J., tout particulièrement le regretté Roland Fiétier, ainsi que M. Gresset, Cl. I. Brelot, J.M. Debard, F. Lassus, R. Locatelli, J.F. Solnon, dont les remarques et les conseils leur ont été d'un très grand secours.

---

(1) Comité National Français de la Commission Internationale des Irrigations et du Drainage. Association Française pour l'Etude des Irrigations et du Drainage, 19 avenue du Maine. Paris.

(2) Publication des Annales Littéraires de l'Université de Besançon. Cahiers d'Etudes Comtoises, vol. 31, Belles Lettres, Paris, 1982.

PREMIERE PARTIE

MAITRISE DE L'EAU ET AMENAGEMENT RURAL EN FRANCHE-COMTE

Daniel MATHIEU

INTRODUCTION

Tous les systèmes d'organisation et d'exploitation de l'espace par l'homme intègrent à des degrés divers et avec une conscience plus ou moins claire, les problèmes posés par l'eau (1). Le rôle structurant de plus en plus reconnu, de cet élément naturel, est variable d'une région à l'autre et au cours de l'histoire, en fonction de l'importance de la ressource et des technologies spécifiques mises en oeuvre pour sa maîtrise. Expression du climat, la ressource globale théorique (précipitations moins évaporation) est une donnée sur laquelle l'homme n'a jamais eu et n'a, aujourd'hui encore, aucune prise. En chaque point du globe, l'importance et le rythme des précipitations combinés au jeu des températures définissent un niveau fondamental de contraintes et de disponibilités, plus ou moins modifié par les autres éléments du milieu naturel (organisation de la topographie en particulier) dans lequel s'inscrivent nécessairement la plupart des activités humaines. S'il ne peut échapper à ce cadre rigoureux, l'homme sait intervenir sur le bilan de l'eau : grâce à une panoplie de techniques appropriées dont certaines remontent à la plus haute antiquité, il agit sur la vitesse et sur la répartition spatiale des écoulements. La nécessité de tels aménagements dépend bien sûr en premier chef, des données du milieu : forte dans les régions arides et subarides d'une part et hyper-humides d'autre part, elle l'est beaucoup moins ailleurs. Mais leur mise en oeuvre est conditionnée par le niveau d'organisation socio-économique, technologique, voire culturel atteint par les sociétés humaines au cours des différentes périodes de leur histoire.

La Franche-Comté appartient au groupe des régions tempérées où la question de la maîtrise de l'eau ne s'est jamais posée ni avec une grande acuité, ni sur de vastes espaces. Il est vrai que les conditions naturelles offertes par le milieu comtois, sont peu contraignantes face à ce problème. Le climat (2) est caractérisé avant tout par l'abondance des précipitations : la plus grande partie de la région reçoit plus de 1000 mm par an ; des records sont atteints sur les plus hauts sommets vosgiens et jurassiens avec plus de 2000 mm. Ces chiffres ne fléchissent vraiment que dans les plaines occidentales, où les secteurs de Gray et de Dole sont moins arrosés : les totaux ne dépassent pas 700 mm. En second lieu le régime des précipitations est très équilibré : en toutes régions le mois le plus arrosé reçoit à peine deux fois plus d'eau que le mois le plus sec : aucun rythme saisonnier évident ne peut être décelé. On peut toutefois noter une certaine abondance des pluies au cours des mois de juillet et août ; or au cours de cette période les températures restent modestes : la moyenne ne dépasse pas 19° et elle diminue régulièrement avec l'altitude. Abondance des apports et modicité de l'évaporation, font que le bilan moyen, est positif tout au long de l'année. Ce constat demande cependant à être nuancé, car, comme souvent, les moyennes marquent la grande variabilité interannuelle des précipitations : les totaux annuels peuvent varier du simple au double : certaines années la plaine de Gray a reçu moins de 400 mm.

Les moyennes mensuelles sont encore plus contrastées : certaines années la sécheresse peut durer plusieurs semaines, occasionnant des déficits temporaires dans les régions de plaine en particulier (3). A l'inverse les épisodes pluvieux les plus longs et les plus arrosés pourraient occasionner des engorgements prolongés des sols et le gonflement "anormal" des rivières. En fait, paradoxalement, la Franche-Comté ne craint pas beaucoup les excès d'eau, sauf situations particulières. Les systèmes de pente et l'importance des dénivelés assurent une bonne organisation des écoulements. Dans les secteurs de plateau, la relative douceur de la topographie est compensée par une intense karstification des roches calcaires, qui favorise une rapide percolation des eaux. Enfin les écarts hydrologiques que constituent les crues sont limités par la division du drainage en trois grands bassins très étirés : Doubs, Ognon, Saône.

Dans ces conditions, il peut sembler assuré que la majeure partie du monde rural franc-comtois affiche une certaine indifférence face au problème de l'eau, au niveau de la surface du sol s'entend. Pourtant une telle attitude n'est ni générale, ni permanente. En premier lieu l'espace comtois n'est pas homogène, et certains secteurs ont été plus touchés que d'autres par les aménagements hydrauliques en fonction des conditions particulières du milieu naturel (marécages, fonds de vallées inondables, terres humides en général). Ensuite la prise de conscience du rôle de l'eau dans l'agriculture a été plus ou moins aiguë au gré des circonstances historiques : le cas de l'irrigation est particulièrement démonstratif à cet égard. Ce sont ces fluctuations temporelles, ces diversités de situations spatiales de la maîtrise de l'eau dans le monde rural que nous nous proposons de décrire et si possible d'expliquer, à travers l'étude des différents types d'aménagements qui ont été et qui sont encore réalisés : irrigation, assainissement, lutte contre les crues.

La rareté des recherches entreprises dans notre région sur ces sujets - l'indigence de la bibliographie en témoigne - rend illusoire toute tentative pour retracer, fût-ce seulement dans ses grandes lignes, un historique complet de la maîtrise de l'eau en milieu rural. Nos investigations se sont limitées aux périodes les plus récentes : XVIIIème et surtout XIXème et XXème siècles pour lesquels une abondante documentation était facilement accessible. Cette dernière provient de deux sources principales. Pour la période postérieure à la première guerre mondiale, les informations ont été collectées auprès des organismes agricoles : Chambres d'Agriculture et surtout Directions départementales de l'Agriculture où les responsables des services hydrauliques nous ont toujours réservé le meilleur accueil en mettant à notre disposition leurs archives, leurs dossiers de travail et leurs expériences "d'hommes de terrain". Dans quelques cas trop rares, ces renseignements ont été complétés par des enquêtes et visites auprès d'agriculteurs. Pour les périodes plus anciennes, la fréquentation de la documentation historique nous a été grandement facilitée par F. Lassus, Ingénieur de recherches à l'Institut d'Etudes comtoises et jurassiennes, qui a bien voulu mettre sa compétence et ses connaissances à notre service. Les écrits officiels des contemporains constituent une source fondamentale de renseignements en particulier les bulletins des diverses Sociétés d'Agriculture ou d'Emulation, les Annuaires départementaux, les comptes rendus des séances des conseils généraux, etc... Nous avons également eu recours aux archives, très techniques mais riches d'enseignements, des services hydrauliques, soit la série S des Archives départementales. Enfin, pour la région de Montbéliard la plupart des renseignements proviennent des séries E pour le XVIIIème siècle, et J pour la Révolution et l'Empire.

L'ensemble de cette documentation appelle trois remarques générales. Tout d'abord, elle est très abondante pour certaines périodes, très indigente pour d'autres, ces variations traduisant presque directement l'intérêt porté au problème de l'eau. En second lieu, elle est très départementalisée : le cadre administratif du département s'impose en effet dès le début du XIXème siècle comme un niveau essentiel de réflexion, de décision, mais aussi d'application de politiques définies à l'échelon national. Ce fait introduit un certain cloisonnement de l'espace comtois, où chaque unité administrative prend une certaine réalité. Enfin la qualité de l'information, en particulier pour les enquêtes nationales, dépend beaucoup du zèle déployé par les personnels des différents services hydrauliques ; elle varie donc d'un département à l'autre, ce qui rend parfois difficiles les comparaisons.

La première partie de ce travail sera entièrement consacrée à l'histoire de l'irrigation, dans la mesure où l'abondance de la documentation permet une bonne approche d'un problème original par bien des aspects. La seconde partie traitera plus spécialement des types d'aménagements dont la finalité est de lutter contre la trop grande abondance d'eau : assainissement général, drainage souterrain et lutte contre les eaux.

L'IRRIGATION.

Chapitre I - L'irrigation au XVIIIème siècle ; la région de Montbéliard.

Faute d'avoir mené des recherches précises, il ne nous est pas possible de donner un bilan de l'irrigation à l'époque moderne. Connue depuis longtemps cette technique est attestée dans deux régions franc-comtoises. Les archives de la région de Montbéliard font état de la présence de canaux d'irrigation dès la fin du XVIIème siècle dans la vallée de la Savoureuse. Des faits identiques sont également signalés dans les Vosges méridionales. Des textes datant de 1682 retracent les épisodes de la mise en place d'un réseau d'irrigation par les habitants de Montessaux (actuel canton de Melisey) (4). Ceux-ci demandent au prince d'Aremberg, baron et seigneur de Faucogney, l'autorisation de construire un barrage et un canal de dérivation qui permettraient aux eaux de la rivière Ognon de venir arroser leur prairie. Cette demande permet plusieurs remarques. Tout d'abord, l'eau n'est pas la propriété des riverains, elle appartient au seigneur et lui seul en dispose. S'il autorise des prélèvements c'est contre le versement d'une redevance annuelle payée par les bénéficiaires. Ensuite, il s'agit d'une demande adressée par une trentaine de paysans "possédant héritage en la prairie dudit lieu", ce qui traduit un certain souci d'organisation collective de l'irrigation. Enfin la rapidité de la procédure (trois mois seulement), le mode de répartition des frais occasionnés (en fonction des surfaces possédées par chacun), et les techniques employées (barrage de "12 pieds de large", écluse), tous ces faits montrent à l'évidence qu'il ne s'agit pas d'un acte isolé et d'une technique inusitée dans la région. Tout laisse à penser au contraire qu'à cette date (fin du XVIIème siècle) la pratique de l'irrigation est une chose courante dans les vallées et les plaines alluviales des Vosges méridionales et de leur piémont.

D'autres régions de la Franche-Comté connaissent sans aucun doute l'irrigation : les archives du service hydraulique du Jura signalent l'existence d'un réseau collectif d'irrigation dès 1694 dans la prairie de Vaudrey par une dérivation des eaux de la Cuisance. Est-ce un cas isolé ou d'autres réalisations existent-elles ailleurs ? Il n'est pas possible de répondre à cette question dans l'état actuel des recherches !

Il est cependant une région où l'irrigation tient une place très importante dans la vie des campagnes, il s'agit de la principauté de Montbéliard, laquelle, à l'époque, ne fait pas encore partie de la Franche-Comté, mais est une Terre d'Empire appartenant à la famille des Würtemberg. Sur le territoire exigu qui la constitue, est menée tout au long du XVIIIe siècle une intéressante expérience de mise en place de l'irrigation dans les plaines alluviales. Malgré une remise en cause pendant la période révolutionnaire, la plupart des installations existeront encore lors du rattachement définitif de cette région au département du Doubs en 1814. L'abondance de la documentation permet de suivre toutes les péripéties de cette tentative d'aménagement et d'en dégager les principaux traits ; c'est pourquoi nous analyserons ce cas exemplaire à bien des égards.

Deux périodes seront étudiées successivement, la première couvre essentiellement le XVIIIème siècle jusqu'en 1793, la seconde correspond à la Révolution et à l'Empire.

1. *L'irrigation sous les Princes de Wurtemberg.*

a) *Des conditions naturelles et un milieu favorables.*

Installée au lieu d'une convergence remarquable du réseau hydrographique, la Principauté de Montbéliard dispose de larges vallées façonnées au quaternaire par les eaux de fonte des glaciers, et d'abondantes ressources en eau. Descendu de la Haute Chaîne jurassienne, le Doubs décrit ici une large boucle avant de s'écouler vers le Sud-Ouest pour rejoindre la Saône. Il reçoit alors deux affluents qui drainent la région de la Porte de Bourgogne. Si la Lizane n'est qu'une petite rivière encaissée dans une modeste vallée, il n'en est pas de même pour l'Allan qui collecte les eaux du Sundgau occidental, et surtout, par ses affluents de rive droite, (Savoureuse en particulier) celles des hauteurs très arrosées des Vosges méridionales. Larges vallées, abondance des écoulements constituent des conditions naturelles, où le problème de la maîtrise de l'eau ne manquerait pas de se poser. Encore faut-il que des conditions techniques, économiques, sociales et politiques adéquates soient réunies pour que l'homme puisse exploiter ces potentialités. Cette conjonction de facteurs favorables semble réalisée au XVIIIème siècle : elle permet un aménagement très poussé de l'ensemble des vallées.

La situation des plaines alluviales à la fin du XVIIème siècle.

Les communes qui se partagent les terres des vallées de la Savoureuse, de l'Allan et du Doubs, ont des finages qui s'étendent largement sur d'autres terroirs, en particulier sur les plateaux bordiers. Au cours du XVIIème siècle, les guerres successives, dont la guerre de Trente Ans, ont profondément perturbé la vie des campagnes : l'espace cultivé se resserre, faute de bras pour la mise en valeur, et certains éléments du système agricole prennent une allure extensive. Seules les meilleures terres, celles des plateaux calcaires, sont exploitées. Dans ce contexte général et malgré leur richesse potentielle élevée, les grandes plaines alluviales attirent peu les hommes, leur morphologie encore proche de l'état naturel, leur hydrologie incertaine marquée par de nombreux débordements, une végétation médiocre en font un monde sinon hostile, tout au moins difficile à mettre en valeur. Parfois comme à Grand-Charmont, une forêt de peu de valeur est conservée. Plus généralement elles connaissent un système extensif d'exploitation ; elles sont défrichées mais non aménagées. En partie propriété indivise des communautés elles servent de terrain de parcours au bétail. La situation n'est cependant pas la même dans toutes les communes. Selon les villages la soif de terres est plus ou moins importante à la fin du siècle, et localement les cultures commencent à prendre possession des fonds de vallée devant "la recherche acharnée de terres labourables" (5). Cette tendance à la mise en culture ne va cependant pas se maintenir, face aux idées nouvelles qui vont toucher la Principauté.

Les idées nouvelles.

"Peu de prés, peu de blé" (5) : l'idée s'impose peu à peu que la médiocrité des ressources tirées de la culture tient pour une bonne part au manque de fumure et de force de travail. Or le nombre d'animaux par exploitation est limité par la faible extension des prairies. Il est donc nécessaire d'étendre la surface de ces dernières si l'on veut augmenter le rendement et l'étendue des terres cultivées. Ces réflexions préphysiocratiques, prémices de la révolution agricole, trouvent sans doute un certain écho dans la paysannerie de la Principauté. Mais ce sont surtout les Anabaptistes qui vont contribuer le plus à leur adoption. Chassés de Suisse et d'Alsace, ceux-ci ont trouvé refuge sur les terres protestantes de la principauté de Montbéliard. D'ailleurs, dès le milieu du XVIIème siècle, le Comte Léopold-Frédéric les attire pour repeupler les campagnes dévastées par la guerre de Trente Ans, en les exemptant d'impôts pendant quatre ans. Des mesures analogues seront encore prises en 1700.

Installés sur des exploitations d'une taille plus grande que la moyenne, ces nouveaux paysans, fermiers sur les terres du domaine du Prince, apportent avec eux les habitudes agricoles de leur pays d'origine. En particulier, le développement de l'élevage bovin conduit à l'extension et à l'amélioration des prairies de fauche. Ainsi en 1729 à Etupes, un Suisse allemand (Abram Ablitzer) propose au Prince l'amélioration de ses prés par la construction d'un réseau d'irrigation. Comme salaire de son travail, il demande une demeure, un bois d'affouage, du foin pour nourrir une vache et un écu par semaine.

La place tenue par les Anabaptistes dans la transformation du monde rural est soulignée dans un rapport du Conseiller de la Régence de Montbéliard datant de 1764. L'auteur note en effet que seuls ces fermiers anabaptistes "prospèrent et ne détériorent pas les fonds comme les autres, parce qu'ils ont du bétail en quantité". Les innovations pratiquées par les nouveaux venus sont également adoptées par la paysannerie locale. En 1683 les habitants de Seloncourt demandent à Monsieur le Châtelain de la Seigneurerie de Blamont et Clermont, (le prince de Montbéliard), l'autorisation de convertir des champs en prés. En effet, par manque d'herbe, les paysans n'ont pas un bétail suffisant pour labourer toutes les terres qu'ils voudraient : de ce fait il existe encore de nombreuses friches dans la commune, qui ne peuvent être mises en valeur, faute d'animaux de trait. L'autorisation leur est accordée contre un cens amphithéotique de "trois francs forte monnaie de Blamont" ; la transformation des champs en prairies s'accompagne de la construction d'un canal d'irrigation qui prend l'eau dans le Gland. Au milieu du XVIIIème siècle la nécessité d'un élevage bovin important rendu possible par une extension des prairies est une idée largement répandue. A Seloncourt encore, à propos des démêlés qui opposent le Prince à la famille Peugeot la communauté déclare :

> "A bien le prendre, on ne porte aucun préjudice au décimateur parce qu'en diminuant un peu d'un côté, on prépare par l'augmentation des foins, des engrais plus abondants qui, versés sur le restant des champs, le feront produire autant à peu près que faisait cy-devant le tout" (6).

Le rôle des Princes.

Dans un monde dominé par le système seigneurial, toute transformation ne peut se faire qu'avec l'assentiment du prince. Son attitude est donc essentielle, sur ses propres terres bien sûr, mais aussi sur celles de ses sujets. Dans l'ensemble les Princes de Montbéliard, assistés par le Conseil de Régence se montrent soucieux d'avoir dans leur petit Etat, une population abondante et une économie prospère : aussi sont-ils plutôt favorables aux innovations en matière d'agriculture. De nombreuses ordonnances prises par le Conseil de Régence montrent l'intérêt que porte le pouvoir politique aux améliorations du système de culture, grâce à l'irrigation. La première en date, une ordonnance de 1710, déplore que les canaux et autres ouvrages d'irrigation ne soient pas mieux entretenus et qu'aucune extension du système ne soit envisagée. Des mesures sont prises pour tenter d'améliorer la situation, mais semble-t-il, sans grand succès.

En 1730, une Remontrance du Prévôt adressée à Son Altesse Sérénissime, souligne aux yeux du Prince les bienfaits de l'irrigation :

> "L'un des devoirs de sa charge est de prendre soin des prés de S.A.S. dans le Comté* de Montbéliard, qui sont en grand nombre et en quantité de 710 fauchées. Une partie desquels est amodiée l'autre qui l'éstoit retombe l'année prochaine au profit du domaine par la finition des admodiations et la troisième se fauche par sa Seigneurie".

L'humble remontrant attentif à ses devoirs aurait remarqué que S.A.S. ne tire pas l'avantage de ce domaine qu'on en pourrait avoir. La raison est que les prés qui sont situés dans les prairies d'Allenjoie, Fesches, Estuppe, Sochaux, Exincourt et dans la banlieue de Montbéliard qui composent la plus considérable partie ne sont pas égayés ni arrosés ; une autre raison c'est que les pâturages qui se font dans les prairies à la sortie de l'hiver, en temps mou et fangeux détruisent et minent ces fonds" (A.D. E 627-Etupes).

* Le Comté ne représente qu'une partie des possessions du Prince dans la région de Montbéliard ; la principauté est en effet constituée par 4 seigneuries (Blamont, Chatelot, Clermont et Héricourt) en plus du Comté de Montbéliard.

La remontrance souligne le fait que les terres des vallées sont très fertiles et pourraient rendre beaucoup, mais à deux conditions : l'introduction de l'irrigation, car pendant les fortes chaleurs de l'été les herbes dépérissent, et l'interdiction ou au moins la limitation de la vaine pâture. Le premier grand projet d'aménagement est alors élaboré par le Baron de Tornaco, mais les travaux ne commencent véritablement qu'en 1747, lorsque le duc Charles de Würtemberg les impose à tous. Grâce au succès de cette entreprise "le système d'irrigation prit faveur dans toutes les localités qui en étaient susceptibles, et l'Autorité, pour l'intérêt commun, s'en réserva la haute surveillance". (A.D., 2 J 16).

En 1764 de nouvelles mesures sont prises par le Conseil de Régence pour réactiver certains travaux en sommeil. En même temps il est rappelé que le Souverain a le droit de prescrire à ses sujets la méthode de cultiver ses terres pour son plus grand avantage (A.N. Fond de Montbéliard K 2195, cité par Ferrer (6)). En 1865 ordre est donné à la communauté de Sochaux de transformer en prairie son pâturage de la Vouivre. Cet ordre s'accompagne d'ailleurs de mesures incitatives : si les travaux sont exécutés, les habitants jouiront pendant six années du produit de la prairie, à se partager entre eux pour les dédommager des frais que l'opération leur aura occasionnés. Par la suite ils ne jouiront plus que du tiers du produit, le surplus devant être amodié et les produits en revenir à la communauté qui l'utilisera à l'acquittement de ses dettes et à la création de capitaux.

En 1771, l'Archiduc Charles publie un règlement d'Agriculture qui incite à la modernisation des systèmes agricoles. A côté d'une nouvelle condamnation de la vaine pâture, il demande la suppression de la jachère, son remplacement par une troisième sole, l'extension des prairies artificielles et enfin l'amélioration des prairies naturelles, notamment par la mise en place systématique d'un réseau d'irrigation. Cette extension est favorisée par la suppression des taxes qui frappaient jusqu'alors toute transformation de champs en prés.

Ainsi pendant tout le cours du siècle, les Princes et le Conseil de Régence se préoccupent sans cesse de l'amélioration et de la modernisation du monde rural. Dans cet effort général une place particulièrement importante est reconnue à l'irrigation, car elle est un des meilleurs moyens d'augmenter la production fourragère et donc le nombre d'animaux. Pourtant le fait même que les ordonnances et règlements successifs se répètent plus qu'ils ne se complètent, montre bien que son extension ne s'est pas faite sans mal. Les résistances à l'innovation sont nombreuses et paradoxalement elles émanent aussi bien du pouvoir politique que de la paysannerie.

Les résistances.

En fait, tout au long du siècle, le pouvoir politique est le reflet de la personnalité princière et secondairement de celle des membres du Conseil de Régence. Tous les ducs n'ont pas accordé le même intérêt à l'amélioration de l'agriculture, et à des périodes fastes succèdent des temps morts. En outre l'attitude du Prince n'est pas exempte de contradiction. Despote éclairé, chef d'une communauté qu'il veut prospère, il a tout intérêt à favoriser la progression des idées nouvelles. Mais cela peut parfois toucher à ses prérogatives qu'il détient du système seigneurial. Ainsi à Hérimoncourt en 1767, Jean Guillaume Peugeot transforme plusieurs champs en prairies irriguées. L'administration princière se saisit de cette affaire et le receveur des dîmes rappelle que la transformation est contraire à la disposition des différents règlements et se fait au préjudice du Seigneur "qui sera privé entre autres des dîmes et mensons affectés de tout temps sur lesdits champs" (6). Par le biais des redevances, le système seigneurial pourrait empêcher tout progrès en matière agricole. En fait sa rigidité n'est qu'apparente : l'instauration d'un cens annuel et perpétuel qui sanctionne la transformation permet de préserver les intérêts du Prince sans nuire à l'évolution de l'agriculture.

Une autre difficulté est soulignée à propos de la même affaire il s'agit de la maîtrise de l'eau nécessaire à l'irrigation. Or celle-ci est la propriété du Prince et toute utilisation est subordonnée à son accord. C'est ce que rappelle le Conseil de Régence "il n'est permis à personne de déranger le cours des ruisseaux et rivières qui appartiennent au Seigneur" (6). En fait il s'agit d'un obstacle théorique car les autorisations sont toujours accordées. Pourtant certains cas sont un peu épineux : l'imbrication spatiale des droits seigneuriaux crée parfois des situations délicates. A Valentigney à la fin du siècle, des travaux projetés pour l'irrigation des prairies sont contrariés par l'Archevêque de Besançon. Co-propriétaire de la rivière, il demande en effet la destruction d'une digue construite sur la rive opposée, qui appartient à la seigneurerie de Montbéliard. Par les remous qu'elle provoque cette digue serait responsable d'une forte érosion des berges. De même il refuse le passage sur ses terres d'un canal qui servirait à irriguer des prairies de la Principauté.

Les réticences du pouvoir politique face à l'irrigation sont le fruit du système seigneurial dont la rigidité s'accommode mal du changement. En fait elles sont peu importantes par rapport à celles qui émanent des paysans. Si certains d'entre eux, en général des exploitants aisés, sont acquis assez tôt à l'irrigation, d'autres au contraire, certainement les plus pauvres, y sont farouchement hostiles. Les arguments présentés sont de diverses natures : il est possible de les analyser à partir d'une longue requête adressée en juin 1773 par l'échevin de la Communauté de Sochaux à S.A.S. Monseigneur Charles, Duc règnant de Würtemberg (A.D. E 968 Sochaux).

En 1765 ordre avait été donné aux habitants de Sochaux de transformer en prairie irriguée leur pâturage communal de la Vouivre : en 1773 les travaux ne sont pas encore exécutés et le Conseil de Régence réitère son ordre auquel les habitants répondent aussitôt par des arguments qui tournent autour de deux thèmes qui se contredisent partiellement : d'une part la pâture ne vaut rien, d'autre part elle est indispensable aux paysans du village.

Le sol de la Vouivre "est fort ingrat, il est d'une terre spongieuse et pourrie. Il ne porte que de la mousse, des joncs et des mauvaises herbes". Chercher à l'améliorer par l'irrigation serait vain car, "par sa situation naturelle il est plat et n'a aucune pente de sorte que si l'on venait à l'arroser, l'eau l'endommagerait en le rendant encore plus spongieux parce que ne pouvant avoir aucun écoulement, elle y croupirait". La seule amélioration possible consisterait à installer un système de drainage en creusant de profonds fossés remplis de cailloux puis recouverts de terre*. Mais ce travail demanderait beaucoup d'argent, et le résultat de ces lourds investissements est loin d'être assuré, ni pour les suppliants, ni pour leurs descendants. Le maintien des pâturages est une nécessité vitale pour la plupart des habitants du village. En effet ils constituent une des pièces maîtresses du système agricole. Ils permettent l'élevage du bétail en réservant une place minimum aux prairies puisqu'à l'exception de quelques semaines d'hiver, les animaux peuvent s'y nourrir tout le reste de l'année. S'ils sont supprimés, il faudra garder le bétail à l'étable durant de longs mois, ceci d'autant que les ordonnances de 1771 ont réduit la durée de la vaine pâture sur les champs et les prairies. Faute de fourrage il faudra vendre les animaux et "les paysans deviendront des mendiants". Ne voit-on pas en effet les Suisses allemands qui ont des prés en très grande quantité en amodiation... obligés d'amodier des pâtures où ils envoient leurs bestiaux durant tout l'été". A Sochaux la Vouivre est le seul pâturage de la commune, le reste du territoire est entièrement mis en valeur ; cet unique parcours est donc indispensable, surtout aux plus pauvres. Possédant peu de terres à exploiter, ils les consacrent surtout à la culture des céréales, nourriture indispensable, et peu aux herbages. Les quelques animaux qui composent le troupeau se nourrissent presque exclusivement sur les pâturages communaux. Or "si la réduction en prairie est un avantage pour les uns, c'est une perte pour les autres". En effet les prairies irriguées sont nécessairement soustraites aux pratiques communautaires ; elles sont amodiées aux exploitants les plus importants du village ou des villages voisins. Certes leur exploitation donne lieu à des redevances annuelles dont bénéficieront les finances communales. Mais l'argent ainsi gagné ne profitera pas directement aux membres de la communauté : surtout il ne remplacera pas le fourrage. Si la commune s'enrichit dans cette opération, la plupart des paysans s'appauvrissent. Or par opposition à la ville (de Montbéliard) "une communauté de laboureurs a moins besoin de revenus que de bestiaux, qui sont d'une nécessité indispensable pour le labourage". On retrouve donc dans cette requête l'écho des tensions qui opposent la paysannerie pauvre, farouchement attachée aux biens et pratiques communautaires, et une frange d'agriculteurs plus aisés ou plus ouverts qui recherchent des terres à exploiter et à améliorer pour leur propre compte. Mais dans la région de Montbéliard le cas de Sochaux reste isolé :

* Cette technique de drainage était donc déjà utilisée dans la région au XVIIIème siècle.

partout ailleurs la mise en place de l'irrigation s'est faite sans grands heurts. Signalons toutefois qu'à Hérimoncourt, le maire Guillaume Peugeot, doit l'imposer à certains de ses administrés récalcitrants (7).

b) *L'organisation de l'irrigation.*

Le calendrier des réalisations.

Il est probable que les premières irrigations mises en place dans la région sont antérieures au XVIIIème siècle. En 1683 la communauté de Seloncourt demande l'autorisation de réduire en prés une partie (6) de ses terres en construisant un canal pour donner l'eau. Sur les territoires de Fesches et d'Etupes il existe en 1680 un canal qui permet d'arroser environ 140 hectares de prairies dans la vallée de l'Allan. Cet ouvrage est d'ailleurs complété en 1682 par un nouveau canal dont la construction est ordonnée par l'Intendant du Roi de France à un moment où la Principauté est temporairement sous domination française. Des irrigations existent sans doute dans d'autres secteurs. Un acte de 1747 (A.D. E 238 Audincourt) signale à Audincourt un canal "très ancien" qui a été comblé par un propriétaire. A la même époque à Nommay (A.D. E 813, Nommay) on parle d'un canal qui existe depuis "des temps immémoriaux". Quelques travaux sont mentionnés au début du XVIIIème siècle. En 1706, de nouveaux aménagements sont exécutés dans la plaine de l'Allan. En 1707 les habitants de Bavans (A.D. E 324 Bavans) demandent à S.A.S. l'autorisation "d'égayer" des champs transformés en prés à partir des eaux du Doubs. La prairie concernée a une surface de trois cents fauchées (soit environ 80 hectares). Pour prix de la transformation les habitants paieront un cens foncier de 12 soles estevenantes par fauchée. Ainsi dès la fin du XVIIème siècle l'irrigation existe dans la région, mais, en dehors de la plaine alluviale de l'Allan, les réalisations restent modestes. En outre il s'agit de créations liées à des initiatives individuelles ou collectives mais où l'autorité princière n'intervient pas directement.

Entre 1730 et 1750, à la faveur de l'intérêt que les princes et leur administration vont porter à l'agriculture, de nouveaux travaux plus importants vont être entrepris. A la suite de la remontrance du Prévot en date de 1730, les eaux du village d'Etupes sont détournées pour irriguer les prairies des habitants et celles que le Prince possède dans la localité. A Bavans en 1739 un nouveau canal est projeté ; les travaux seront à peu près terminés en 1748. Mais c'est surtout l'irrigation de la "Grande Prairie" qui marque cette période. En 1736 le baron Tornaco, alors gouverneur du Comté de Montbéliard, conçoit un grand projet d'amélioration de la plaine alluviale sur le territoire de plusieurs communes : Allenjoie, Fesches, Etupes, Vieux Charmont, Sochaux et Exincourt. Plans et devis sont dressés pour la construction de plusieurs canaux qui dériveraient les eaux de l'Allan. Ces bonnes dispositions ne sont pourtant pas suivies d'effets immédiats et les travaux ne seront commencés qu'en 1747 et terminés en 1755. Dans le même temps est mis sur pied le projet d'irrigation des prairies d'Audincourt et d'Arbouans ; il s'agit ici d'améliorer le système existant. Enfin à Bart les prairies sont irriguées à partir des eaux du ruisseau du village.

Un second temps fort des réalisations se situe en 1765 et 1770. En 1765 les aménagements reprennent dans la vallée de l'Allan avec l'installation d'un nouveau canal dans la Grande Prairie et le projet d'assainissement de la Vouivre de Sochaux et de Montbéliard. En 1768 les habitants de Valentigney demandent l'autorisation de construire un canal d'irrigation dans la plaine pour transformer des champs en prairies. La même année des travaux commencent dans la prairie d'Exincourt et à Seloncourt sous la direction de Jean Guillaume Peugeot.

Jusqu'à la période révolutionnaire qui marque l'annexion de la Principauté par la République française, projets et réalisations se succèdent. Les travaux commencés dans la Vouivre de Sochaux vont se poursuivre malgré les réticences de la population. En 1773 des transformations sont effectuées dans les prairies d'Audincourt. Entre 1774 et 1778, un canal est construit dans la plaine de "Champagne" qui appartient à trois communes : Arbouans, Courcelles et Audincourt. C'est également au cours de cette période que les premières réalisations importantes touchent la vallée de la Savoureuse à Grand-Charmont et à Nommay en particulier*. Mais faute d'organisation d'ensemble de nombreux litiges opposent les différentes communautés. C'est en 1787 seulement qu'est élaboré un projet global avec la création envisagée d'un canal unique qui arroserait les prairies des communes riveraines et servirait également au "roulement" des usines. Mais les événements ultérieurs ne permirent pas sa réalisation.

Durant tout le XVIIIème siècle se mettent donc en place des systèmes d'irrigation, imposés par le Prince ou soumis à son agrément. Cette tutelle assurée par le pouvoir politique permet des aménagements importants qui dépassent le cadre des collectivités locales et tentent d'assurer, pour chaque vallée, une gestion optimale des ressources en eau. Car à la veille de la Révolution française toutes les plaines alluviales du Comté sont occupées par des prairies irriguées, et l'on a pu parler à leur propos de véritable "Petite Hollande" tant les aménagements étaient importants et la mise en valeur poussée.

Les infrastructures.

La quasi totalité des travaux effectués pour mettre en place les systèmes d'irrigation montrent une certaine maîtrise des techniques. Nous ne connaissons pas les personnages qui ont dressé les plans et élaboré les projets, mais il s'agit sans doute de techniciens au fait des connaissances de l'époque en ce qui concerne l'hydraulique agricole. Les travaux eux-mêmes sont confiés aux soins d'entrepreneurs et d'artisans locaux.

* Elles reprennent d'ailleurs en partie des aménagements plus anciens.

L'adjudication des marchés a lieu "en faisant crier au rabais en pleine assemblée de la communauté" (A.D. E 179, Allenjoie). Les entrepreneurs utilisent en général la main d'oeuvre locale, les agriculteurs eux-mêmes, et ce n'est que dans des cas très particuliers que l'on fait appel à des ouvriers "étrangers" à la communauté. A Sochaux par exemple, dans la mesure où les habitants refusent de faire les travaux projetés dans la Vouivre, le Conseil de Régence en confie la charge à d'autres. Trois ans après les habitants de Sochaux reviennent d'ailleurs sur leur décision et "souhaitent faire par eux-mêmes ce qui reste à faire. Par là ils diminueraient de beaucoup les dépenses et feraient du meilleur travail que les ouvriers qu'on y a mis et qui ne connaissent pas aussi bien qu'eux la nature de leur terrain".

La prise d'eau dans la rivière s'effectue au moyen d'une "écluse" munie d'un "bâtard d'eau à trois pelées, qui par leur haussement et leur baissement donneront la facilité d'entrer telle quantité d'eau qu'on trouvera à propos" (A.D. E 179, Allenjoie). D'autres moyens de prise d'eau sont envisagés. En 1730, la Remontrance du Prévot propose d'établir "deux roues, l'une proche de Fesches, l'autre vers Etupes, qui porteraient dans des saillots attachés aux rives, les eaux dans des canaux qui seraient à faire le long de la prairie".

Suivant les cas, un ou plusieurs canaux de tailles variables assurent l'acheminement des eaux vers les prairies. En 1768 l'adjudication faite à Exincourt porte sur un véritable lacis de canaux qui représentent une longueur totale de près de quatre kilomètres (2300 toises de six pieds de Roi). Leur largeur diminue d'amont en aval : l'ouvrage le plus important ayant huit pieds (deux mètres trente) à son embouchure. A Valentigney dans le projet de 1768, c'est un seul canal de quatre kilomètres de long (et large de trente pieds de Roi à son embouchure) qui dérivera les eaux du Doubs à partir d'une "écluse" de cent pieds de long. Pour la "Grande Prairie", le canal de 1765 a 3,7 kilomètres de long et 18 pieds de large.

Sur le canal principal viennent se greffer des canaux secondaires et des rigoles qui répartissent l'eau entre les diverses parcelles. Pour la "Grande Prairie" ils représentent plus de dix kilomètres de longueur pour assurer l'irrigation de 2000 fauchées (soit environ 500 hectares). Ces ouvrages sont réalisés après les canaux principaux car "il convient d'attendre que les eaux y viennent pour mieux voir où il convient de les faire, pour ne point faire de travail inutile" (A.D. E 968, Sochaux). Chacun d'eux est équipé d'empelements ou de feuilles en bois de chêne qui permettent de régler pour chaque propriété le rythme des arrosages. A Allenjoie en 1761, 43 feuilles sont posées, qui commandent l'arrivée d'eau à autant de prés. Les principaux ouvrages sont bordés de chaussées et de digues dans tous les endroits nécessaires "à hauteur convenable en ayant soin de bien damer la terre... et de l'engazonner autant que possible".

Généralement le réseau d'irrigation est doublé d'un système d'assainissement afin que l'eau ne stagne pas sur les terres. A Sochaux pour la mise en valeur de la Vouivre, il est creusé un "épuroir ou canal d'égout". Il en est de même à Allenjoie : en outre afin d'éviter les innondations, des digues en bois sont construites le long des berges. Les aménagements ne se limitent donc pas à apporter de l'eau sur les terres, ils tendent également à la restituer rapidement à la rivière et à empêcher les débordements de celle-ci.

Le déroulement des travaux

La durée de réalisation des projets est très variable suivant les cas. Le plus souvent quelques années suffisent. Par exemple l'aménagement de la "Grande Prairie", conçu en 1765, est terminé en 1770, à la satisfaction de tous. Parfois pourtant, les affaires traînent en longueur, soit parce que les études préliminaires n'ont pas été faites avec suffisamment de soin, soit à cause de contestations qui s'élèvent entre les diverses parties intéressées. Le cas de Valentigney est éloquent à cet égard. En 1768 les habitants demandent la construction d'un canal d'irrigation avec prise d'eau dans le Doubs. Les travaux commencent lentement et en 1770 l'entrepreneur demande à se dégager de cette entreprise. Il juge en effet l'opération impossible "car les eaux ont été prises beaucoup trop bas dans le Doubs" (A.D. E 996, Valentigney), il n'y aura donc pas assez d'écoulement pour arroser toute la prairie. Par un arrêt du Conseil de Régence, il est cependant sommé de continuer l'ouvrage qui sera terminé en 1773. Pourtant en 1777, dans une requête adressée au Prince, les habitants constatent que la prise d'eau actuelle est effectivement trop basse et qu'il faudrait la remonter de 300 toises au moins. La chicane durera jusqu'à la veille de la Révolution et le projet sera finalement abandonné.

Le suivi des travaux est assuré par des "experts" qui sont nommés par le Conseil de Régence (par exemple les maires d'Allenjoie, d'Exincourt et de Nommay pour la Vouivre de Sochaux) tandis que la comptabilité des opérations est tenue par l'administration du Comté (le Prévot). Lors de l'apurement des comptes les dépenses sont partagées entre les différents propriétaires concernés au prorata des superficies arrosées qu'ils possèdent. A titre d'exemple, voici le prix de revient de quelques opérations :
- 2980 livres pour l'irrigation de 50 fauchées (12 hectares) de la Vouivre de Sochaux en 1777 (soit 250 livres/hectare).
- 16500 livres pour les 280 fauchées (70 hectatres) de la prairie de Valentigney en 1775 (230 livres/hectare).

L'administration de l'irrigation

Le plus souvent oeuvre collective quant à sa réalisation, tout système d'irrigation nécessite pour son maintien en bon état une surveillance permanente, et pour son bon fonctionnement une juste répartition des eaux entre les propriétaires. Aussi voit-on apparaître très tôt un personnel spécialisé, le "Valet des Prés" chargé de ces diverses tâches. En 1730, à propos de la prairie d'Etupes, la Remontrance du Prévot envisag l'établissement de deux gardes, mais ce n'est qu'en 1742 qu'il est fait mention de la nomination d'un "Valet des Prés". Dans la seconde moitié du XVIIIème siècle chaque commune ou groupe de communes en possédera un ou plusieurs.

Le choix du "Valet des Prés" est effectué par les possesseurs de fonds dans la prairie irriguée. La personne désignée prête serment devant le Conseil de Régence et s'engage à bien accomplir les tâches qui lui seront dévolues. Le travail revêt deux aspects : gestion de l'eau et maintien des installations. Pour la gestion de l'eau, il se conforme aux indications d'un Règlement qui assure le partage et les temps d'arrosage. En fait, ce règlement reste parfois très vague : à Allenjoie en 1763, la répartition de l'eau doit être "égalitaire" sans autre précision. A Etupes au contraire, les instructions de 1742 sont beaucoup plus précises (A.D. E 627, Etupes). La prairie sera divisée en 14 cantons ; chaque canton sera arrosé 12 heures par semaine "toutefois en observant pendant les chaleurs que la distribution se fasse par rapport au jour et à la nuit alternativement". Les prés possédés par le Prince dans cette commune jouiront plus longtemps des eaux que ceux des particuliers ; l'arrosage sera effectué pendant 48 heures par semaine, à l'exclusion de tout autre.

Pour la "Grande Prairie" les tours d'arrosage dépendent des quantités d'eau disponibles (règlement de 1771). Quand celles-ci sont abondantes, l'irrigation pourra se faire partout en même temps. En période de basses eaux, une rotation par commune est organisée : un jour pour la prairie de Fesches, deux jours pour celle d'Exincourt, trois jours enfin pour Etupes-Vieux-Charmont. Enfin à Nommay le règlement de 1787 prévoit : trois jours par semaine (du samedi soir au lundi soir) pour les prés de la Seigneurie ; les mêmes prés du mercredi soir au jeudi soir ; les prés des Saules du lundi soir au mercredi soir ; le Clos Champ et les Prés Girard du jeudi soir au samedi soir. Notons que comme dans le cas d'Etupes les prés du Prince apparaissent comme privilégiés. Ces arrosages ont généralement lieu au cours de trois périodes : au printemps pour aider au démarrage de la végétation, au début de l'été après les foins pour favoriser la pousse des regains, en automne lors des fortes pluies pour enrichir la terre par limonage : à cette époque en effet les rivières abondamment alimentées charrient une forte charge en suspension que les eaux déposeront sur les terres. Le but de l'irrigation est donc double, aider à la croissance des plantes et fertiliser les prairies.

La seconde tâche du "Valet des Prés" réside dans l'entretien des installations d'irrigation. A Allenjoie (1763) il s'engage à entretenir et à curer une partie du maître canal et les quatre canaux secondaires qui se greffent dessus. Il doit également constater les réparations à faire "aux batardeaux et autres ouvrages". Il traite ensuite les travaux avec les artisans "après en avoir référé à la communauté et en marchandant en faisant crier au rabais en pleine assemblée d'ycelle". Il ne s'occupe donc que des ouvrages collectifs, et n'assure pas l'entretien des rigoles qui desservent les parcelles, travail qui reste à la charge des propriétaires.

Pour les diverses tâches auxquelles il est affecté le "Valet des Prés" est rémunéré par l'ensemble des propriétaires, en proportion des surfaces irriguées qu'ils possèdent. A Allenjoie, il perçoit 10 soles par fauchée. Le travail est fait avec plus ou moins de sérieux suivant les individus, et de fréquents litiges opposent les propriétaires et les "Valets des Prés". En 1771, les habitants d'Exincourt se plaignent que le valet est "négligent, paresseux ; certains prés n'ont pas vu une goutte d'eau alors que d'autres ont été inondés. De ce fait les prés des particuliers ne valent pas grand chose et ceux de la communauté ne pourront être amodiés très chers" (E 645 Exincourt). En 1774, c'est la communauté d'Allenjoie qui constate que l'eau n'est pas également distribuée entre les différentes terres, certaines sont favorisées par "lâche complaisance". Par ailleurs, les marchés des travaux sont passés en secret, avec des relations du Valet, et à des prix très élevés. Mais hormis ces quelques anicroches, cette institution semble donner satisfaction dans la plupart des cas.

c) *Les réformes de la fin du siècle*

Bien installée dans la région, l'irrigation donne de très bons résultats : les prairies d'Allenjoie par exemple sont particulièrement réputées. Les ombres au tableau sont rares, si l'on met à part la résistance persistante des gens de Sochaux et la malencontreuse affaire de Valentigney. Les seuls vrais problèmes communs à presque toutes les prairies sont d'ordre financier. Lors de l'apurement des comptes des différents travaux, les nombreux litiges opposant individus, collectivités et entrepreneurs, traînent pendant des années.

Ces difficultés financières, jointes aux problèmes d'organisation et de coordination des travaux ont poussé le pouvoir politique à prendre en main d'une façon plus rigoureuse l'administration des terres irriguées. Il faut dire que dans cette affaire, l'intérêt du Prince rejoignait l'intérêt général. Principal propriétaire des prairies (il devait posséder près du tiers des plaines alluviales), dont il tirait des revenus non négligeables, il ne pouvait être indifférent à leur gestion. Aussi en 1788, est créé un véritable corps administratif spécialisé dans ces questions. Il est institué un "Comité des Prairies" composé de trois membres choisis par le Prince au sein du Conseil de Régence. Ce comité est chargé de l'exécution et de l'apuration de tous les comptes, d'ordonner et de contrôler tous les travaux d'entretien, et pour les grandes opérations d'en référer au Conseil. En outre, il établit les "Valets des Prés" et nomme des "Inspecteurs des Prairies", qui prêtent serment devant le Procureur Général. Le premier des Inspecteurs à être nommé est celui de la "Grande Prairie". Ses charges sont multiples : il fera quatre visites annuelles dans chacune des prairies, deux au printemps, deux en automne, au cours desquelles il examinera soigneusement digues, écluses, batardeaux, canaux épuroirs et en général tous les ouvrages. Il vérifiera que les "Valets des Prés" arrosent convenablement toutes les prairies aux dates prévues et curent les canaux et épuroirs. Il veillera à ce que les propriétaires et les fermiers de la Seigneurie fassent les saignées pour que les prairies puissent être arrosées. Il surveillera les travaux effectués par les entreprises de façon à ce qu'ils soient conformes au marché. Enfin il rendra des comptes de son activité devant le "Comité des Prairies". On assiste donc avec cette réforme à la mise sur pied d'une véritable administration spécialement conçue pour un objectif précis.

Mis en place en 1788 le "Comité des Prairies" n'aura qu'une vie très brève, car comme toutes les institutions de la Principauté, il sera balayé lors de l'annexion du pays de Montbéliard à la France en 1793. La nouvelle administration a donc fonctionné pendant cinq années seulement, avec plus ou moins de zèle. Au cours des premières années, son action est bénéfique et la gestion des prairies semble s'améliorer. Mais bientôt l'esprit révolutionnaire qui agite la France gagne peu à peu les campagnes de la Principauté. Ce sont surtout les aspects financiers de la gestion qui sont remis en cause par les propriétaires. Parfois même, comme à Bart, c'est l'irrigation elle-même qui est rejetée. Plusieurs habitants remettent leurs prairies en champs, et refusent de participer à l'entretien des ouvrages et aux dépenses occasionnées par les travaux. C'est donc tout le système d'irrigation qui est compromis dans cette commune. Face à cette vague de contestation, le Comité n'ose rien refuser, et la gestion de certaines prairies sombre alors dans l'anarchie.

2 - L'irrigation pendant la Révolution et sous l'Empire

Occupé par les troupes françaises en octobre 1793, le territoire de l'ancienne Principauté va connaître une longue période d'hésitation pour son rattachement administratif à l'un des départements voisins. Provisoirement réuni à la Haute-Saône par le représentant en mission Bernard de Saintes, il est ensuite intégré en février 1797 (2 nivôse an V) au petit département du Mont Terrible, qui sort victorieux de sa querelle avec le "clan des Belfortains" (8). Le 28 pluviôse an VIII, l'ensemble est rattaché au département du Haut-Rhin, et la région de Montbéliard fait alors partie de l'arrondissement de Porrentruy.

Au cours de ces bouleversements successifs, l'ancienne administration princière disparaît, tandis que se mettent lentement en place de nouvelles structures. Pour ce qui concerne l'irrigation, un rapport en date du 5 fructidor an V note que "depuis près de quatre ans, les établissements servant à l'irrigation des prairies faits d'autorité publique, sont abandonnés aujourd'hui à l'insouciance des propriétaires et ne sont plus entretenus avec le même soin qu'auparavant" (A.D. 2 J 16). Pour remédier à cet état, un règlement est pris par le Préfet du Mont Terrible qui met en place une nouvelle administration. Considérant que les aménagements réalisés sous l'impulsion du Prince constituent des Etablissements publics destinés à "l'utilité générale", leur gestion est confiée aux administrations municipales des deux cantons de Montbéliard et d'Audincourt. Celles-ci pourront effectuer, avec l'accord de la majorité des intéressés, tous les travaux nécessaires. La gestion financière sera assurée par deux caissiers, tandis que deux commissions de trois membres sont nommées pour résoudre tous les problèmes hérités du passé et veiller au bon fonctionnement de l'ensemble. Seule la commission du canton d'Audincourt aura d'ailleurs un rôle important, c'est elle en effet qui gère l'essentiel des prairies de la région. La seconde commission a un champ d'action limité, puisque le canton de Montbéliard est réduit au seul territoire de la ville.

  Les différents rapports que la commission du canton d'Audincourt envoie au sous-préfet de Porrentruy en l'an VIII et l'an IX, font état de situations fort variables suivant les prairies. Certaines sont criblées de dettes et leur mise en état nécessiterait de nombreux et coûteux travaux (la Vouivre de Sochaux, par exemple), d'autres (Allenjoie, Valentigney, Exincourt, Nommay) ont vu leur gestion assurée avec zèle et compétence par les communes. Un peu partout des travaux d'aménagement sont effectués (Valentigney, Fesches, Vieux-Charmont, etc...), tandis que les caissiers essaient de résoudre les difficultés financières. Pourtant le travail de la commission attise bientôt les rancoeurs chez les propriétaires. De nombreuses plaintes, qui relatent abus et exactions de ses membres, sont adressées aux autorités. A Audincourt par exemple, des pétitions dénoncent les liens familiaux trop étroits qui unissent les différents administrateurs des prairies ; quatre frères sont respectivement : "Membre de la commission, Receveur, Inspecteur et Valet des Prés". Il y a là une main-mise familiale qui nuit à la bonne gestion du système d'irrigation. Deux commissaires chargés d'enquêter sur ces faits proposent dans leur rapport au sous-préfet une réorganisation de l'administration des prairies. Une nouvelle commission de trois membres est alors nommée par les autorités. Celle-ci dans son rapport du 13 fructidor an IX propose de s'occuper en propre des prairies qui ont des problèmes de gestion (la "Grande Prairie" et la "Champagne" d'Arbouans-Courcelle) tandis que les autres restent administrées par les municipalités.

  Une dernière réforme intervient en l'an X avec la nomination d'un Directeur des Prairies du Canton d'Audincourt qui coiffe le travail des commissaires ; ce nouveau système se maintient jusqu'en 1817.

  Les problèmes administratifs étant réglés non sans mal, la question de l'irrigation n'est évoquée, au cours du Consulat et de l'Empire qu'à propos des difficultés financières. Les contestations de comptabilité se poursuivent en effet, compliquées par le problème de la vente des Biens Nationaux. Les acquéreurs de prairies irriguées doivent-ils payer les dettes contractées par les anciens propriétaires ? Les paysans s'opposent naturellement à la répartition des anciens rôles et sont alors poursuivis par l'administration. Le Conseiller d'Etat au Domaine National, suspend un moment les poursuites, mais le problème reste entier en particulier pour les entrepreneurs, qui ayant effectué des travaux attendent depuis plusieurs années le règlement de leur dû.

  Malgré ces nombreuses querelles, le système d'irrigation fonctionne à nouveau. Les installations sont bien entretenues et des travaux de remise en état sont entrepris entre 1806 et 1809 à Bart, Sochaux, Montbéliard et Vieux-Charmont, par exemple. On note même une certaine extension, à Audincourt en l'an XI, ainsi qu'à Semondans et St Julien-Echenans.

En 1814, la région de Montbéliard est définitivement rattachée au département du Doubs. Dès lors, toutes les questions importantes concernant l'hydraulique seront directement traitées par les services préfectoraux de Besançon, où le mot même d'irrigation est à peine connu.

A l'époque moderne, l'irrigation existe bien dans quelques secteurs de la Franche-Comté : elle est attestée dès la fin du XVIIe siècle, sans qu'il soit pourtant possible d'en préciser ni les origines, ni l'extension effective, ni la dynamique. Tout au plus peut-on remarquer qu'il existe deux types de situation où les rapports entre l'irrigation et l'autorité seigneuriale sont différents. Dans les Vosges comtoises, l'absence même de documents officiels touchant à ce problème, souligne le fait que cette technique est le fait des agriculteurs, le seigneur n'intervient sans doute que pour faire respecter ses droits. Cette attitude n'est-elle pas à propos d'un problème très particulier, celui de l'irrigation, l'expression d'une indifférence tout à fait générale que la noblesse française affiche vis à vis de tout ce qui touche à l'organisation du monde rural. Dans la région de Montbéliard, la position du seigneur est tout autre puisqu'il accompagne, voire suscite, l'adoption de l'irrigation par les agriculteurs qui dans l'ensemble sont convaincus de son utilité. Car cette adoption n'est pas due au seul fait du prince : la preuve en est que la tourmente révolutionnaire n'a pas fait disparaître des pratiques qui étaient bien ancrées dans le système agricole.

Chapitre II - L'évolution au cours du XIXe siècle et jusqu'en 1914.

Après les soubressauts de la Révolution et de l'Empire, la France entre dans une longue période de calme relatif, marquée par l'émergence de la société industrielle et par de profondes transformations du monde rural. La demande croissante des denrées alimentaires, suscitée par l'expansion démographique qui marque la première moitié du XIXe siècle, oblige à mettre en oeuvre tous les moyens susceptibles d'accroître la production : lentement, une véritable révolution agricole modifie les systèmes agraires et l'organisation socio-économique des campagnes. Le plus souvent mal perçue par les masses paysannes, cette nécessaire modernisation de l'agriculture va trouver un écho favorable auprès de nobles terriens et dans les gouvernements successifs, dont certains vont même s'efforcer de conduire une véritable politique agricole. Au niveau local, ces préoccupations vont s'affirmer à travers deux types de structures. Le premier type est constitué par de nouveaux services administratifs, chargés de définir et d'appliquer des politiques dont les grandes lignes sont tracées par le pouvoir central. Le département devient alors l'unité spatiale fondamentale, puisqu'il est le véritable champ d'action et de réflexion de ces services. Le second type de structure regroupe diverses assemblées. Sociétés d'Agriculture, Sociétés d'Emulation, mais aussi Conseils généraux qui rassemblent toutes les personnalités du monde rural, en particulier les grands propriétaires nobles soucieux par goût ou par raison de bien mettre en valeur leur domaine. Au sein de ces institutions, les idées nouvelles sont débattues, des expériences mises sur pied, des résultats analysés. L'"agromanie" (9) qui anime la plupart des notables pourra, par contamination, inciter une partie de la paysannerie à adopter certaines innovations.

Dans ce nouvel état d'esprit, l'irrigation occupe une place de choix dès les années 1820, et cet engouement se maintiendra jusqu'au début du XXe siècle. Dans toute la France de nombreuses réalisations vont voir le jour en particulier dans la vallée du Rhône. Comment la Franche-Comté s'intègre-t-elle à ce mouvement, l'irrigation a-t-elle progressé et dans quels secteurs ? Autant de questions auxquelles nous essayerons d'apporter un début de réponse.

1. Un courant d'idées et des dispositions législatives favorables.

Dès le début du XIXe siècle, de nombreux esprits éclairés, soucieux de promouvoir une véritable transformation de l'agriculture, considèrent l'irrigation comme le plus sûr moyen d'accroître le rendement des prairies, et par là d'augmenter le cheptel, donc le volume des engrais naturels et en fin de compte la production céréalière. Cette préoccupation qui s'exprime dans de nombreuses publications savantes d'audience nationale, se retrouve à l'échelon local. Les bulletins publiés par les diverses Sociétés d'Agriculture, qui se créent ou se recréent au début de ce siècle, se font l'écho de cette attitude. Dans le rapport des travaux de la Société libre d'Agriculture Arts et Commerce du département du Doubs, le président Girod de Chantrans décrivant le pays écrit : "Nos prairies naturelles semblent attendre aussi quelques progrès de la fertilisation, soit par des engrais appropriés à la nature de leurs sols et à l'aspect dont ils jouissent, soit par des saignées ou des irrigations, trop rarement employées parmi nous, et avec bien peu d'intelligence" (10). Des constatations identiques sont faites en Haute Saône dans un article publié en 1827 par M. Gerrier : "Le mauvais état dans lequel on laisse les prairies, la négligence des cultivateurs, réduisent presque de moitié leurs produits annuels. La disette de fourrage ne fait qu'augmenter par la suite de cet abandon, et le haut prix du foin dans les années 1825 et 1826 prouve la nécessité d'améliorer nos prairies... (par l'irrigation)" (11).

Jusque vers 1850, l'irrigation est au coeur de tous les débats qui animent ces assemblées de notables. Des conseils sont donnés sur les diverses techniques à utiliser : des concours sont organisés sur la meilleure façon de conduire l'irrigation des terres ; des résultats encourageants sont présentés pour servir d'exemple. Il faut cependant noter que la question n'est pas abordée partout avec le même intérêt. Alors qu'en Haute-Saône l'irrigation donne lieu à des discussions nombreuses et souvent passionnées, dans le Doubs et surtout dans le Jura, elle apparaît beaucoup plus secondaire. Cela traduit chez les notables une mentalité plus "agrairienne" en Haute-Saône que dans les autres départements comtois.

A partir de 1850, l'intérêt soulevé par l'irrigation semble quelque peu retombé, les écrits des sociétés d'Agriculture n'en font plus mention et d'autres sujets prennent le devant de la scène (élevage, vigne). Ce recul dans le discours, mais qui ne traduit peut-être pas un abandon dans les faits, touche tous les départements comtois, alors qu'au niveau national le débat n'est nullement clos. En 1880, P. Durnerin affirmait encore que "l'irrigation est l'agent le plus actif et le plus essentiel de l'industrie agricole" (12).

Gagnés par les idées agrairiennes, les Pouvoirs Publics vont prendre un certain nombre de dispositions pour permettre le développement de l'irrigation. Dans les différents départements, les préfets interviennent directement : celui du Doubs, par exemple, adresse en 1840 une lettre à tous les maires et "appelle leur attention sur les possibilités de profiter des cours d'eau pour féconder les prairies sèches, par des irrigations combinées et dirigées par des associations régulières" (13). Au plan national les ministres de l'Agriculture, soumettent à la discussion des Sociétés d'Agriculture, un certain nombre de questions touchant surtout aux problèmes juridiques de l'irrigation. En 1850, la deuxième question soumise au Congrès de la Société d'Agriculture de la Haute-Saône est la suivante : "Quels seraient les meilleurs moyens de favoriser les irrigations et leur introduction dans les parties du département où elles ne sont pas encore pratiquées ?" (14). Plus concrètement, la création des Services Départementaux de l'Hydraulique sous la Seconde République, constitue au plan administratif, une réponse à ces préoccupations. Enfin, un certain nombre de textes vont faire progresser, bien timidement, la législation dans ce domaine. Sous l'ancien régime toute utilisation de l'eau était subordonnée à l'autorisation du seigneur. Avec la Révolution, puis le Consulat et l'Empire, qui affirment les droits de la propriété privée, le problème est abordé sous un angle nouveau :

"Celui dont la propriété borde une eau courante, autre que celle qui est déclarée dépendante du domaine public par l'article 538 au titre de la séparation des biens, peut s'en servir à son passage pour l'irrigation de sa propriété.

Celui dont cette eau traverse l'héritage peut même en user dans l'intervalle qu'elle y parcourt, mais à la charge de la rendre à la sortie de ses fonds, à son cours ordinaire" (15).

Ce texte apparemment clair ne laisse pas cependant de poser autant de problèmes qu'il n'en résout, et ses imperfections sont loin de permettre une utilisation rationnelle et efficace des ressources en eau pour les besoins de l'irrigation. A l'échelon local, dans l'article déjà cité (11), M. Gerrier écrivait : "La législation en vigueur ne présente rien de positif, et laisse un vaste champ libre à l'arbitraire, soit sur les diverses attributions, soit sur l'organisation des principes. Il est donc très important que le législateur s'explique sur les cours d'eau".

Il faudra attendre la fin de la Monarchie de juillet, puis le Second Empire, pour que la législation évolue dans un sens plus favorable, par l'adoption de trois textes : rappelons-les brièvement.

- La loi du 29 avril 1845 permet à un propriétaire riverain d'irriguer ses terres non riveraines en passant sur les propriétés d'un tiers. La création d'une servitude légale de passage favorise un accroissement sensible des surfaces irrigables.

- Le texte du 11 juillet 1847, concerne le droit d'appui des barrages : jusque là un riverain avait le droit de construire un barrage, mais, sauf accord amiable, il ne pouvait s'appuyer sur l'autre rive, si celle-ci ne lui appartenait pas. La nouvelle loi lui offre donc cette possibilité, sans que l'autre propriétaire puisse s'opposer à la construction*.

- Le troisième texte est plus tardif puisqu'il date du 21 juin 1865, il ne concerne pas seulement le problème de l'irrigation, mais traite des associations de propriétaires en général.

Ces nouvelles dispositions législatives apportent certes quelques améliorations mais qui restent au niveau du détail. Par leur limite elles soulignent les réticences d'un pouvoir qui, au nom du libéralisme économique, se refuse à envisager l'eau comme un bien véritablement collectif, dont l'usage pourrait être réglementé au mieux des intérêts de la communauté toute entière.

---

* Notons que cette loi ne s'applique qu'aux barrages construits pour l'irrigation ; elle ne concerne pas les barrages usiniers pour lesquels la situation reste inchangée.

2. Un accroissement spatial indéniable, mais variable à la fois dans le temps et dans l'espace (figure 1)

Tant au niveau local que national, il règne dans la classe dirigeante et dans l'élite du monde agricole, un état d'esprit favorable à l'irrigation. Cette aspiration s'est concrétisée dans un certain nombre de réalisations qui tendent à accroître globalement la superficie des terres arrosées. Mais le mouvement n'est pas continu tout au long du siècle, et surtout il ne touche pas toutes les régions de la Franche-Comté ; seuls quelques secteurs privilégiés y participent. L'hétérogénéité de la documentation nous impose d'analyser l'évolution de la situation dans le cadre de chaque département.

a) *En Haute-Saône et dans le Territoire de Belfort*

Dans son "Tableau statistique et historique de la Haute-Saône" (16), J.A. Marc écrit que "la vallée de Faucogney... est la plus fertile des vallées vosgiennes. Ses habitants, industrieux, savent tirer parti de l'irrigation, pratique utile et trop souvent négligée par les agriculteurs des autres arrondissements". La vitalité de l'irrigation dans la vallée du Breuchin est donc bien attestée au début du siècle. Mais elle ne se limite pas à cette seule vallée, comme semble le suggérer l'auteur. Des plans établis vers 1830 signalent la présence de nombreux canaux le long de la plupart des rivières vosgiennes. Les aménagements sont plus rares dans les plaines du piémont ; on en rencontre au Nord de Lure (à Montesseaux ; ce sont peut-être les mêmes qu'au XVIIe siècle ?) et à Conflans-sur-Lanterne. Il semble bien, en ce début de siècle que l'irrigation n'ait une réelle importance que dans la zone montagnarde.

Un second bilan, établi vers 1850, montre une extension spatiale sensiblement plus grande. De très nombreux ouvrages sont figurés sur les plans annexés aux demandes de réglementation des barrages usiniers. Ce développement se fait surtout dans les larges vallées du piémont vosgien. Les Recueils Agronomiques de la Société d'Agriculture signalent les réalisations les plus spectaculaires. Par exemple... à Ainvelle, canton de Saint Loup sur Semouse, un propriétaire entreprend en 1838 l'irrigation des terres qu'il vient d'acquérir dans la vallée de la Semouse. L'état initial de la propriété montre bien qu'à cette date, la mise en valeur de la vallée est encore peu poussée. La plus grande partie des terres "était déchirée par les cours d'eau, présentait une surface couverte d'amoncellements, d'affouillements, et se trouvait en très mauvais état" (17).

Après le rachat de nombreux petits lopins enchevêtrés avec ses possessions, le nouveau venu s'est trouvé à la tête d'un domaine de 33 hectares d'un seul tenant. C'est alors qu'un véritable aménagement des prairies a pu être entrepris, avec un plan d'ensemble qui associe à la fois irrigation et assainissement des terres. Le coût total des travaux s'est élevé à plus de 30 000 francs, somme considérable, que seule une famille déjà un peu fortunée, pouvait investir.

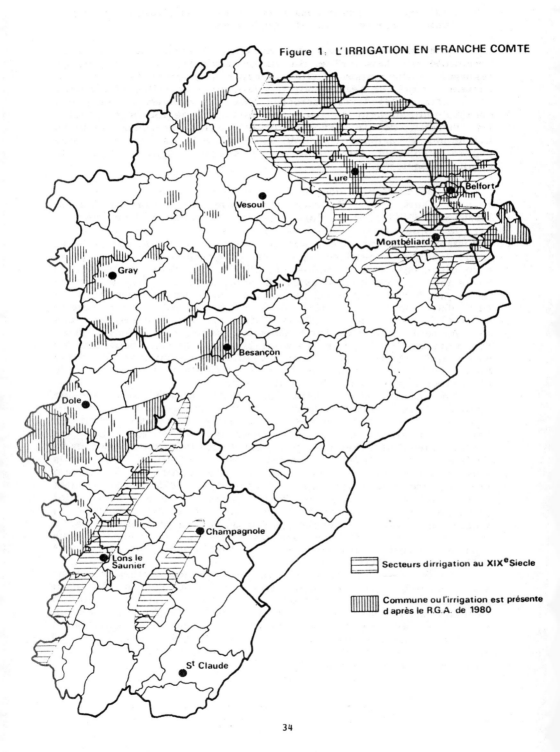

La seconde réalisation digne des éloges de la Société d'Agriculture est celle entreprise par le Marquis de Grammont à Villersexel. Là encore les terres achetées aux petits paysans sont en très mauvais état. Les travaux d'irrigation et d'assainissement sont entrepris, après remembrement, sur 80 hectares d'un seul tenant.

On comprend que ces aménagements spectaculaires retiennent l'attention des membres de la Société. Il est pourtant dommage que des travaux aussi importants mais effectués par des groupements de petits propriétaires ne soient pas mentionnés. Ainsi c'est au détour d'une phrase, qu'est mentionnée la mise en place d'un système d'irrigation dans la prairie de Beveuge. Pour un cas cité fortuitement, combien restent dans l'ombre ?

A la même époque, une étude est entreprise pour la mise en place de l'irrigation le long de la vallée de la Saône, mais les coûts de réalisation trop élevés entraînent l'abandon du projet. On espère d'ailleurs que la construction d'un canal latéral relèvera le niveau de la nappe phréatique, surtout en période d'étiage; ce qui rendra les arrosages inutiles.

Après 1850, et malgré la disparition du thème dans les discours officiels l'irrigation continue sa progression en particulier dans le Nord du département. De très nombreuses demandes de construction de barrages sont adressées à l'Administration, le plus souvent il s'agit d'aménagements peu importants qui serviront à irriguer des surfaces limitées. A Villedieu en Fontenelle, une demande concerne 45 ares, une autre 30 ares. Ces réalisations se font parcelle par parcelle ; elles sont le fait de petits agriculteurs et sont certainement plus nombreuses que les textes ne le laissent paraître. Mais des travaux plus conséquents sont encore entrepris. A Conflans sur Lanterne, un système d'irrigation est mis en place sur plusieurs dizaines d'hectares d'un seul tenant. A Bethoncourt-St Pancras, un agriculteur modeste, mais de tempérament novateur, réalise un travail considérable sur une prairie de 7 hectares autrefois inculte.

Née et confinée dans les vallées montagnardes des Vosges Comtoises jusqu'à la fin du XVIIIe siècle, l'irrigation étend donc son domaine tout au cours du XIXe siècle, jusqu'à couvrir sans doute plusieurs milliers d'hectares de superficie. Elle permet la mise en valeur des plaines alluviales de piémont peu ou pas utilisées jusqu'alors. Mais elle se limite strictement au Nord du département, en bordure des rivières issues du massif vosgien. En effet, à l'exception de quelques tentatives le long de la Saône et du Coney, ainsi que dans la moyenne vallée de l'Ognon*, la Haute-Saône calcaire reste totalement en dehors du mouvement.

On peut légitimement se demander pourquoi une telle absence dans la partie méridionale du département, alors que quelques

---

* Des travaux d'irrigation sont signalés dans une ferme à Munans (canton de Montbozon).

kilomètres plus au Nord, l'irrigation connaissait un développement certain, et concernait aussi bien la petite paysannerie que les grandes propriétés. Les explications sont sans doute à rechercher dans deux directions : dans le système agraire d'une part et dans les conditions du milieu naturel d'autre part.

Pour ce qui concerne le premier aspect, le faible développement des vallées fait que les plaines alluviales de la Haute-Saône calcaire tiennent peu de place dans les finages communaux qui se développent sur les plateaux voisins; dans les Vosges comtoises et leur piémont, elles constituent au contraire une part importante de l'espace agricole, elles sont de ce fait l'objet de soins plus attentifs. En outre, en fonction de l'orientation surtout céréalière de la production des régions calcaires, les prairies naturelles et pâturages de fond de vallée étaient sans doute suffisants pour assurer la nourriture d'un modeste troupeau.

Mais le poids de certaines conditions naturelles est sans doute tout aussi important, sinon plus pour comprendre les différences de comportement. Dans les régions septentrionales, les plaines alluviales sont le plus souvent formées d'alluvions grossières (sableuses et graveleuses) de nature siliceuse. Les sols développés sur ces remplissages sont à la fois très perméables et très pauvres en éléments nutritifs - l'irrigation pourra à la fois assurer une meilleure alimentation en eau et en éléments nutritifs (azotés et potassiques) transportés en suspension ou en solution par les rivières. Les données sont, bien sûr, totalement différentes dans les régions calcaires. Tout d'abord les remplissages alluviaux sont formés en leur sommet par une couche souvent épaisse de matériaux fins (limons argileux) : les sols sont à la fois plus riches et moins perméables que dans les régions septentrionales. Ensuite l'origine karstique de la plupart des rivières fait que les eaux possèdent une forte charge en calcaire dissous, ce qui en cas d'excès peut se révéler être un handicap plus qu'un avantage pour la croissance des végétaux.

Pour le territoire de Belfort, nos connaissances sont très fragmentaires, surtout en ce qui concerne la période antérieure à 1870. L'irrigation existe sous deux formes et dans deux secteurs géographiques : petits aménagements dans les hautes Vosges méridionales, aménagements plus importants dans les vallées du Belfortais, à l'instar de ce qui se pratique autour de Montbéliard. Erigé en département après la guerre de 1870, le territoire de Belfort devient un point stratégique aux portes de l'Allemagne : le développement de la garnison, en particulier de la cavalerie, provoque une forte augmentation de la demande en fourrage. Dans toutes les vallées voisines, les prairies de fauche irriguées vont connaître leur extension maximum ; l'arrosage se développe partout où les conditions le permettent. Durant toute la fin du siècle, de nombreuses demandes de construction de barrage sont adressées à l'administration. Le plus souvent il s'agit d'aménagements individuels effectués par les riverains qui complètent ou restaurent des équipements déjà existants. Parfois les travaux sont réalisés collectivement : à Courtelevans en 1882 un barrage est construit sur le ruisseau de la Madeleine et un canal de dérivation, long de 2,5 km, court à flanc de coteau et irrigue les prairies situées en contrebas : en 1887, les différents propriétaires concernés (21 au total) se regroupent en une association libre qui engage un "garde arroseur". Ailleurs, on assiste à la remise en route d'anciens réseaux qui étaient plus ou moins abandonnés ; c'est le cas à la Rivière en 1888 pour un système qui ne fonctionnait plus depuis une trentaine d'années.

Cet accroissement se poursuit d'ailleurs au début du XXe siècle : en 1906, la commune d'Anjoutey décide d'irriguer une prairie communale, tandis que des créations de barrages ont encore lieu à Vescemont en 1900, à Vézelois en 1903 et à Eschêne Autrage en 1907. A la veille de la guerre de 1914-18, toutes les possibilités sont exploitées et toutes les vallées, particulièrement celles qui descendent du massif vosgien, sont équipées.

b) Dans le Doubs

Au début du siècle, l'irrigation est à peu près inconnue dans tout le département. Le rattachement de la région de Montbéliard, va contribuer à modifier cette attitude en montrant les bienfaits que l'on peut attendre de l'arrosage des prairies. Maintes fois la Société d'Agriculture cite en exemple les réalisations du Nord du département et encourage les agriculteurs à adopter les mêmes procédés.

Quelques travaux sont commencés vers 1820 : à Audincourt, ils sont le fait d'un particulier, tandis qu'à St Vit, dans la vallée du Doubs au Sud-Ouest de Besançon, il s'agit d'une oeuvre collective qui porte sur une centaine de journaux. Cette entreprise est d'ailleurs un succès puisque les récoltes sont multipliées par deux. A la même époque, la Société d'Agriculture lance plusieurs années de suite un concours : "une médaille d'or du prix de 200 francs sera décernée à l'agriculteur qui aura entrepris les moyens les plus avantageux et les plus économiques pour l'irrigation des prairies". Le prix récompensera une réalisation d'au moins deux hectares, mais on n'attend pas "de ces grandes prises d'eau recueillies dans des aqueducs... telles que l'on en voit encore dans les départements du Midi de la France, mais de simples canaux ou rigoles, dirigés en ramifications suivant les déclivités du terrain et que les cultivateurs pourraient faire eux-mêmes" (18). Il est décerné en 1826 à M. Vernier, maire de Mancenans (canton de l'Isle-sur-le-Doubs) qui a poussé les habitants de sa commune "à exécuter par eux-mêmes un ensemble d'irrigation dont il a conçu l'heureuse idée" (19). En 1831, l'Annuaire Départemental signale des tentatives uniquement autour de St Vit ; en une dizaine d'années l'irrigation ne s'est donc pratiquement pas étendue malgré les mesures d'encouragements de la Société d'Agriculture. Pourtant l'idée semble progresser. Toujours dans l'Annuaire de 1831 des propositions originales sont présentées : pour arroser les plateaux calcaires très secs et sans réseau hydrographique superficiel, il est suggéré de creuser des puits artésiens et d'utiliser l'eau jaillissant au-dessus du sol !!! En 1837, la commune de St Vit organise un Syndicat pour l'irrigation de ses prairies.

Ainsi sous la Restauration et la Monarchie de juillet, l'irrigation intrigue, mais les réalisations sont rares, de faible étendue et à mettre le plus souvent au compte d'initiatives individuelles. Encore une fois la seule exception est constituée par la région de Montbéliard, où les irrigations installées au cours du XVIIIe siècle continuent à fonctionner. Elles ont pourtant eu à souffrir des guerres de la fin de la période impériale. En 1816, une lettre du Sous-Préfet de l'arrondissement de Montbéliard adressée au Préfet du doubs note que "les deux invasions récentes ont amené dans le système d'irrigation des désordres inouïs, presque tous les ouvrages en bois ont été arrachés ou brûlés. Les canaux envahis par les eaux bourbeuses se sont comblés et les prairies sont dans un état bien voisin d'une entière destruction" (A.D. 396 S 44). Regrettant cet état de fait, il propose la mise sur pied d'un important programme de travaux et de refonte de l'organisation administrative. Ces deux tâches sont menées à bien et l'irrigation fonctionne à nouveau sur environ 1500 ha, dont près de la moitié sont situés dans la plaine de l'Allan.

A partir de 1848 la nomination de l'Ingénieur Parandier à la tête du Service Hydraulique du département, va apporter un nouveau souffle aux aménagements relatifs à la maîtrise de l'eau. Le thème de l'irrigation est repris avec force : le recensement des terres concernées est entrepris : on arrive au chiffre exorbitant de 60 000 ha*. Or à cette date, les surfaces arrosées représentent moins de 2000 ha, presque toutes situées dans la région de Montbéliard. Un premier projet, dressé à la demande du Ministère de l'Agriculture et du Commerce se donne pour but d'aménager 2406 ha supplémentaires. La répartition par canton est la suivante : l'Isle-sur-le-Doubs 600 ha, Maîche 300 ha, Morteau 300 ha, Quingey 251 ha, Marchaux 200 ha, Clerval 200 ha, Rougemont 200 ha, Levier 107 ha, Pontarlier 60 ha, Amancey 36 ha, Besançon 34 ha, Boussières 40 ha, Baume-les-Dames 35 ha et St Hippolyte 33 ha. En 1858, un bilan des réalisations est dressé par l'ingénieur Parandier (20) : les nouvelles surfaces irriguées ne représentent que 225 ha, dans la vallée du Doubs en aval de Besançon et dans la vallée de l'Ognon. Les travaux en cours ou prévus portent sur un peu plus de 300 ha localisés le long du Doubs et ils ont bien du mal à être conduits à leur terme. A Routelle par exemple, les premiers aménagements ont été commencés en 1854 "mais la direction de l'affaire ayant été mauvaise, la réalisation complète a été ajournée pour une période indéterminée" (21).

En 1860, une statistique plus précise est publiée dans l'Annuaire Départemental (22) : 1667 ha sont arrosés dans le cadre d'associations syndicales autorisées tandis que les surfaces irriguées en dehors du contrôle de l'administration représenteraient 557 ha (454 ha dans le bassin du Doubs, 103 dans celui de

---

* A la même époque la carte établie par A. Dumon sur les superficies des prés secs et susceptibles d'être irrigués dans le bassin du Rhône, comptabilise seulement 10 696 ha pour le département du Doubs.

l'Ognon). Les réalisations commencées ou les projets avancés concernent 722 ha. Le total est donc de 2946 ha ; par rapport au début du siècle l'augmentation est certaine mais les surfaces concernées restent modestes.

C'est à cette époque que de vastes projets sont élaborés par le Service hydraulique : ils concernent plus de 7000 ha. L'irrigation n'est d'ailleurs qu'un aménagement second qui ne sera possible que si les régions concernées sont assainies auparavant (voir chapitre V).

Il s'agit de :

- l'irrigation du bassin de Champlive : 151 hectares.
- l'irrigation du bassin de Saône (en relation avec l'assèchement des Marais) : 800 hectares.
- l'irrigation dans le bassin supérieur du doubs en amont du village d'Arçon (en relation avec l'assèchement des zones marécageuses) : 5664 hectares.
- enfin l'irrigation dans le bassin de Morteau : 400 hectares.

La plupart des projets ne connaîtront même pas un début de réalisation. C'est dire que le zèle déployé par l'administration n'aura que peu d'effets.

Une deuxième statistique publiée en 1870 (23), fait état de 1800 hectares irrigués dans le cadre d'associations autorisées, soit seulement une centaine d'hectares de plus qu'en 1860 : si progression il y a, elle est très faible. Dans la région de Montbéliard, on note des travaux menés en 1865 le long de la vallée du Gland pour revaloriser des terres agricoles : le coût des divers ouvrages (canaux, fossés d'épurement...) est de 15 000 F (7). En 1874, le préfet rappelle encore (24) que l'irrigation est un bienfait pour l'agriculture et qu'elle est trop peu pratiquée dans le département. Mais à partir de cette date, aucun aménagement nouveau n'est entrepris. La dernière demande de création de barrage pour l'irrigation est faite à Chaux les Clerval en 1873 : encore ne s'agit-il pas d'un ouvrage spécifique ; son but essentiel est en effet d'actionner une scierie.

Malgré les nombreux efforts déployés par l'administration et les Pouvoirs publics, les surfaces touchées par l'irrigation ont donc peu progressé au cours du siècle. L'essentiel de l'accroissement est localisé dans la région de Montbéliard, dans la vallée du Doubs vers l'Isle sur le Doubs et dans la vallée du Gland (par exemple) (7). Dans le reste du département quelques aménagements dispersés touchent les vallées du Doubs à l'aval de Besançon, celle de la Loue vers Quingey et celle de l'Ognon.

c) *Dans le Jura (figure 2)*

Les renseignements font défaut pour essayer de suivre l'évolution de l'irrigation dans le Jura au cours du siècle. La mise en place de quelques petits réseaux est signalée dans la Combe d'Ain (à Chatillon). Les travaux sont réalisés par un notable de la Société d'Emulation du Jura, laquelle fait de timides efforts pour vulgariser cette technique. A partir de 1830, on note la construction d'un certain nombre de barrages (Chatenois en 1834,

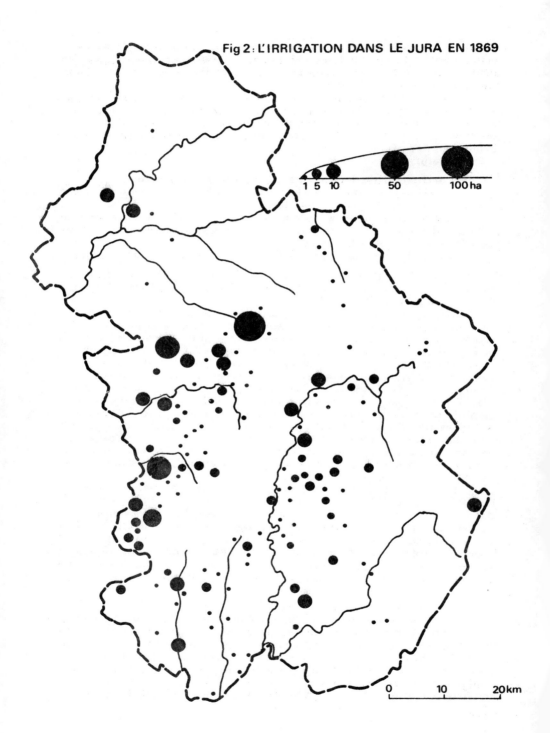

Courlaoux en 1842, Nevy-sur-Seille en 1846), ce qui exprime sans doute une progression des surfaces arrosées. Après 1860, l'ingénieur en chef des Services Hydrauliques établit un rapport annuel sur le développement de l'irrigation dans le Jura. Ces rapports pêchent par défaut car ils ne signalent que les créations les plus importantes portées à la connaissance de l'Administration. Entre 1860 et 1870, les surfaces nouvellement irriguées ne couvriraient qu'une trentaine d'hectares, dont la moitié pour une seule opération à Chamblay dans le Val d'Amour.

Si l'évolution est difficile à suivre, deux documents établis au milieu du siècle permettent de se faire une idée assez précise de l'extension des terres irriguées dans le département.

En 1861, un "Etat statistique des irrigations et des usines sur les cours d'eau non navigables ni flottables" est effectué dans le département, mais il n'est pas directement utilisable pour dresser un véritable bilan. Tout d'abord il est incomplet puisque les données manquent pour la majeure partie de l'arrondissement de St Claude Ensuite les renseignements sont classés par unité hydrographique (ruisseau ou rivière) sans que l'appartenance des terres arrosées à telle ou telle commune soit mentionnée. Certes la commune d'origine du propriétaire est bien notée, mais ce n'est pas toujours celle où est située la propriété.

Une seconde enquête est effectuée en 1869 à la demande du Ministère des Travaux Publics pour établir un Atlas des irrigations en France. Les terres irriguées sont répertoriées pour chaque commune ; sont également dénombrées les surfaces arrosées naturellement par les crues des rivières et qui seraient susceptibles d'être aménagées. Tous ces chiffres doivent être utilisés avec une certaine prudence. Il existe en effet, pour des secteurs identiques, des différences sensibles entre l'enquête de 1861 et celle de 1869. Par exemple, alors que la première signale des irrigations importantes dans la région de Salins le long de la vallée de la Furieuse, la seconde n'en mentionne aucune. Or l'existence de ces irrigations est confirmée par d'autres documents. Dans ce cas précis et dans quelques autres aussi flagrants, nous avons complété l'enquête de 1869 par les chiffres de 1861.

Le tableau suivant présente les résultats globaux et par arrondissement, suivant le type d'utilisation du sol :

Surfaces en hectares	Lons-le-Saunier	St-Claude	Dole	TOTAL
Prairies irriguées permanentes	540	431	321	1207
autres	-	91	-	91
Total surfaces irriguées	540	528	230	1298
arrosées par les crues	1788	910	5393	8091

En 1869, les surfaces irriguées couvrent donc près de 1300 hectares dans le Jura : ce chiffre est bien sûr très faible comparé à l'ensemble des surfaces agricoles du département (sans doute supérieures à 200 000 hectares). Par ailleurs, il représente environ 0,6% du total des surfaces irriguées en France à la même époque, pourcentage inférieur à la moyenne départementale (1% environ), mais qui est loin d'être négligeable pour une région où, en apparence, les conditions naturelles (climat mais aussi hydrographie) ne sont pas particulièrement favorables à l'implantation de cette technique. Par rapport aux autres départements franc-comtois, où les données du milieu sont peu différentes, le Jura se situe un peu en retrait, devancé par le Doubs (1800 hectares*) et surtout par la Haute-Saône (sans doute plusieurs milliers d'hectares). Paradoxalement, c'est dans le département le plus méridional de l'ensemble comtois que l'irrigation est la moins bien implantée.

La répartition dans l'espace montre d'importants contrastes régionaux : deux secteurs regroupent en effet l'essentiel des irrigations, la bordure jurassienne et la combe d'Ain avec ses vallées affluentes.

L'arrosage des terres apparaît comme une pratique assez répandue au contact des plateaux jurassiens et de la plaine bressanne, c'est-à-dire dans le Vignoble et le Revermont. Dans le détail cet ensemble peut être divisé en cinq secteurs qui se calquent sur de fines nuances dans l'organisation du réseau hydrographique.

Au Nord, au débouché de la Culée de Vaux, Poligny compte plus de 175 hectares de terres irriguées, c'est la commune où l'importance du phénomène est la plus forte pour le département. Les eaux de l'Orain, de la Glantine et d'autres ruisseaux plus petits arrosent, d'une part une cinquantaine de parcelles de prairies d'une taille inférieure à quatre ares et qui appartiennent à des petits propriétaires, et d'autre part cent cinquante hectares d'une grande propriété nobiliaire. C'est surtout la présence de celle-ci qui explique l'importance locale de l'irrigation.

Le groupe de la vallée de la Brenne est plus modeste avec environ 120 hectares. Là encore la majeure partie des terres arrosées appartient à un grand propriétaire noble.

Dans la vallée de la Seille et le long de ses nombreux petits affluents, l'irrigation couvre 90 hectares. Elle est très dispersée dans une quinzaine de communes et intéresse un grand nombre de parcelles minuscules (de un à cinq ares). Quelques ensembles plus étendus se rencontrent, là où la plaine alluviale prend une certaine ampleur, à Voiteur tout d'abord, puis dans la plaine bressanne (Bletterans, Ruffey).

Les mêmes caractéristiques se retrouvent dans le secteur de la Vallière et de la Sorne : petites parcelles dispersées dans une dizaine de communes, parcelles plus grandes dans les plaines

---

* Ce chiffre ne concerne que les irrigations pratiquées dans le cadre d'associations autorisées.

alluviales. Le total reste modeste, 70 hectares seulement.

La dernière région est constituée par le Revermont. Ici, le contact Petite Montagne - plaine bressanne forme un talus rigide qui se raccorde aux régions basses par des glacis en pente douce. Quelques petits ruisseaux s'y entaillent faiblement. Malgré leur taille modeste ils ont tous été utilisés pour l'irrigation de quelques hectares : 25 pour le ruisseau de Gizia, un peu plus pour le Solnan etc... Au total, les surfaces concernées couvrent 160 hectares.

Le second ensemble bien individualisé sur la carte correspond grossièrement à la Combe d'Ain : il regroupe à la fois la large dépression drainée par l'Ain en aval de Champagnole et les petites vallées affluentes qui entaillent les seconds plateaux situés entre cette dépression et la haute chaîne jurassienne. Par rapport à l'ensemble précédent, les conditions climatiques se dégradent en dépit d'une situation topographique responsable d'un certain climat d'abri. Aussi les conditions hydrologiques sont-elles essentielles pour rendre compte de la présence de l'irrigation. Si l'Ain, rivière navigable et flottable, n'est pas concerné, ses affluents, surtout de rive gauche sont abondamment utilisés. Les surfaces arrosées s'élèvent à près de 400 hectares : près du tiers se situent dans la vallée de la Sirène, le reste se répartit le long des autres rivières dont le Hérisson et le Drouvenant.

Les 300 hectares restant se localisent dans de petites unités géographiques, naturellement calquées sur le réseau hydrographique. Au Sud du département, dans la Petite Montagne, la vallée du Suran compte une centaine d'hectares irrigués, en particulier à Gigny et Montagna-le-Templier. Les eaux du bassin de la Valouse sont moins utilisées : une quarantaine d'hectares seulement se répartissent dans une dizaine de communes. Au Nord, la vallée de la Furieuse ne regroupe qu'une vingtaine d'hectares, alors que le modeste ruisseau de Blaine au Sud de Dole irrigue à Choisey et à Damparis plus de 50 hectares, qui, il est vrai, appartiennent à un seul grand propriétaire.

Après 1870, les surfaces irriguées ne s'accroissent pratiquement plus : les rapports annuels de l'ingénieur en chef du Service Hydraulique ne mentionnent plus rien dans la rubrique qui les concerne. De rares documents font encore état de quelques travaux, mais il s'agit surtout d'améliorations de réseaux existants à Poligny, Pont du Navoy, Nevy sur Seille par exemple. Vers les années quatre-vingt le système de la prairie de Vaudrey est remis en état de fonctionnement après un abandon d'un demi-siècle. Ainsi le développement, pourtant très modéré de l'irrigation est stoppé dans le Jura bien avant la fin du siècle.

Malgré de nombreux obstacles liés en particulier aux systèmes agricoles (maintien de la vaîne pâture*, morcellement excessif des

---

* Ce frein est dénoncé tout au long du siècle, en particulier en 1840 par le docteur Pratbernon qui écrit : "Vous avez pratiqué avec art et à grands frais des irrigations pour arroser vos prés, des rigoles pour écouler les eaux stagnantes : le bétail les déforme et les comble. Partout où la vaîne pâture n'est pas restreinte et réglée, elle nous prive de ce moyen d'amélioration qui double le produit des prés" (27).

terres*), il est indéniable que les superficies irriguées se sont accrues en Franche-Comté pendant le XIXe siècle. Faute de recherches précises, le panorama que nous avons dressé est très grossier, mais il permet néanmoins un triple constat.

En premier lieu, cette évolution n'est pas continue : l'essentiel de l'augmentation se situe avant 1870, à un moment où l'irrigation est vivement encouragée à la fois par les pouvoirs publics et un fort courant d'opinion. En outre, la pression démographique qui caractérise à l'époque les campagnes franc-comtoises n'est certainement pas étrangère à l'extension de cette technique qui augmente la productivité mais utilise beaucoup de main d'oeuvre.

En second lieu toutes les régions franc-comtoises ne sont pas également touchées par ce mouvement. Il est fort compréhensible que l'irrigation ne progresse pas là où les conditions naturelles, hydrologiques en particulier, ne s'y prêtent pas (plateaux calcaires parcourus par de rares rivières coulant dans le fond d'étroites vallées). Il est plus paradoxal de constater qu'elle gagne peu là où les ressources en eau sont abondantes et facilement utilisables, à savoir le long des principales rivières de la région : Loue, Doubs, Ognon et Saône. Certes le fait qu'elles soient classées comme navigables et flottables sur une partie de leur cours interdit la construction de petits équipements, mais cela n'empêche nullement des aménagements importants qui tiennent compte des divers usages de l'eau. La rareté des réalisations, liées surtout aux efforts tenaces de l'administration témoigne surtout du manque d'intérêt que les populations riveraines portent à ce genre de travaux. Finalement l'extension de l'irrigation se fait essentiellement dans les régions où son implantation est déjà ancienne, c'est-à-dire là où elle a fait preuve de son efficacité : Vosges méridionales et leur piémont, région de Montbéliard.

Enfin dans le détail, l'évolution de l'irrigation ne semble pas obéir partout au même schéma. Le développement semble stoppé très tôt dans le Jura et la région de Montbéliard, ici par manque d'intérêt, là par manque de terre (toutes les possibilités sont utilisées). Il se poursuit au contraire plus longtemps dans la région de Belfort et dans les Vosges méridionales. Dans le premier cas, il est suscité par des faits fortuits, alors que dans le second, il est lié au maintien dans les vallées, d'une forte pression démographique. L'industrialisation des vallées a fixé une abondante population d'ouvriers-paysans qui essaient par tous les moyens d'augmenter les ressources qu'ils tirent de leurs petites exploitations agricoles.

---

* Ainsi pour effectuer des travaux d'irrigation d'un seul tenant sur 70 ha le duc de Grammont doit racheter plus de 200 parcelles imbriquées dans ses terres.

Chapitre III - L'organisation de l'irrigation au XIXe siècle.

Après avoir décrit l'extension et l'évolution de l'irrigation au cours du siècle, nous nous attacherons à préciser son organisation à travers les méthodes employées (équipements mis en place, mais aussi modalité des arrosages) et les structures sociales qu'elle implique, sans perdre de vue la diversité des situations dans l'espace. Enfin nous essayerons de dégager les principaux problèmes auxquels elle s'est heurtée et qui ont, dans une certaine mesure, bloqué son évolution et contribué à son déclin.

. L'arrosage des terres

Comme nous l'avons déjà signalé il peut répondre à deux soucis : d'une part, il assure un apport d'eau pour la croissance des plantes en période végétative, d'autre part, il permet la fertilisation des terres par limonage. Suivant les lieux et les saisons, l'accent est mis sur l'un ou l'autre de ces aspects. Dans le Vignoble et le Revermont, la documentation ne fait état que des irrigations d'été : celles-ci sont d'autant plus utiles que la bordure du Jura est la région de Franche-Comté où les chaleurs estivales sont es plus fortes. Sans être inconnue, la fertilisation reste secondaire, peu favorisée par un réseau hydrographique souvent de petite taille et peu chargé, du fait de l'origine karstique de l'eau, en particules organiques. Dans la région de Montbéliard, les deux usages sont également répandus encore que les textes mettent souvent l'accent sur l'irrigation estivale, alors que dans les Vosges méridionales et le piémont tous les documents insistent sur le limonage, sans que l'autre aspect soit pour autant ignoré. Du fait de cette originalité, nous analyserons plus précisément le système d'arrosage des terres de cette dernière région.

Dans le Nord de la Franche-Comté, les sols des plaines alluviales sont généralement pauvres : peu épais, ils se développent sur des remplissages composés de sables et de cailloutis siliceux. Or, lors des pluies de saison froide, les eaux de rivières sont chargées de particules organiques arrachées aux pentes du massif vosgien. Détournées de leur cours initial, elles déposeront leur charge sur les terres agricoles. Plus cette inondation pelliculaire dirigée sera fréquente, plus le limonage et donc la fertilisation seront importants. Des calculs effectués par l'Ingénieur Ordinaire des Ponts et Chaussées en 1892 (28) montrent que les volumes utilisés par les arrosages d'hiver dans la vallée de la Combeauté correspondent à une tranche d'eau de quatre mètres d'épaisseur. Malgré son grand intérêt, cette pratique n'est pas mise en oeuvre durant tout l'hiver. D'une part, plus on avance dans la saison, moins l'eau transporte de suspensions, d'autre part, lors des périodes de gel les arrosages seraient nuisibles à la végétation. Partout où cela est possible, les agriculteurs tentent d'améliorer le pouvoir fertilisant des arrosages. En Haute-Saône par exemple les eaux résiduaires des féculeries sont particulièrement prisées et utilisées ; il en est de même pour les eaux usées des agglomérations : de véritables conventions sont passées entre les exploitants agricoles et les municipalités. A Conflans-sur-Lanterne, un grand propriétaire combine même les deux systèmes : il utilise les déchets de sa propre féculerie et les eaux usées du village.

Les irrigations de printemps et d'été sont plus classiques : elles sont faites avec des eaux limpides, qui à ces époques ne contiennent plus de troubles en suspension. Au printemps, elles permettent un démarrage plus rapide de la végétation, en accélérant le réchauffement des terres ; en été, elles servent à combler des déficits, qui peuvent survenir assez vite en fonction de la grande perméabilité des substrats alluviaux. Les quantités d'eau nécessaires à ces irrigations de saison chaude sont sans commune mesure avec celles utilisées pour le limonage. Dans le rapport déjà cité, l'Ingénieur Ordinaire estime que dans la vallée de la Semouse les ouvrages d'été représentent une tranche d'eau d'une vingtaine de centimètres. Or malgré la faiblesse de ce chiffre, c'est durant cette période qu'apparaissent les problèmes de répartition des eaux entre les différents utilisateurs.

A côté de l'irrigation permanente qui fait partie à part entière du système agricole des régions concernées, il existe au cours du XIXe siècle des cas d'irrigations exceptionnelles effectuées lors des années très sèches. Il faut d'ailleurs noter que ces aménagements temporaires ne semblent toucher que le Nord de la Haute-Saône, c'est-à-dire les secteurs situés à proximité de ceux où l'irrigation permanente est pratiquée : à l'occasion on emprunte donc des techniques que l'on voit fonctionner dans les régions voisines. Ainsi en 1893, de nombreux barrages sont construits le long de la plupart des vallées pour tenter de sauver les prairies ; l'utilité de ces travaux paraît d'ailleurs très douteuse. Dans les communes rurales situées autour de Vesoul (Pusey, Vaivre, Montigny et Dampvalley), les barrages installés à la hâte sur le Durgeon n'ont pas donné les résultats que l'on espérait. De nombreuses raisons expliquent cet échec :

- construction trop tardive (on espérait toujours que la situation allait s'améliorer) ;
- lenteur des travaux et de la montée des eaux en raison du faible débit de la rivière ;
- très faible extension des eaux de débordement, rapidement absorbées par un sol zébré de crevasses profondes.

Limitées dans l'espace, ces irrigations exceptionnelles sont rares dans le temps et surtout peu convaincantes. Elles constituent surtout une preuve à contrario que les systèmes permanents n'existaient pas le long des rivières concernées (Amance, Morte, Gourgeonne, Durgeon).

2. *Les aménagements.*

Sauf rares exceptions les aménagements hydrauliques nécessaires à l'irrigation sont de petite taille et souvent rudimentaires en Franche-Comté. Ils ne peuvent être comparés aux ouvrages réalisés à la même époque dans certaines régions françaises (vallée du Rhône, par exemple).

La technique la plus simple consiste en une brèche ouverte dans la berge de la rivière, qui permet le déversement des eaux dans une rigole de débordement. Le système ne fonctionne que lorsque le niveau de la brèche est atteint par les eaux : c'est donc le débit de la rivière qui est le seul régulateur de l'irrigation. Ce système très archaïque et sans doute très ancien, est mentionné plusieurs fois dans les textes que nous avons consultés, mais il ne semble pas très répandu. Il ne concerne que les prises d'eau individuelles et de faibles surfaces, il caractérise surtout les petites irrigations de versant. Il n'est d'ailleurs efficace que pour les arrosages d'hiver et de printemps ; en été le niveau d'eau nécessaire n'est certainement atteint que lors de pluies exceptionnelles.

La construction de petits barrages de retenue répond à la recherche d'une utilisation plus poussée de la ressource en eau. En relevant artificiellement le plan d'eau, le barrage assure une alimentation continue des prises, même en période de basses eaux ; il est donc indispensable pour les irrigations d'été. Le plus souvent, il s'agit d'un simple amoncellement de pierres ramassées dans le lit même de la rivière. Parfois, on leur adjoint des branchages, des planches, voire des troncs d'arbres. Des ouvrages aussi sommaires se rencontrent par dizaines le long des cours d'eau un peu importants : il s'en construit en permanence au cours du XIXe siècle. Leur solidité n'est pas à toute épreuve ; mis à mal par les crues des rivières, ils nécessitent de constantes réparations. Les ouvrages plus solides, construits en béton, sont plus rares : la plupart de ceux que l'on rencontre sur les cours d'eau appartiennent à des usiniers et ne participent que d'une manière indirecte et bien souvent involontaire à l'irrigation.

Depuis la prise d'eau située en amont du barrage, des canaux de tailles variables conduisent l'eau sur les propriétés. Lorsqu'ils desservent des surfaces importantes, il s'agit de canaux d'amenée, sur lesquels se branchent des canaux secondaires de répartition, qui alimentent des rigoles de déversement. Ainsi se dessine une trame très dense, à laquelle vient souvent se superposer un réseau de canaux et de rigoles de colature, qui assurent un rapide retour des eaux à la rivière. La mise en place des vannes permet de moduler les quantités prélevées par chaque exploitant et d'établir si nécessaire des tours d'arrosage, définis par des droits ou des règlements d'eau. Le plus souvent en bois, ces vannes sont parfois très sommaires et consistent en une motte de terre ou une simple pierre plate.

Sauf dans la région de Montbéliard, les réalisations importantes sont peu nombreuses, sans doute moins d'une dizaine en Haute-Saône où elles sont le fait de quelques grands propriétaires (Villersexel, Conflans-sur-Lanterne). Dans le Jura, une statistique établie en 1894 pour le compte du Ministère du travail et qui porte sur "les prises d'eau sur les cours d'eau non navigables ni flottables dont le débit atteint 500 litres", ne signale que cinq cas : deux à la Chapelle-sur-Furieuse, un à Poligny, un à Vaudrey et deux à Lavans-sur-Valouse. Pour l'essentiel, l'irrigation s'appuie donc sur de petits aménagements hydrauliques, mais qui peuvent être nombreux : ainsi toutes les vallées vosgiennes sont équipées d'une multitude de barrages et de prises d'eau qui desservent de modestes réseaux imbriqués les uns dans les autres.

Malgré leur taille modeste, certains systèmes sont très perfectionnés : tel est le cas de celui construit au milieu du siècle par un agriculteur de Bethoncourt St Pancras. A l'origine le territoire de la ferme comprenait sept hectares de terres incultes. Afin d'améliorer son exploitation, le propriétaire décide d'installer un réseau d'irrigation. Il fait venir l'eau d'une propriété voisine grâce à une conduite de 400 mètres de long. Mais les eaux qui proviennent d'une source sont trop fraîches pour servir directement à l'irrigation : elles arrivent dans un canal réservoir construit dans la partie haute de la prairie : sa longueur est de 120 mètres pour trois de largeur et 1,20 m de profondeur. "De là, un canal d'amenée longe la prairie à la plus grande hauteur possible afin que toute la prairie soit irriguée. Pour augmenter l'effet de l'eau, des petites fosses sont creusées de distance en distance, le long du canal d'amenée, à l'effet de recevoir des petits tas de fumier, dont l'eau enlève en passant les principes fertilisants au profit de l'irrigation.

Le système se complète par des rigoles perpendiculaires au canal d'amenée et distribuant l'eau dans d'autres rigoles horizontales dites arroseuses. La longueur totale de ces différents canaux est évaluée à douze kilomètres et représente 2 250 heures de travail".

Quelles que soient les techniques utilisées, la mise en place de l'irrigation est une oeuvre de longue haleine qui demande un travail considérable. Dans les plaines alluviales il faut aplanir les terres, étaler les atterrissements déposés par les cours d'eau lors des crues, combler les bras morts ou les zones d'affouillement temporaire ; en un mot, il faut totalement remodeler le fond de la vallée. La construction du barrage, les différents canaux et rigoles, la pose des vannes viennent ensuite. Une fois le réseau terminé, il doit être entretenu ; tous les ans il faut réparer le barrage endommagé par les crues, curer les canaux et vérifier leur étanchéité et surtout refaire les rigoles.

La plupart de ces travaux sont assurés par les agriculteurs eux-mêmes, surtout dans le nord de la Haute-Saône où la main d'oeuvre est abondante pendant tout le siècle. Le recours à des ouvriers n'est le fait que des associations bien organisées de la région de Montbéliard, ou des grands propriétaires. Le cas de Monsieur de Grammont est, à cet égard, intéressant : l'esprit d'innovation et le souci de la rentabilité économique s'y trouvent subordonnés à un généreux paternalisme. En témoignent les phrases suivantes extraites des Recueils Agronomiques de 1843 : "Aussi pour mener à bien ce beau projet, Monsieur de Grammont père, cherchait, afin d'en doubler le bienfait, une occasion qu'il ne désirait pas, c'était celle d'un moment où la nourriture de l'ouvrier serait chère et le travail rare"... "Quand le chômage de la forge laissa sans ouvrage un grand nombre d'ouvriers, Monsieur de Grammont fils, déclara ; voici le moment de réaliser la généreuse idée de mon père" (30). Ainsi les travaux pour l'irrigation présentent-ils un intérêt d'autant plus grand qu'ils peuvent être réalisés par une main d'oeuvre peu exigeante et pleine de gratitude...

3. Conflits et tentatives d'organisation

En Haute-Saône et dans la région de Montbéliard la multiplication des besoins en eau, pour l'agriculture mais aussi pour l'industrie, va créer un véritable état de concurrence entre les différents utilisateurs. A partir de 1850, les archives font état de nombreuses plaintes et leur nombre s'accroît jusqu'à la fin du siècle. Le Jura ne connaît pas ce genre de problème : l'irrigation et l'industrialisation y sont trop peu développées pour qu'elles se fassent concurrence.

a) *Les conflits*

Les querelles entre agriculteurs sont sans doute les plus nombreuses, mais nous les connaissons fort peu. Il est rare qu'elles aient été portées à la connaissance de l'Administration, puisque leur solution relevait de la justice. Les propriétaires situés à l'aval se plaignent des prélèvements abusifs effectués par les propriétaires situés à l'amont. Ces plaintes concernent surtout l'irrigation d'été, non seulement l'eau n'est pas abondante, mais une partie est utilisée par les plantes. Aussi les quantités détournées pour l'irrigation ne sont-elles pas restituées dans leur totalité après usage. Avec la multiplication des prises et la forte évapo-transpiration qui en résulte, les débits des cours d'eau en arrivent à diminuer en aval, voire à disparaître complètement.

Les plaintes les plus vigoureuses résultent de la concurrence que se font les agriculteurs et les industriels qui se servent de l'eau comme source d'énergie. Pourtant les relations entre ces deux groupes d'utilisateurs ne sont pas toujours mauvaises, et parfois, une véritable cohabitation a pu s'instaurer au moins pendant un temps. On voit en effet de nombreuses prises d'eau se greffer sur les canaux de fuite, en aval des usines. A Froideterre (Haute-Saône) le canal du Moulin supporte ainsi une vingtaine de prises ; il en est de même à St Germain dans le Territoire de Belfort. Devant la fréquence de tels faits on peut penser que l'industrialisation a dans une certaine mesure favorisé le développement de l'irrigation. Les cas inverses existent également : à Seloncourt, en 1868 et en 1893, le Syndicat d'Irrigation de la prairie autorise plusieurs industriels à installer des prises d'eau sur des canaux d'arrosage. Cet usage des eaux est concédé pour une durée déterminée contre paiement d'une recevance annuelle (7).

Pourtant la plupart du temps, les rapports entre irrigants et industriels sont tendus, surtout dans les Vosges et la région sous-vosgienne au cours de la seconde moitié du siècle. Les réclamations émanent d'ailleurs des deux parties. Les agriculteurs accusent les usiniers de détourner dans leurs canaux de dérivation, des quantités trop importantes, ce qui les prive de la jouissance normale des eaux qui passent sur leur propriété. Mais le mécontentement vient surtout des usiniers : ceux-ci se plaignent du gaspillage de l'eau qui est utilisée sans discernement, particulièrement en période d'étiage, où la quasi totalité des débits sont détournés par l'irrigation. Faute de force motrice suffisante, les usines sont alors obligées de se mettre en chômage. En 1893 par exemple, les usiniers d'Anchenoncourt se plaignent des barrages que les agriculteurs ont construits sur la Superbe et qui les obligent à mettre leurs établissements en chômage 22 heures sur 24. A Saint-Loup-sur-Semouse, les prises d'eau sont tellement nombreuses à la fin du XIXe siècle, que le Moulin de la Pisseure ne reçoit plus d'eau au cours de l'été. Les plaintes sont assorties de demandes précises adressées à l'administration : démolition des barrages non réglementés (ce qui est le cas de la plupart des barrages construits pour l'irrigation), demande de réglementation pour la répartition des eaux entre les différents utilisateurs. Les pouvoirs publics n'interviennent pas toujours dans de telles affaires, car l'intérêt général n'étant pas en jeu, c'est à l'autorité judiciaire qu'il appartient de trancher les différends et d'établir les droits de chacun. Mais lorsque le cours naturel des eaux est trop perturbé l'Administration procède à l'élaboration d'une réglementation. Il existe donc plusieurs procédures, plus ou moins efficaces, pour réduire les sources de conflits.

La première procédure, la plus simple et la plus répandue est celle des droits d'eau qui règle les problèmes entre particuliers. Il s'agit d'accords amiables, entre différents propriétaires, qui définissent des quantités d'eau, ou des tours d'arrosage, attachés aux différentes parcelles. Ces droits sont donc attachés à la terre et sont expressément inscrits sur les titres de propriété. Leur étude précise pourrait être menée à partir des actes notariés, ou à travers les nombreux procès auxquels ils ont donné lieu.

Pour importante qu'elle soit, la définition des droits d'eau ne suffit pas pour résoudre toutes les difficultés. Dans la plupart des cas elle crée une situation acceptable par tous, mais il est parfois nécessaire d'avoir une vue plus ample du problème, en particulier lorsque le nombre des propriétaires concernés augmente, ou lorsque la ressource en eau devient notoirement insuffisante : la solution ne peut être que globale et proposée par l'Administration au nom de l'intérêt général. Déjà en 1858, au Congrès de la Société d'Agriculture de Haute-Saône, la commission chargée d'étudier les questions relatives à l'eau notait :

> "Dans la jouissance des eaux, soit comme force motrice, soit comme moyen de fertilisation, de nombreux intérêts se trouvent en opposition ; de là, la nécessité d'une réglementation dont une administration juste et parternelle est et doit rester chargée" (31).

Dans le même sens, cette même commission demandait en 1851 que l'administration encourage la création de syndicats qui pourraient aider à la résolution de nombreux litiges entre usiniers et agriculteurs et qui pourraient servir "de précieux intermédiaires entre les résistances locales et l'administration" (32). Réglementation et encouragement à la création d'associations syndicales sont donc les deux moyens de pression que les pouvoirs publics vont essayer de développer, avec des réussites diverses, pour assurer une meilleure gestion de la ressource en eau.

b) *la réglementation*

Elle peut prendre trois aspects. Le premier concerne les ouvrages construits par des particuliers : son but est de préserver autant que faire se peut la libre circulation de l'eau. Cette réglementation s'applique aux barrages les plus importants, surtout ceux construits par les usiniers. Elle fixe les caractéristiques essentielles des ouvrages, en particulier le niveau maximum que la retenue ne doit pas dépasser. Malgré son caractère contraignant il est fréquent qu'elle ne soit pas respectée : tout au long du siècle, les usiniers ont tendance à surélever le niveau de l'eau afin d'obtenir une chute, donc une production énergétique plus importante. Il y a là une source permanente de conflits qui conduit à de nombreux contrôles et révisions des règlements.

Le second aspect est une réglementation générale, qui ne touche plus seulement un ouvrage mais toute une région géographique (commune ou groupe de communes). Elle pose alors de grands principes concernant l'utilisation de l'eau, laissant aux particuliers le soin d'assurer une répartition de détail équitable entre les diverses parties.

Le dernier aspect est une réglementation temporaire, prise en période de sécheresse, c'est-à-dire au cours de périodes où la tension est particulièrement forte. Seules les régions vosgiennes et sous-vosgiennes sont concernées par ce genre de problèmes : en période de sécheresse les petites rivières ont en effet des débits insignifiants qui ne peuvent satisfaire toute la demande. A titre d'exemple voici un extrait du règlement publié en 1876 pour la commune de St Bresson, et qui concerne la répartition des eaux d'un petit ruisseau, le Raddon :

"Article I: A partir de la publication du présent arrêté et jusqu'au premier octobre prochain, l'usage des eaux de la rivière le Raddon, et de ses affluents sur le territoire de la commune de St Bresson, est réglé comme suit :

Les propriétaires riverains ne pourront se servir des eaux pour l'irrigation que pendant la nuit seulement, c'est-à-dire de huit heures du soir à quatre heures du matin, chacun des jours de la semaine. Chaque arrosant ne pourra d'ailleurs dériver qu'une quantité d'eau de 20 litres au plus par seconde et par hectare de terrain soumis à arrosage. En tout autre moment les vannes de prise d'eau devront être abaissées complètement et les vannes de retenue levées de toute leur hauteur, de manière que les eaux soient laissées à leur cours naturel.

Les usiniers ne pourront se servir des eaux pour faire marcher leurs usines que de quatre heures du matin à six heures du soir, chaque jour de la semaine. En tout autre moment les vannes motrices et de décharge resteront complètement abaissées de manière que leurs biefs restent autant que possible tendus au niveau légal de la retenue".

De très nombreux règlements de ce type ont été pris au cours de la seconde moitié du XIXe siècle et jusqu'au début du XXe. Le premier que nous avons retrouvé date de 1863 (pour le ruisseau de Brotte), le dernier de 1934 (pour la Semouse et la Combeauté). Nous en avons recensé une vingtaine - mais tous n'ont peut-être pas été conservés dans les archives que nous avons consultées. De leur liste, même incomplète, il est possible de tirer quelques enseignements intéressants.

Les règlements temporaires sont parfois pris pour une commune, mais les cas les plus fréquents concernent un ensemble de communes qui s'égrennent le long d'un cours d'eau. Cela souligne le fait qu'une rivière forme une unité fonctionnelle le long de laquelle tous les utilisateurs sont interdépendants. Le plus bel exemple est celui de la vallée du Breuchin, où les règlements de sécheresse s'adressent toujours à plusieurs communes : celui de 1870 touche 14 villages ; il couvre toute la vallée jusqu'à son débouché dans la plaine de Luxeuil. D'autres ont une portée plus limitée ; ils n'intéressent alors que les communes situées dans le secteur amont de la rivière, là où les débits sont les moins importants, là où la concurrence se fait le plus rapidement et le plus durement ressentir. Toujours sur le Breuchin, le règlement de 1876 ne s'applique qu'à quatre communes : Corravillers, Amont, La Longine et Faucogney. Peut-être est-il possible, à travers ces documents, et en fonction du nombre de communes concernées, de juger soit de la gravité de la sécheresse de telle ou telle année, soit de la surexploitation systématique des ressources en eau.

Quelques exemples précis montrent en effet que les situations sont différentes d'une rivière à l'autre. Le cas de l'Ognon est peut-être le plus simple dans la mesure où nous n'avons trouvé qu'un seul règlement de sécheresse. L'importance de son débit et le faible développement de la plaine alluviale dans le secteur montagnard, font que les besoins en eau d'irrigation doivent être largement satisfaits, malgré la présence de nombreuses usines*. A l'inverse dans le cas du Breuchin, les règlements sont très nombreux (1865, 1869, 1870, 1876, 1881, 1885, 1892, 1893, 1896) : cette succession laisse à penser que des déficits d'écoulement même faibles se répercutent de façon sensible au niveau des utilisateurs, d'évidence trop nombreux. Pour la Semouse et la Combeauté, les règlements n'apparaissent que tardivement, le premier date de 1884, mais ils se succèdent ensuite presque tous les ans. Là encore on peut penser que l'accroissement rapide du nombre d'utilisateurs vers les années 1870-80 s'est fait au delà des possibilités "normales" de la rivière. Le dernier cas est celui de la

---

* Mais celles-ci ont des canaux de dérivation très courts, et les eaux retournent donc rapidement à la rivière.

Lanterne en amont de sa confluence avec le Breuchin. Son bassin versant moins montagnard que celui des organismes précédents, assure des débits relatifs moins importants, ce qui devrait être particulièrement ressenti tout au long de son cours. Or, il n'en est rien, les règlements de sécheresse sont assez rares : le premier, en 1863 ne concerne qu'un petit affluent, le ruisseau de Brotte : les autres sont pris en 1868, 1893 et 1905. Le déséquilibre entre ressources et besoins n'apparaît ici que certaines années, celles où les débits sont réellement faibles en fonction d'un déficit marqué des précipitations de printemps ou d'été.

Une dernière remarque peut être faite à propos des règlements de sécheresse : pour une même rivière, ils ne sont pas toujours pris à la même date. Pour le Breuchin en 1893, l'arrêté est pris dès la fin juin à l'aval de Faucogney où la plaine est large et l'irrigation importante, mais seulement au mois de septembre à l'amont où les conditions sont différentes.

Cette analyse sommaire des règlements de sécheresse apporte d'utiles enseignements sur les écoulements bien sûr, mais aussi sur l'importance de l'utilisation de l'eau le long des divers organismes. Quant au rôle de cette réglementation sur la gestion de l'eau, il reste très limité dans la mesure où il s'agit d'une mesure temporaire et qui ne touche pas le fond du problème : l'organisation de la distribution. Pourtant elle souligne, si besoin était, que la question dépasse les simples rapports entre les particuliers.

c) *Les structures collectives*

Parfois née d'initiation individuelle, l'irrigation est le plus souvent le fait d'efforts collectifs entrepris par plusieurs propriétaires. Dans ces associations libres, qui existent bien avant le XIXe siècle, la part de la ressource mise à la disposition de chacun est fixée par des droits d'eau le plus souvent coutumier : ce système est fréquent dans les Vosges méridionales et leur avant-pays. Cette organisation amiable n'existe pas partout : puisque dans la région de Montbéliard, les pouvoirs publics ont pris l'habitude d'intervenir sur ce sujet dès le XVIIIe siècle. Au XIXe siècle, l'Administration départementale va prendre le relai et agir dans le même sens.

A la fin de l'époque napoléonienne, l'irrigation jadis florissante autour de Montbéliard, est totalement désorganisée. Aussi dès 1817, un nouveau système administratif est mis en place l'ensemble des prairies de l'arrondissement de Montbéliard sera dirigé par une Commission Centrale des Prairies composée de neuf membres dont un inspecteur général et un caissier. Sont par ailleurs créées des commissions chargées d'assurer la gestion de chaque prairie. L'arrêté de nomination des membres de ces différentes commission locales permet de se faire une idée très précise de l'extension de l'irrigation dans la région : on dénombre en effet 21 prairies arrosées*.

Ces mesures sont complétées par un arrêté du 19 mai 1817 pris après délibération de la Commission Centrale des Prairies. Il institue un règlement général de l'irrigation, qui porte sur les prises d'eau, les ouvrages d'art, les réparations, la répartition des dépenses et la fonction d'irrigateur. Dans ce cadre général, chaque prairie se dote alors d'un règlement particulier qui fixe la répartition des eaux et la nature des travaux qui incombent à la collectivité. Pour la Grande Prairie ce règlement est institué le 1er avril 1819. Dans le même temps, en 1822, une ordonnance royale confirme à nouveau les statuts de l'Association Syndicale de la prairie de Seloncourt, créée en 1774.

Dès lors, jusqu'à la Seconde République, l'irrigation des prairies de la région semble fonctionner sans grands problèmes. Tout au plus peut-on noter les difficultés nées de la construction du canal du Rhône au Rhin dans la vallée de l'Allan. Pendant les travaux, de nombreux propriétaires privés de la jouissance des eaux durant plusieurs années, demandent des indemnités et une réglementation pour le partage des eaux entre le canal et l'irrigation. Les premières plaintes sont adressées au Préfet en 1829 et l'affaire est évoquée au Conseil Général à la session de juin 1834. Enfin, en 1837, une ordonnance royale fixe la manière de jouir des eaux de l'Allan entre les différents utilisateurs (canal, prairies mais aussi usiniers).

Mais l'Administration n'intervient pas seulement dans la région de Montbéliard. A partir des années 1850, elle va tenter d'accentuer la création d'associations syndicales autorisées dans le but évident d'accroître, en l'organisant, l'extension spatiale de l'irrigation. Dans le département du Jura, l'échec est total puisqu'un seul Syndicat est créé en 1895 seulement (Syndicat de Vaudrey).

En Haute-Saône, les résultats ne sont guère plus brillants. En 1863 est organisé le Syndicat de La Chapelle-les-Luxeuil, à la suite de nombreux litiges survenus entre particuliers à propos de la répartition des eaux du ruisseau de Brotte. Il est chargé d'assurer l'irrigation sur une trentaine d'hectares. Regroupant les

---

*Allenjoie, Badevel - Dampierre, Grande Prairie (Fesches, Etupes, Vieux-Charmont, Sochaux, Exincourt), Prairie de Blamont - Abbevillers - Hérimoncourt - Meslières - Seloncourt, Prairie de Dasle - Vandoncourt, Champagne d'Audincourt - Arbouans - Courcelles - Bart, Valentigney, Mandeure, Prairie de Voujeaucourt - Berche - Dampierre - Etouvans, St Maurice - Colombier-fontaine, Prairie de Dambelin - Vaivre - Vermondans, Prairie d'Aibre - Semondans - Rainans - Echenans - Issans - St Julien - Allondans - Présentevillers - Dung - Bart, Courcelles - Ste Suzanne, Sochaux - Montbéliard, Bethoncourt - Grand-Charmont, Prairie de Brognard - Dambenois - Nommay, Feule - Villars-sous-Dampjoux, Villars-sous-Ecot, Bavans, Lougres, Mathay.

propriétaires des deux communes riveraines (La Chapelle et Brotte-les-Luxeuil), il effectue des travaux d'aménagement jusqu'en 1893. En particulier, il a la charge de construire un barrage sur le ruisseau de Brotte en association avec 32 propriétaires de la commune voisine de Baudoncourt qui ne font pas partie du Syndicat ! Le barrage appartient pour les 7/10e au syndicat et pour les 3/10e aux propriétaires. Une seconde association syndicale est reconnue d'utilité publique en 1897 : l'association syndicale pour l'irrigation de la prairie de Beveuge (canton de Villersexel). Elle reçoit l'autorisation de construire un barrage sur le Scey et des canaux de dérivation.

Si les créations sont rares, les tentatives sont assez nombreuses. A la demande de petits groupes d'exploitants, l'administration élabore en effet un certain nombre de projets plus ou moins poussés suivant les cas : aucun n'a abouti. Les raisons invoquées pour expliquer ces échecs sont toujours les mêmes : les agriculteurs ont peur que les investissements nécessaires pour appliquer une nouvelle réglementation soient disproportionnés par rapport aux bénéfices que la nouvelle organisation pourrait apporter. En fait chacun s'accommode du système traditionnel, réglementé par les droits d'eau. Ainsi à Bassigney et à Vy-les-Rupt, deux projets d'associations syndicales sont mis sur pied, mais devant l'hostilité de la majorité des propriétaires concernés, ils sont abandonnés.

Ailleurs ce sont les usiniers, et non les agriculteurs, qui s'opposent à la création de syndicats, car une nouvelle réglementation pourrait remettre en cause leurs avantages acquis tout au long du siècle. Par exemple, entre 1860 et 1880, de nombreuses demandes émanent d'agriculteurs qui souhaitent la création d'un syndicat du Morbier, en amont de Luxeuil. Dans cette région, une partie des eaux du Breuchin est détournée par un canal, le Morbier, qui dessert Froideconche et Luxeuil, et fait tourner de nombreuses usines. Depuis longtemps, les riverains du Breuchin, situés à l'aval de la dérivation protestent contre cette situation qui les prive dans une large mesure de l'usage de leur droit d'eau. En 1858, une vanne est installée sur le Morbier, et une répartition des eaux est fixée : la dérivation peut absorber jusqu'aux deux-tiers des eaux de la rivière, sans pouvoir toutefois dépasser un mètre cube par seconde. En fait cette mesure, mal appliquée, ne donnera pas satisfaction aux agriculteurs qui continueront à demander la constitution d'une association syndicale et une nouvelle réglementation. En vain, l'affaire en reste là, et à partir de 1885-90, les plaintes disparaissent. Il sera bien créé un Syndicat du Morbier en 1921, mais celui-ci n'a aucun lien avec l'irrigation, puisqu'il ne regroupera que les usiniers pour l'entretien du canal.

La tentative la plus intéressante est celle qui concerne la création du Syndicat de la Combeauté. Malgré son échec, elle est riche d'enseignements et nous reviendrons un peu plus longuement sur son cas.

Dans le département du Doubs, les Services Hydrauliques semblent avoir obtenu de meilleurs résultats que dans les autres départements, sans doute en fonction du zèle déployé par l'Ingénieur en Chef. Entre 1850 et 1858, quinze associations de la région de Montbéliard sont réorganisées en Syndicats autorisés. Dans la vallée du Doubs onze associations nouvelles sont nées : leurs tailles sont peu importantes puisqu'ensemble elles ne couvrent que 225 ha. En outre huit syndicats sont en voie d'organisation, mais la plupart ne verront jamais le jour tant les résistances des propriétaires sont vives.

A la même époque quelques créations d'associations syndicales autorisées ont lieu dans le Territoire de Belfort (syndicat de Suarce, de la prairie de Bourogne). En fonction du développement de l'irrigation jusqu'à une date tardive, certaines se constituent encore au début du XXe siècle : en 1906 pour la prairie de Faverois (57 ha), en 1909 pour celle de Chavanne-les-Grands (7,3 ha).

d) *Le cas de la Combeauté (figure 3)*

Son étude détaillée est rendue possible grâce à l'existence d'un important dossier conservé aux archives du Service hydraulique de la D.D.A. de la Haute-Saône. Outre de nombreuses pièces administratives ce dossier contient un rapport de l'Ingénieur Ordinaire chargé des travaux (28), qui en plus de l'étude du cas précis, situe le problème de l'irrigation dans un cadre plus général.

En aval de Fougerolles, à leur entrée sur le territoire de la commune de Corbenay, les eaux de la Combeauté sont sollicitées par deux chenaux d'écoulement : la Combeauté elle-même, et le Mielin. Ce dernier est sans doute une ancienne rigole d'irrigation, qui, à la suite de travaux incessants exécutés par les propriétaires riverains, a été transformée en un véritable cours d'eau de près de quatre kilomètres de long. Déjà à la fin du XVIIIe siècle, ce canal avait une certaine importance puisqu'il alimentait un moulin. Par la suite d'autres usines se sont installées, tandis que les prises d'eau pour l'irrigation se multipliaient. Les besoins en eau ont été s'accroissant, tant et si bien que, sans aucune autorisation, un barrage a été construit sur la Combeauté, obturant totalement l'ancien lit et détournant toutes les eaux vers le Mielin. Cette situation a soulevé de véhémentes protestations chez les propriétaires riverains de la Combeauté, en particulier ceux de la commune de Fontaine-les-Luxeuil, qui se voyaient privés de l'utilisation de leurs droits d'eau. A l'inverse, le nouvel état profitait aux usiniers établis sur le Mielin, mais aussi aux habitants de Corbenay qui avaient pu développer un important système d'irrigation à partir du canal. A l'aval, un problème identique quoique moins aïgu se posait pour la répartition des eaux entre la Combeauté et le canal des usines de St Loup-sur-Semouse.

En 1892, une délibération du Conseil municipal de St Loup insiste sur le caractère anarchique de la situation, sur le gaspillage des ressources en eau qui en résulte, tant de la part des irrigants que des usiniers. De ce fait, la Combeauté dans la traversée de St Loup, se trouve souvent à sec du fait des abus de

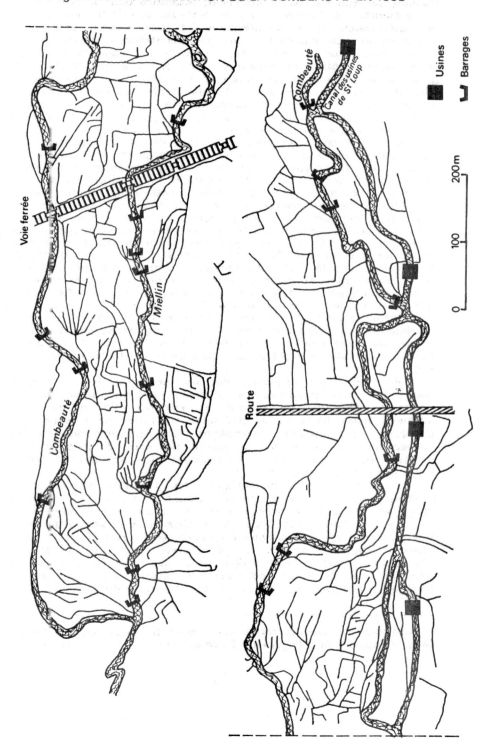

Fig 3 : RESEAU D'IRRIGATION DE LA COMBEAUTE EN 1893

l'amont, ce qui est particulièrement insalubre pour la commune. En conséquence, le Conseil Municipal adresse une lettre au Préfet de la Haute-Saône où il lui demande "de bien vouloir prendre des mesures, en vue d'arriver à une réglementation générale des eaux de la rivière sur les territoires de Corbenay, Fontaine-les-Luxeuil et St Loup". Cette réglementation serait accompagnée de la création d'une association syndicale chargée de veiller à son application. Si elle allait dans le sens des réclamations des habitants de St Loup et de Fontaine, une telle demande ne pouvait que provoquer l'indignation de ceux de Corbenay qui risquaient de voir condamné leur système d'irrigation développé à partir du Mielin.

Cette situation complexe du fait de la concurrence entre utilisateurs, est encore aggravée par des pratiques abusives ; le rapport de l'Ingénieur insiste sur les comportements irresponsables des uns et des autres : "L'irrigation se pratique sans aucune mesure, et d'une manière absolument irrationnelle. En tout temps, la plupart des propriétaires cherchent à amener les eaux dans leurs prairies, sans se rendre compte que cet arrosage continu est excessif, qu'il délave le sol et lui enlève les sels de potasse qu'il peut contenir. En été surtout, ces propriétaires disposent des eaux non pas comme d'une chose dont ils ont seulement l'usage, mais comme si elle leur appartenait en propre. Aucune prise d'eau n'est réglementée et quelques unes ne rendent pas à la rivière les eaux détournées". Ajoutons que les structures du système d'irrigation favorisent cette anarchie : il y a 70 prises d'eau principales pour 240 hectares, 32 sur le Mielin et 38 sur la Combeauté. La plupart d'entre elles ne comportent pas de barrage et ne sont pas munies de vannes. "Pour les fermer, ce qui est rare, on établit à l'entrée un batardeau en terre et en gazon" (28).

A propos des pratiques des usiniers cette fois, le rapport poursuit : "Les propriétaires d'usines semblent avoir de leurs droits la même idée fausse que les irrigants. Ils ont peu à peu surélevé leurs biefs et modifié leurs ouvrages de retenue et de décharge sans aucune autorisation. Ces travaux ont eu pour conséquence une altération du régime des eaux de telle sorte que certains fossés de colature ne peuvent plus aujourd'hui ramener leurs eaux dans le Mielin".

Consultés sur cette affaire, les Conseils Municipaux de Corbenay et de Fontaine-les-Luxeuil, laissent à l'autorité compétente le soin de présenter un projet de répartition des eaux qui soit équitable pour tous. Un règlement est alors élaboré : il s'inspire d'autres réalisations effectuées en France (Corse, Savoie, Yonne, Aveyron et Basses Pyrénées) pour les dispositions essentielles. Mais il tient également compte des données locales : tous les calculs s'appuient sur une étude faite à propos de l'irrigation des prairies de Luxeuil par les eaux du Morbier*.

---

* Nous n'avons pas retrouvé les traces de cette étude, signalée dans le rapport de l'Ingénieur Ordinaire.

Le point de départ de toute la réglementation est le partage des eaux entre le Mielin et la Combeauté. Les ouvrages de partage devront donner 1/3 du débit total à la Combeauté et 2/3 au Mielin (soit 1/3 pour l'irrigation et 1/3 pour les usiniers). A l'aval une répartition identique se fait entre la Combeauté (1/3 des débits) et le canal des usines de St Loup (2/3). Les prairies sont divisées en sept sections entre lesquelles l'eau sera répartie en fonction des disponibilités. "En hiver, toutes les prairies pourront être irriguées pendant la période du 1er novembre au 15 mars, sans aucune interruption, à la condition que le débit de la rivière ne descende pas en dessous de 3 m3/s. Pour éviter les gaspillages, chaque prise principale sera équipée d'une vanne dont le niveau du seuil et la largeur seront calculées de manière à ne permettre que la dérivation d'un volume d'eau proportionnel à la superficie inondable et au débit du cours d'eau au moment de l'arrosage" (28).

En été, le débit de la rivière est trop faible pour assurer en même temps l'irrigation de toutes les prairies. Il y a donc lieu d'organiser une rotation, des tours d'irrigation, donnant successivement la totalité des eaux aux irrigants de la Combeauté, puis à ceux du Mielin, enfin aux usiniers. Chaque section recevra pendant deux ou trois jours la totalité des eaux et ce, suivant une périodicité à définir. Globalement, deux périodes sont retenues au cours desquelles les différents arrosages seront effectués : du 15 au 25 mai, pour les foins, et du 15 au 30 juillet pour les regains. A l'intérieur de chaque section une répartition à l'amiable se fera entre les différents utilisateurs. Le reste du temps, les eaux seront en priorité utilisées par les usiniers. En cas de sécheresse grave, le préfet pourra autoriser des arrosages supplémentaires.

Présenté en 1896, ce projet nécessitait pour sa réalisation l'installation d'un système de vannes calibrées sur toutes les prises d'eau principales. De tels travaux ne pouvaient se faire que dans le cadre d'une association syndicale qui se chargeait également de la gestion financière et de l'entretien des installations. Vivement encouragé par le Ministre de l'Agriculture, qui presse l'administration pour le faire aboutir, le projet se heurte à l'hostilité farouche des petits propriétaires, et parmi eux on trouve ceux qui avaient été les plus farouches partisans de la réglementation. L'argument invoqué est bien sûr d'ordre financier : les travaux coûteraient plus chers que ne valent les terrains. Dans cette hypothèse, que les techniciens tentent pourtant de récuser, ils préfèrent se passer de la réglementation et continuer à utiliser l'eau comme auparavant. Plusieurs fois de suite, l'administration essaie de relancer l'affaire, mais de guerre lasse le projet est définitivement abandonné en 1911.

Les tentatives de création d'associations syndicales autorisées pour l'irrigation sont donc peu nombreuses en Franche-Comté, et plus rares encore sont les réussites. Nous n'avons sans doute pas tout répertorié, mais le nombre des créations n'a pas dû dépasser la quarantaine. Elles se rencontrent, soit dans les régions où l'organisation administrative est déjà ancienne, soit dans les secteurs où les irrigations se développent (vers Belfort) ou essaient de s'implanter (vallée du Doubs). Dans les Vosges Comtoises où l'arrosage est une pratique ancienne, les organisations traditionnelles (groupements libres et droits d'eau) semblent suffisantes pour régler tous les problèmes, et le recours à des structures administratives plus élaborées ne paraît pas nécessaire.

Chapitre IV - Le XXe siècle : disparition des arrosages traditionnels et développement des irrigations par aspersion.

Le XXe siècle est marqué par deux tendances : d'une part le déclin et la disparition presque totale des systèmes d'irrigation par gravité, d'autre part, l'apparition très récente de l'arrosage par aspersion. Il n'existe d'ailleurs pas de relation entre ces deux faits dont les évolutions historiques et les localisations spatiales sont indépendantes.

1. *Le déclin et la disparition des irrigations traditionnelles*

Aujourd'hui les systèmes d'irrigation hérités du XVIIIe et du XIXe siècle n'existent plus guère. Il est donc clair que leur disparition s'est effectuée au coeur des quatre-vingt dernières années. Cette évolution est en grande partie liée aux mutations contemporaines qui affectent le monde rural. Depuis la fin du XIXe siècle, la pression démographique diminue régulièrement du fait de l'émigration. Cette tendance est considérablement renforcée par la guerre de 14-18 qui opère une formidable ponction dans la population des campagnes franc-comtoises. De nos jours, l'exode rural se poursuit encore au profit des grands centres industriels et urbains de la région (33). La baisse du nombre d'agriculteurs a eu deux conséquences : d'une part une détente de la pression sur la terre, le retour à une agriculture plus extensive, d'autre part un abandon des pratiques culturales qui demandent beaucoup moins de main d'oeuvre. Système intensif et "dévoreur" de travail, l'irrigation est donc condamnée par le nouvel état démographique du monde agricole ; elle l'est également par les évolutions technologiques, qui s'amorcent timidement au début du siècle et iront se renforçant surtout après la seconde guerre mondiale. La fertilisation par limonage, qui constitue un des buts essentiels est remplacée par l'utilisation plus facile des engrais, et la mécanisation s'accomode mal de la présence des nombreux obstacles que constituent les rigoles et canaux.

Mais si l'abandon de l'irrigation est liée aux transformations du monde agricole, d'autres causes plus locales sont intervenues pour précipiter le mouvement : disparition des terres agricoles "mangées" par l'urbanisation et l'industrialisation, mise en place d'infrastructures qui perturbent les systèmes d'arrosages. La diversité des situations explique que cette évolution se soit faite à des rythmes différents suivant les régions concernées.

Dans le Jura, la documentation manque totalement pour pouvoir la saisir. Tout au plus peut-on noter pendant la période de l'entre-deux-guerres, l'abandon d'un des plus vieux systèmes existant dans ce département : celui de l'Association Syndicale de la Prairie de Vaudrey. Quoiqu'il en soit la disparition est totale puisque le R.G.A. de 1970 (34) ne signale que deux exploitations qui utiliseraient encore un système gravitaire.

Dans le Doubs, à la même date, la situation est identique, mais ici la documentation permet de suivre dans ses grandes lignes les étapes de cet abandon dans la région de Montbéliard tout au moins. Il commence dès la fin du XIXe siècle, à un moment où l'irrigation apparaît pourtant encore conquérante. En 1898, la commune de Sochaux se retire de la première association syndicale des prairies de l'Allan : les terres irriguées ne rapportent pas assez et les charges sont trop lourdes. En 1906, plusieurs propriétaires demandent à quitter la deuxième association syndicale de l'Allan, ils ont en effet transformé leur propriété en terrain à bâtir. D'une part, ils ne veulent plus que leurs terres soient inondées, d'autre part ils refusent de participer aux frais d'entretien et de gestion du système d'irrigation. Des demandes identiques sont déposées en 1908. L'étendue des périmètres irrigués se réduit donc peu à peu devant l'urbanisation croissante de la région. En outre la diminution du nombre des propriétaires impose à ceux qui restent des charges de plus en plus lourdes pour l'entretien des aménagements.

D'autres problèmes apparaissent d'ailleurs liés au développement de la civilisation industrielle. En 1906, les Associations Syndicales se plaignent des dégats causés aux prairies par suite de déversements répétés d'acide dans les eaux de l'Allan. Ainsi la pollution des eaux est déjà à l'ordre du jour. Autre cas, en 1910, 19 propriétaires se retirent des associations car "depuis quelques années, les sablières se sont installées à un mètre en contrebas du fond des principaux canaux d'irrigation et absorbent par les eaux moyennes toute celle qui est nécessaire pour rafraîchir cette prairie" (Pétition des propriétaires adressée au Préfet du Doubs ; A.D. 396 S1 Affaires collectives).

A partir de 1910, le mouvement d'abandon ne fait que s'amplifier. A cette date d'ailleurs la plupart des associations connaissent d'importantes difficultés financières. Faute d'argent les réparations nécessaires après les graves inondations de 1910 ne peuvent être réalisées. En 1911, 28 associés demandent à quitter la 3ème association des prairies de l'Allan. L'assemblée générale des propriétaires réunie pour se prononcer sur cette demande, décide purement et simplement la dissolution de l'association. Etrangement dans ce contexte général, une création d'association est envisagée en 1912 pour l'irrigation de la prairie de Taillecourt. Mais l'anachronisme de ce projet apparaît bien vite, car la plupart des propriétaires concernés refusent de s'y associer. En 1914, c'est au tour de l'Association Syndicale de la prairie de Valentigney de disparaître : elle est suivie en 1918 par les 3ème et 4ème associations de la vallée de l'Allan.

La disparition de l'irrigation dans la région de Montbéliard, est donc déjà ancienne, antérieure à la première guerre mondiale ; indépendante des transformations de l'agriculture elle est provoquée par l'urbanisation et l'industrialisation qui grignotent les terres des vallées. L'évolution est d'autant plus rapide - elle se fait en une vingtaine d'années - que les systèmes en place sont fragiles : fortement structurés et conçus en vue d'une exploitation collective de la ressource en eau ils ne résistent pas longtemps à la défection de quelques propriétaires.

Le déclin de l'irrigation semble plus tardif dans le Territoire de Belfort, où des demandes de création de barrages sont encore faites pendant l'entre-deux-guerres (à la Chapelle-sous-Rougemont en particulier). Les vallées sont ici peu touchées par l'urbanisation et l'industrialisation ; les réseaux en place fonctionnent de façon satisfaisante jusqu'en 1939 et d'après les archives des principaux Syndicats* les différents ouvrages sont encore régulièrement entretenus. C'est après 1945 seulement que l'abandon est certain : les structures syndicales se maintiennent toujours mais elles n'ont plus d'activités, en particulier la comptabilité n'est plus tenue. C'est à l'occasion d'événements totalement étrangers à l'irrigation que leur dissolution est parfois prononcée. Ainsi le Syndicat d'Arrosage de la Prairie de Bourogne-Morvillars n'est dissout qu'en 1967, à la suite des expropriations intervenues en vue de la création du port fluvial de Bourogne, alors même que les installations étaient hors d'usage depuis plusieurs années. La disparition de l'irrigation dans la région est donc essentiellement due à l'attitude des agriculteurs qui délaissent une technique qu'ils jugent mal adaptée aux pratiques culturales d'aujourd'hui. Localement elle a pu être accélérée ces dernières années par l'urbanisation (nord de Belfort), ou la mise en place de certaines infrastructures (construction de l'autoroute Belfort-Montbéliard dans la vallée de la Savoureuse par exemple). Il faut pourtant noter que l'abandon n'est pas total : des îlots de résistance persistent aujourd'hui encore dans les petites vallées vosgiennes (La Madeleine, ruisseau de St Nicolas) où quelques exploitants pratiquent encore l'irrigation par gravité sur les prairies de versant.

    En Haute-Saône, l'évolution est assez comparable à ce qui se passe dans le territoire de Belfort. Le déclin semble cependant s'amorcer un peu plus tôt. Dès l'entre-deux-guerres, les traces de l'irrigation se raréfient dans les dossiers administratifs : plus de demandes de création de barrages et surtout plus de plaintes. Notons cependant que ce dernier constat n'implique pas obligatoirement une diminution des arrosages ; en effet, les besoins en eau des industriels baissent considérablement du fait de l'utilisation de la machine à vapeur, et surtout de l'électricité (à partir de la centrale de Ronchamp) comme source d'énergie. En outre, la tendance à l'abandon est freinée par le maintien sur place d'une population abondante d'ouvriers-paysans qui continuent d'utiliser les pratiques traditionnelles. De ce fait la disparition s'effectue lentement et elle n'est pas totale, le R.G.A. de 1970 (34) recense 60 ha irrigués pour le département, mais ces chiffres sont à manier avec précaution car, d'une part, ils englobent des systèmes modernes d'irrigation par aspersion, d'autre part toutes les irrigations traditionnelles de la région vosgienne ne semblent pas avoir été recensées. Afin de dresser un bilan plus précis, nous avons mené une enquête sommaire en particulier auprès des maires des communes de la vallée du Breuchin, là où les systèmes d'arrosage étaient très répandus : les réponses obtenues permettent de mieux cerner la situation actuelle et son évolution récente.

---

* A cette date, il en existe cinq d'après une enquête de l'Administration du Génie Rural.

Le déclin est surtout net depuis 1945, mais il s'accentue à partir de 1960. Il touche la petite irrigation de versant : les anciennes prairies arrosées à partir de sourcins sont parfois transformées en pâturages, le plus souvent reconverties en plantations d'épicéas. L'irrigation de vallée se maintient mieux. Pourtant les techniques sont restées très archaïques, les rigoles sont creusées à la bêche ou à la charrue, le niveau de l'eau est "contrôlé" par des levées en planches, et quelques barrages de pierres subsistent encore. Les périodes d'irrigation sont inchangées : aux Plains-de-Corravillers par exemple, l'arrosage se fait en plusieurs fois : à la fin de l'automne pour la fertilisation, au printemps pour la pousse de l'herbe. Interrompue pour la fenaison, elle reprend une fois la récolte faite pour augmenter la production de la deuxième coupe. Enfin les droits d'eau sont toujours notés sur les titres de propriété ou dans les baux de location.

Dans certaines communes, cette irrigation s'étend encore sur des surfaces appréciables : une cinquantaine d'hectares répartis entre une vingtaine d'exploitants aux Plains-de-Corravillers, 80 hectares à Raddon et Chapendu, quelques hectares dans les autres communes de la vallée. A terme cependant le déclin semble irrémédiable, les rigoles et les canaux sont en effet de moins en moins entretenus, même s'ils sont encore utilisés.

Dans l'avant-pays montagnard, le recul est plus marqué ; il semble d'ailleurs avoir été plus précoce, antérieur à la seconde guerre mondiale. Localement, il existe encore quelques prairies de fauche où l'irrigation d'hiver est encore pratiquée, à Fougerolles et à Luxeuil par exemple : mais l'abandon est général. Les prairies ont cédé la place à de médiocres pâturages à St Loup-sur-Semouse comme à Conflans-sur-Lanterne. Les installations sont partiellement détruites : à la ferme de la Prevelle, les vannes qui commandaient le canal d'amenée, n'existent plus depuis longtemps. A Augronne, au sud de St Loup, les prises d'eau sur la Combeauté sont obturées et les canaux partiellement comblés. Certes en périodes de hautes eaux, en particulier lors des crues, toutes ces terres sont inondées, mais cela n'a plus rien à voir avec l'irrigation traditionnelle, bien plus, il s'agit d'une véritable marque d'abandon.

En de nombreux endroits enfin, la déprise agricole se marque par le retour de la forêt. Le secteur le plus exemplaire à cet égard est celui de la Combeauté en amont de St Loup, là où une association syndicale avait été envisagée à la fin du XIXe siècle... Sur quatre kilomètres de long de part et d'autre de la voie ferrée, la plaine alluviale est constituée d'une marquetterie de parcelles où se lisent tous les stades d'abandon ou de reconversion des prairies. La taille de certains arbres laisse à penser que la mutation a commencé il y a quelques dizaines d'années. Les essences sont très variées ; les aulnes occupent une place prépondérante mais on rencontre également des frênes, des chênes et parmi les conifères, des épicéas et des pins.

Cette mutation très nette pour la vallée de la Combeauté, se rencontre à des degrés divers le long de la Lanterne, du Breuchin et de la Semouse. Ainsi depuis 1970, sept hectares ont été plantés à Conflans-sur-Lanterne, trois à Fontaine-les-Luxeuil, un à Plainemenont, etc... (35). Les boisements récents se font de plus en plus avec des peupliers, malgré des conditions climatiques difficiles pour cette espèce. D'après le technicien forestier du Centre Régional de la Propriété forestière, les clones habituellement utilisés (1 214, Sérotina) sont très sensibles aux gelées et ne réussissent pas très bien dans la région. C'est pour améliorer cette situation que le C.R.P.F. de Franche-Comté et celui de Lorraine Alsace ont installé un réseau d'essais à Menous et Conflans-sur-Lanterne pour rechercher des clones mieux adaptés au froid et à l'excès d'eau au cours de la mauvaise saison. Si ces recherches aboutissent, ils sera à la fois possible et rentable, d'accroître les plantations de peupliers dans les plaines anciennement irriguées.

Dans cet abandon généralisé, une exception mérite d'être soulignée : un agriculteur de Briaucourt, par ailleurs très attaché à la modernisation de son exploitation, continue à pratiquer systématiquement l'arrosage gravitaire des terres qu'il possède dans la vallée de la Lanterne. Pour lui, la non-rentabilité de l'irrigation n'est pas évidente. Signalons également que lors de la sécheresse de 1976, certains agriculteurs, à Conflans-sur-Lanterne par exemple, ont à nouveau utilisé les anciennes installations pour irriguer les prairies et les champs de maïs.

Le déclin de l'irrigation gravitaire est donc bien réel et général au cours du XXe siècle. Précoce et très rapide dans la région de Montbéliard et sans doute dans le Jura, il est plus tardif dans le Territoire de Belfort et en Haute-Saône, en particulier dans les Vosges comtoises, où les systèmes d'arrosage, plus petits, moins bien structurés que vers Montbéliard, ont résisté plus longtemps, dans une société rurale restée très archaïque.

2. *Un développement très récent des systèmes modernes d'irrigation (figure 1)*

Alors que les arrosages traditionnels agonisent lentement, on assiste à une timide implantation des techniques nouvelles d'irrigation par aspersion. L'indépendance est d'ailleurs totale entre les deux phénomènes ; il ne s'agit en aucun cas d'une simple substitution liée au progrès technologique. Alors que l'irrigation gravitaire concernait essentiellement les prairies, le nouveau système s'adresse soit à des productions spécialisées (cultures maraîchères et florales) soit à la culture du maïs. En outre, la localisation géographique n'est pas la même : une partie des nouvelles installations se situe à proximité des marchés de consommation, c'est à dire autour des grandes agglomérations, le reste se localise dans les régions les moins arrosées de la Franche-Comté.

En 1970, l'irrigation par aspersion ne concernait sans doute pas plus d'une centaine d'hectares. Pourtant une étude menée en 1973 par la S.C.E.T. pour le compte du S.R.A.E.-Franche-Comté (3) concluait que cette technique pouvait être adoptée dans de bonnes conditions de rentabilité, dans la majeure partie des plaines et bas plateaux de la région. Depuis une dizaine d'années et surtout semble-t-il depuis la sécheresse de 1976 la progression est remarquable : le recensement agricole de 1980 (36) dénombre 3679 hectares de terres équipées pour être irriguées et 1214 hectares l'ayant été effectivement. La moitié des installations se trouve dans le département du Jura (1973 ha irrigables) en particulier dans le Finage, au sud-ouest de Dole, dans le val d'Amour et dans la plaine de Bletterans. En Haute-Saône (1242 ha irrigables), la dispersion est plus grande : à côté de secteurs d'implantation traditionnelle (vallées sous-vosgiennes vers Luxeuil et Lure), l'irrigation se développe autour de Jussey, dans la plaine de Gray, le long de la vallée de l'Ognon et même sur les plateaux calcaires vers Rioz. Dans le territoire de Belfort (216 ha), elle est présente dans de nombreuses communes, autour de Belfort d'une part et dans la région de Delle d'autre part. Enfin le Doubs est le département le plus en retard puisque les surfaces irrigables ne sont que de 248 ha : l'essentiel se concentre autour de Besançon et dans quelques communes de la vallée de l'Ognon.

Si dans la plupart des cas ce développement s'est effectué et pourra se poursuivre sans grands problèmes, il peut localement soulever certaines difficultés. C'est le cas en particulier pour la plaine de Dole où l'intense exploitation de la nappe phréatique par les usines Solvay, pose la question de la concurrence entre les différents utilisateurs de l'eau et celle de la gestion optimale des ressources.

L'HOMME CONTRE L'EAU

Chapitre V - L'assainissement général

Dans ce chapitre, nous traiterons à la fois de l'amélioration et de l'entretien du lit des rivières et de l'assainissement par des réseaux de canaux superficiels. Leur objectif est en effet identique : éviter l'excès d'eau dans les sols par des aménagements simples concernant des secteurs de taille importante, ce qui les différencie du drainage souterrain qui lui s'applique au niveau de la parcelle. Les deux types d'intervention ne correspondent pourtant pas exactement aux mêmes nécessités et ils ne s'adressent pas aux mêmes secteurs géographiques. Le premier cas a un champ d'application très général puisqu'il concerne tous les cours d'eau : il s'agit de maintenir une situation hydrologique satisfaisante en évitant une dégradation des conditions de l'écoulement qui conduirait à des inondations temporaires des vallées. Le second cas correspond à des actions plus spécifiques et plus circonscrites dans l'espace ; les travaux tendent en effet à une véritable bonification de terres trop humides à l'état naturel. Dans la réalité les deux actions se combinent fréquemment : il n'est pas rare que l'aménagement du lit de rivière s'accompagne de la mise en place de canaux de drainage dans la plaine alluviale. A l'inverse un bon assainissement des terres humides ne peut se faire sans que l'entretien des émissaires soit assuré.

Toutes les régions de Franche-Comté ne sont pas également concernées par l'assainissement : la forte karstification des roches calcaires qui forment l'essentiel des assises géologiques fait que les zones humides sont rares, et les secteurs aux écoulements denses, très localisés. Aussi l'assainissement général n'y a jamais été une préoccupation très importante.

Très tôt pourtant, l'entretien et l'amélioration du lit des rivières se sont révélés être des tâches d'intérêt général, ce qui a poussé le Pouvoir Politique à mettre chacun devant ses responsabilités. Un édit du Parlement de Dole en date du 8 mai 1651, donnait aux pouvoirs publics municipaux une autorité toute spéciale pour imposer aux riverains l'obligation d'entretenir les berges et les lits des rivières :

> "Il est donné à tous les échevins, prud'hommes, jurez et habitants des communautés de ce pays, de, dans six mois, faire nettoyer les ruisseaux et biefs qui fluent riere leurs territoires, et après les avoir mis en éstat, les y entretenir, sous réserve de se faire rembourser par les particuliers qui ont des héritages au voisinage desdits ruisseaux, et des autres qui profiteront de telles réparations, selon les marchés que lesdites communautés en auront faits et les réparements auxquels les officiers des lieux procèdent, parties à qui le fait touche appelées. A défaut de quoi, et le susdit terme passé, au regard de la première réparation, et quant à l'entretien aux secondes réparations à l'advenir, six mois après deux réquisitions, et interpellations des parties intéressées, ou aucune d'icelles, il sera vaqué auxdits

nettoyements et repurges aux frais desdites communautés, sans espoir de recouvrement, et encore à peine d'amende arbitraire" (cité par Fasquelle (25)).

Nous ne savons pas comment cet édit a été appliqué pendant l'ancien régime. De même nous ignorons à peu près tout des travaux d'asainissement qui ont pu être entrepris alors. Sauf cas particulier (à St Aubin, par exemple), ils ont dû rester très limités.

Heureusement la documentation est plus abondante et les faits mieux connus au XIXe et au XXe siècles : l'assainissement suscite un certain intérêt au cours de deux périodes : au milieu du XIXe siècle, quand l'engouement pour l'agriculture conduit à l'élaboration de vastes projets, et après 1945, dans le cadre d'une réorganisation devenue indispensable de l'espace rural.

1. *Grands projets et petits travaux au XIXe siècle*

Pendant tout le XIXe siècle, le souci d'aménagement d'un espace agricole rendu exigu par la surcharge démographique redonne une certaine actualité aux problèmes d'assainissement. De nombreux projets, souvent importants, sont élaborés surtout sous le Second Empire, mais les réalisations sont assez rares et souvent modestes. Pour la commodité de la présentation, nous étudierons successivement les petits aménagements des vallées et les projets plus vastes touchant l'assèchement des zones les plus marécageuses.

a) *L'aménagement des vallées*

Là encore, en fonction de leur impact, deux types d'action sont à considérer : le simple entretien des rivières, d'une part, et l'assainissement des vallées les plus humides, d'autre part.

Pour le premier aspect, la loi du 16 floréal an XI, puis celle du 7 septembre 1807 reconduisent les dispositions de l'édit du Parlement de Dole. Or les travaux indispensables ne sont pas régulièrement effectués par les riverains, ce qui conduit les autorités préfectorales à intervenir pour que le curage des lits et le faucardage des berges soient assurés. Cette prescription n'intervient "qu'après les formalités de publications et d'enquête locale, destinées à appeler les déclarations des intéressés, sur l'utilité publique des travaux projetés, sur les bases proposées pour la répartition des dépenses à faire, ainsi que sur la faculté d'exécuter par eux-mêmes les travaux, chacun au droit de soi" (37).

De très nombreux arrêtés sont pris tout au long du siècle : ils concernent la plupart des rivières comtoises, mais surtout celles de la Bresse jurassienne et des régions sous-vosgiennes. Leur répétition, pour un même cours d'eau, montre, d'une part que les riverains rechignent pour assumer eux-mêmes les tâches nécessaires, et d'autre part que les Pouvoirs Publics sont très soucieux d'assurer le bon fonctionnement des systèmes d'écoulement.

Dans les vallées les plus humides, le simple entretien de la rivière ne suffit pas à assurer un bon assainissement des terres : ce travail toujours indispensable doit s'accompagner du creusement des canaux de drainage qui collectent les eaux et les conduisent jusqu'à l'émissaire. De tels aménagements, qui concernent des surfaces relativement importantes, ne peuvent être menés que collectivement par tous les propriétaires intéressés.

Tout au long du siècle de nombreuses créations d'Associations Syndicales d'assainissement sont envisagées : mais une quarantaine seulement verront le jour (38). Les premières remontent à 1830-1840, mais le plus gros contingent se met en place, après la création des Services hydrauliques départementaux, c'est-à-dire après 1850.

Dans le Jura la plupart des syndicats s'organisent dans le cadre d'une commune, en vue de l'amélioration de quelques dizaines d'hectares de terroirs de vallée. Quelques-uns regroupent cependant plusieurs villages riverains d'une même rivière : association syndicale de l'Angillon ou de la Cuisance par exemple. Leur fonctionnement laisse souvent à désirer : certains n'ont jamais effectué les travaux pour lesquels ils avaient été mis sur pied (Association Syndicale de l'Angillon). La plupart ont cessé toute activité une fois les principaux aménagements exécutés, sans se soucier de leur devenir. Rares sont ceux qui ont fonctionné pendant plusieurs décennies, assurant l'entretien et les réparations nécessaires. Le Syndicat des coursières* de Peseux réalise régulièrement le curage de tous les canaux de 1880 à 1914. Le Syndicat de St Aubin résiste encore mieux puisqu'il assume son rôle jusqu'à la Seconde Guerre mondiale. Mais il s'agit là d'un cas exceptionnel de réussite qui est d'ailleurs cité en exemple par l'Administration, à la fois pour sa bonne gestion et l'importance des travaux réalisés.

Etablissement médiéval, St Aubin est installé au coeur d'une plaine riche mais insalubre et la mise en valeur des terres a nécessité une série d'aménagements réalisés au cours des siècles. Faute d'études sur ce sujet, il n'est pas possible de retracer les étapes les plus anciennes de l'établissement des drains, mais lors de la formation du syndicat en 1883 il existe sur le territoire de la commune 19 cours d'eau (naturels et coursières) dont les 38 kilomètres de longueur assurent le drainage des différents "climats"** qui composent le finage. En 1904, les cours d'eau sont au nombre de 65 et leur longueur totale dépasse 80 kilomètres. En une trentaine d'années la progression est très forte : elle dénote un dynamisme d'autant plus remarquable qu'il en coûte au Syndicat environ 500 francs par an (en 1880) pour assurer le bon entretien

---

* Terme local donné aux fossés d'assainissement.
** Terme local, qui comme dans la Bourgogne voisine, désigne les terroirs.

de l'ensemble et la réalisation des nouveaux travaux. En 1925, la commune emploie encore quatre cantonniers pendant toute l'année. Pendant plus de cinquante ans le fonctionnement du Syndicat de St Aubin se fait à la satisfaction générale : il faut les inondations de 1910 pour voir quelques esprits chagrins manifester leur mécontentement et exprimer leur désir de se retirer de l'association.

Mis à part les deux exemples précédents (Peseux - St Aubin), la structure de l'association syndicale pour l'assainissement des terres n'a donc pas rencontré un écho très favorable dans le monde agricole : d'où des créations sans lendemain et de nouvelles tentatives quelques années plus tard. A Aumur, par exemple, il existe au début du siècle "une commission syndicale pour l'ouverture et le repurgement de plusieurs coursières". Entre 1850 et 1896, cette commission ne siège plus et les travaux d'entretien sont faits à l'initiative du Conseil Municipal. En 1897, sans doute pressée en ce sens par l'Administration, la Municipalité demande la création d'une nouvelle association. L'année suivante, alors que le projet a déjà pris forme, elle retire finalement sa demande, "considérant que la commune assure tout aussi bien qu'une association la conduite des travaux et la répartition des rôles" (A.D. Série S. Aumur).

La localisation des autres opérations d'assainissements réalisées ou projetées souligne l'opposition déjà signalée entre deux parties du département. Le massif jurassien est peu concerné, les améliorations sont rares et d'importance réduite. Citons les travaux dans la reculée de Ney près de Champagnole, dans la Petite Montagne (syndicat d'Orgelet pour le bassin fermé de la Thoreigne, syndicat de St Julien pour la vallée de Suran) et le projet avorté pour la vallée de l'Angillon. C'est dans la plaine que se concentre l'essentiel des aménagements qui se répartissent en quatre secteurs géographiques. A l'extrême nord-ouest, la plaine de l'Ognon et ses bordures est touchée par de petites opérations dispersées, associations syndicales de Peintre, Thervay, Saligney... Dans le Nord de la plaine bressane, l'assainissement porte sur des portions de vallées en associant plusieurs communes, le long de l'Orain, de la Cuisance et de la Dorme.

Le troisième secteur est constitué par le Val d'Amour : étrangement cette vallée n'a pas été le siège de nombreux travaux d'assainissement en dehors de ceux qui touchent de petits affluents (Clauge, Réverotte). Du fait de son statut de cours d'eau domanial, l'entretien de la Loue ne relève pas des communes riveraines. En outre pour les terres proches de la rivière le premier problème à résoudre est celui de la lutte contre les inondations (voir chapitre VII).

La vallée du Doubs et la Plaine du Finage forment le dernier secteur : c'est là que les opérations les plus nombreuses ont été conduites. Dans la vallée, l'assainissement a porté, d'une part sur les terres situées loin de la rivière donc peu touchées par les inondations, et d'autre part sur les zones inondables mais protégées par des endiguements (voir chapitre VII). Les relations sont ici étroites, mais complexes, entre la lutte contre les crues et le drainage superficiel : deux exemples le montreront. A Asnans en 1884 se crée une association syndicale pour l'assainissement d'une quarantaine d'hectares. Mais dans le même temps, la construction d'une digue le long du Doubs assure la protection des terres contre l'inondation et conduit à l'abandon du projet. A Chaussin, la construction d'une digue insubmersible est envisagée en 1897, ce qui pousse le Conseil Municipal à demander la création d'une association syndicale pour assainir le territoire ainsi protégé. Dans un cas la lutte contre les crues permet l'assainissement, dans l'autre elle le rend superflu.

Si dans la vallée du Doubs les travaux tendent surtout à abaisser le niveau de la nappe phréatique, le but est différent dans le Finage où il s'agit d'évacuer les eaux pluviales. Les limons de débordement, qui terminent ici le remplissage alluvial, constituent un niveau superficiel imperméable qui freine l'infiltration des précipitations. Or, en fonction de la faiblesse générale des pentes le drainage naturel est fort peu organisé et l'eau stagne à la surface du sol après chaque pluie : d'où la nécessité comme à St Aubin de multiplier les drains artificiels.

C'est dans ces deux régions que les travaux entrepris au cours du XIXe siècle seront les plus importants et les plus continus. Ils portent à la fois sur l'aménagement des cours d'eau naturels (Barretaine, Orain sur la rive gauche du Doubs, Sablonne et Cleux dans le Finage) et pour la mise en place et l'entretien permanent d'un réseau de canaux (les "coursières"). Nous avons déjà évoqué le cas de St Aubin : il est exemplaire à cet égard, mais chaque localité procède à des réalisations plus ou moins importantes. A Peseux, par exemple, trois coursières sont construites, la première au milieu du siècle, les deux autres en 1878. Leur gestion est assurée par deux associations syndicales différentes qui fusionneront en 1900.

En Haute-Saône, la première étude que le Service de l'hydraulique va mettre sur pied concerne la vallée du Durgeon en aval de Vesoul : elle ne verra jamais le jour. D'autres tentatives se soldent également par des échecs, à Betaucourt en 1867 par exemple. Cette règle souffre cependant une exception : en 1861 est créée l'association syndicale de la vallée de la Mance, à cheval sur les départements de la Haute-Saône et de la Haute-Marne. En fait, les villages hauts-saônois qui étaient concernés n'y adhéreront jamais.

Cette absence de travaux collectifs ne signifie pas pour autant que l'assainissement ne fait pas de progrès. En 1860, un particulier assainit 25 hectares de prairies dans la commune de Valay. En 1879, Reboul de Neyrol estime que les surfaces assainies depuis 1862 portent sur 1300 hectares environ (39). Il faut attendre la fin du XIXe siècle pour assister à une série de tentatives dont certaines aboutiront à des créations d'associations syndicales. Voici la liste de celles que nous avons retrouvées :

- 1881 : projet du syndicat pour l'assainissement de la prairie de Beaujeu dans la vallée de la Saône : non réalisé.
- 1882 : association pour le curage de la Lanterne, à Briaucourt.

- 1884 : projet de création du Syndicat de Barges pour l'assainissement de la vallée de la Mance : il devait regrouper quatre villages : Barges, Blondefontaine, Raincourt et Cemboing : non réalisé.
- 1892 : reprise du projet d'assainissement de la vallée du Durgeon, création du Syndicat du Vieux Durgeon, quelques réalisations.
- 1894 : création de l'association syndicale des 120 faulx, pour l'amélioration de la prairie d'Amance.
- 1904 : création des syndicats d'assainissement de la prairie d'Aisey, de Rosière-sur-Mance, de la prairie du Batard à Flagy.

Au total, les créations sont encore moins nombreuses que dans le Jura et les opérations envisagées portent sur de petites surfaces, quelques hectares à quelques dizaines d'hectares. Le cadre de l'association reste encore la commune, des regroupements plus importants n'arrivent pas à se constituer. D'un point de vue géographique, il faut noter que toutes les créations collectives se concentrent dans les vallées les plus importantes (Saône, Durgeon) où les aménagements individuels sont plus difficiles à réaliser.

Dans le Doubs, l'assainissement des vallées est encore moins important ; dans la plupart des cas, il est un simple préalable à la réalisation d'un système d'irrigation (Auxon, Cussey, Thise par exemple). Une quinzaine de petites associations syndicales vont voir le jour entre 1850 et 1865 sous l'impulsion du Service huydraulique mais elles ne couvrent pas plus de 500 ha, et leur existence ne dure que le temps des travaux.

b) *L'aménagement des zones humides : les grands projets*

C'est dans ce domaine que les plus grands projets ont été élaborés, ce qui n'exclut pas des tentatives de moindre envergure. Parmi celles-ci il faut signaler l'essai d'assainissement des terrains communaux suscité par le gouvernement impérial.

La loi du 28 juillet 1860 offre en effet aux communes certaines possibilités pour favoriser cette reconversion et déclare que : "seront asséchés, assainis, rendus propres à la culture ou plantés en bois, les marais et terres incultes appartenant aux communes dont la mise en valeur aura été jugée utile". Une grande enquête est lancée au plan national sur "l'état et l'utilisation des biens communaux, et sur les améliorations qu'ils sont susceptibles de recevoir par assainissement et désséchement". Dans le département du Jura, le seul pour lequel nous puissions établir un bilan de cette action, le rapport de l'Ingénieur en Chef du Service Hydraulique recense 100 hectares de terres humides et 250 hectares de marais appartenant à une cinquantaine de communes. De ces surfaces déjà fort modestes, il faut retrancher plus de 60 hectares de tourbières (à Bief du Fourg et Petit Villard) dont l'assèchement est à proscrire du fait de leur exploitation pour le chauffage. Chaque cas est étudié par l'Administration qui élabore un avant-projet. Celui-ci est ensuite soumis aux Conseils

Municipaux qui se prononcent sur l'opportunité de sa réalisation et sur les possibilités du financement, mais la décision finale appartient au Préfet. Les autorités municipales ne sont pas hostiles à de telles actions, mais le plus souvent elles ne disposent pas des moyens suffisants pour les concrétiser. Entre 1861 et 1870 l'administration instruit une quarantaine de dossiers, mais très peu seront effectivement réalisés. 13 hectares de marais (à Chaumergy et Arsure-Arsurette) et 25 hectares de terres humides (à Courlaoux, Champrougier et Vincent) sont assainis par ouverture de fossés.

L'aspect le plus important est constitué par les grands projets qui s'attaquent aux rares zones humides de Franche-Comté. Tous se situent d'ailleurs dans le département du Doubs, non pas en fonction de conditions naturelles particulières mais du fait de la personnalité de l'Ingénieur en Chef du Service Hydraulique, qui au milieu du siècle réalisa un nombre d'études considérable. Certaines reprennent d'ailleurs des idées déjà anciennes. Quatre secteurs sont surtout concernés, il s'agit des Marais de Saône, du bassin de Champlive, du Val de Morteau et de la haute vallée du Doubs en amont du village d'Arçon. Ces opérations sont conçues "soit pour faire apprécier les résultats généraux de ces moyens d'augmenter la fortune publique en les réalisant pour tout un bassin ou partie de bassin, soit pour préparer de grandes entreprises de concession à des compagnies privées, soit enfin pour créer comme une pépinière d'entreprises plus ou moins importantes, susceptibles d'être exécutées les unes les autres, au fur et à mesure que les bonnes dispositions des propriétaires et des communes en permettraient et en favoriseraient la réalisation" (40).

Situés sur le premier plateau à l'est de Besançon, les marais de Saône correspondent à une sorte de poljé périodiquement inondé en période humide. La question de leur assèchement est déjà fort ancienne puisque les premières études remontent à 1792 (41). L'idée est reprise en 1806 par la Société libre d'Agriculture qui lance un concours sur "la meilleure manière de tirer parti des Marais de Saône et de la Vèze", mais semble-t-il sans résultat. Une troisième tentative est faite en 1823, qui va connaître un développement plus important que les deux précédentes. Par ordre du Préfet, de nouvelles études sont entreprises par l'Ingénieur en chef M. Levaillant de Bovent. Entre 1825 et 1828 diverses propositions sont faites par l'ingénieur Vuillez (percement d'un tunnel sous la côte de Morre, "décombrement" du creux sous Roche), mais faute d'argent les travaux ne commencent pas. L'affaire ne s'arrête pas là pour autant. Une lettre de Just Muiron* adressée à Charles Fourier (ou à un de ses disciples) montre que le philosophe et ses proches s'intéressent à ce projet.

---

* Archives Nationales. Fond Charles Fourier-correspondance. Renseignements aimablement communiqués par F. Lassus, Ingénieur de Recherche à l'Institut d'Etudes Comtoises et Jurassiennes. Université de Besançon.

En 1835, on envisage officiellement la création d'une société par actions pour le financement de l'opération. M. Amet se propose aussitôt de créer la "Compagnie du desséchement des marais de Saône". Mais devant l'opposition d'un certain nombre de propriétaires, une commission d'enquête nommée par le Préfet se prononce contre la création de ladite société. Et malgré les protestations de M. Amet, l'affaire ne connaît pas de suite.

Elle est reprise en 1850 par l'Ingénieur en chef Parandier qui élabore un vaste projet portant sur plus de 1500 hectares de terres et qui intéresse à la fois les Marais de Saône et les petits bassins fermés situés au Sud-Ouest. Deux types d'aménagements sont prévus en fonction de l'originalité du système hydrologique des Marais. En période normale, l'abaissement de la nappe d'eau sera recherché par le "désenrochement" du Creux sous Roche, émissaire naturel des Marais : les premiers travaux sont réalisés en 1852. Pendant les périodes de crues, le Creux sous Roche qui d'ordinaire est absorbant devient émissif : au lieu d'évacuer les eaux, il contribue à renforcer les inondations, il est donc nécessaire de trouver un exutoire de crue. Dans les précédents projets il était envisagé le percement des hauteurs de Montfaucon pour que les eaux rejoignent la vallée du Doubs ; cette fois une autre solution est proposée, la construction d'un tunnel sous le col de La Vèze qui sépare les Marais proprement dits des petits bassins fermés situés au Sud-Ouest. Les eaux ainsi dérivées pourraient servir à l'irrigation et au colmatage de ces bassins. Une réserve d'eau créée dans le bois d'Aglans permettrait la régulation du système. Ce projet ambitieux, qui associe assainissement et irrigation n'a donné lieu qu'à de modestes réalisations : quelques dizaines d'hectares seulement ont été asséchés. Mais l'affaire n'en reste pas là : elle reprend à la fin du siècle, à l'initiative semble-t-il du Président de la Société d'Agriculture du Doubs qui prend contact avec l'ingénieur Parandier, alors à la retraite. Des subventions de l'Etat et du département paraissent acquises et l'on songe à créer une association syndicale. Pourtant ce dernier sursaut n'a pas de suite et le projet est définitivement abandonné (A.D. 396 S. 49).

A quelques kilomètres au Nord des Marais de Saône, le secteur de Champlive forme un second bassin fermé à la surface du premier plateau. En période de hautes eaux, le ruisseau qui normalement se perd dans les fissures du calcaire, se répand sur les champs et les prés, faute de posséder un exutoire souterrain suffisant. En 1842, naît l'idée de percer par un tunnel la montagne du "Lomont" qui sépare le bassin de la vallée du Doubs. Un canal de dérivation conduirait les eaux à une rigole qui, du sommet de la côte de Laissey rejoindrait la rivière. Les travaux sont entrepris et pratiquement terminés en 1849. L'aménagement de cet émissaire artificiel permet alors d'envisager l'assainissement de 150 hectares de terres, répartis en dix entreprises particulières où l'on prévoit également d'installer un système d'irrigation. En plus du réseau de canaux la création de réserves d'eau permanentes permettra l'alimentation du système en période de basses eaux. Malgré une rentabilité en apparence assurée (coût 105 900 F., mieux value espérée 400 000 F.) l'opération n'est pas entreprise. En effet, l'écoulement des eaux par le tunnel a des conséquences néfastes sur la vallée du Doubs. Lors des crues, des éboulements se produisent dans la côte de Laissey, au débouché du tunnel, et les matériaux arrachés au versant obstruent partiellement le lit de la rivière, créant une grave menace pour la navigation. Aussi la décision est-elle prise de fermer le tunnel, ce qui condamne tout aménagement sur le plateau. A la fin du siècle, entre 1894 et 1904, il sera à nouveau ouvert et une vanne posée à l'entrée permettra d'en régulariser le débit.

Dans le Val de Morteau, plusieurs centaines d'hectares sont périodiquement inondés par les débordements du Doubs. Une étude est réalisée en 1859 : elle propose d'abaisser le niveau général de l'eau par l'élargissement du lit de la rivière au niveau du goulet du "Tracoulot" qui ferme la vallée à l'aval de Chaillexon et ralentit les écoulements. En 1862, l'administration tente de mettre sur pied plusieurs associations syndicales qui regrouperaient les propriétaires des communes riveraines du Doubs et entreprendraient les travaux. Ces associations, faute de pouvoir réunir la majorité des intéressés, ne verront jamais le jour et le projet d'assainissement sera vite abandonné.

Le dernier grand plan élaboré, concerne la Haute vallée du Doubs. Là aussi, depuis longtemps des travaux ont été envisagés dans certains secteurs, en particulier dans la vallée du Drugeon où les tourbières et marais de la région de Frasne forment un vaste complexe de terres humides (42) : par exemple l'assèchement des marais de Bonnevaux est étudié dès 1791, puis à nouveau en 1848. L'avant-projet de 1850 porte sur plusieurs milliers d'hectares d'hectares : il combine à la fois l'assainissement et l'irrigation dans 45 entreprises locales. L'étude en restera à ce stade et il faut attendre la fin du siècle pour que quelques travaux locaux soient effectués (à Bouverans et à Doubs par exemple).

A côté de ces quatre grands projets, il faut signaler une autre tentative mais qui n'a jamais donné lieu à des études vraiment sérieuses ; il s'agit de l'assèchement des zones marécageuses situées vers Charquemont - le Russey, dont les Ingénieurs des Ponts et Chaussées se préoccupent en 1825. Il s'agit, à l'instar de ce qui a été fait en Suisse dans les régions voisines, de relier ce bassin fermé, inondé périodiquement, à la vallée du Doubs au moyen d'un tunnel qui serait creusé à travers le chaînon montagneux qui sépare ces deux unités. Très vite ce projet va se heurter à l'hostilité de la population, et après consultation des notables de la région il est abandonné. Au dire des habitants, malgré leur insalubrité, ces marais jouent un certain rôle dans l'équilibre économique de la région. En période de sécheresse, ils constituent une précieuse ressource pour le pâturage des chevaux dont l'agriculture locale s'est fait une spécialité. Par ailleurs, ils sont utilisés pour l'exploitation de la tourbe. Enfin, compte tenu du prix des travaux à effectuer, il n'est pas sûr que l'opération soit rentable.

Le bilan des aménagements réalisés au XIXe siècle en vue de l'assèchement des zones humides est au total bien modeste au regard de ce qui a été projeté : profitant de l'affairisme ambiant on espérait assainir plus de 7000 hectares dans le seul département du Doubs, en s'appuyant largement sur le financement privé, mais celui-ci fera toujours défaut ; il préfère se tourner vers des opérations plus prometteuses. En 1870 les surfaces asséchées depuis une trentaine d'années ne dépassent par 600 hectares (43) et ce chiffre évoluera très peu jusqu'à la fin du siècle. Malgré la pression sur la terre, la conquête des zones humides reste donc un phénomène très marginal dans la région.

2. Abandon et reprise des aménagements au XXe siècle

Plus peut-être que pour l'irrigation, la guerre de 14-18 semble marquer une coupure fondamentale dans l'assainissement agricole. Le foisonnement des projets qui caracérise tout le XIXe siècle s'arrête brutalement. Mais en plus, faute de bras, pendant la guerre et après, les aménagements existants et le cours des rivières ne sont plus entretenus. Vers 1930, la plupart des Associations Syndicales d'Assainissement créées au siècle précédent ne fonctionnent plus du tout. A cela s'ajoute un peu partout l'abandon des anciens systèmes d'irrigation ou des barrages usiniers. Tous ces faits vont gravement perturber le fonctionnement des systèmes hydrologiques : les équilibres artificiels, élaborés et maintenus au cours du siècle précédent, sont rompus et l'évolution naturelle reprend alors ses droits. Les canaux et les lits des rivières sont envahis par la végétation ou colmatés par l'alluvionnement, la vitesse du courant est ralentie, les débordements et les inondations sont de plus en plus fréquents et durent de plus en plus longtemps. De bonnes prairies retournent à l'état de médiocres pâturages parfois totalement improductifs.

L'aggravation de la situation dans de nombreux secteurs pousse les autorités à réagir assez tôt. Dès 1931, les Services du Génie rural du Jura essaient de créer de nouvelles Associations Syndicales, ou de ranimer celles déjà existantes. Entre 1931 et 1943 six associations vont reprendre des travaux d'entretien : A.S. de la Sablonne (1931), de Lavangeot-Romange (1933), de Rochefort (1933), de Mutigney-Pesmes (1933), d'Abergement la Ronce-Damparis (1933), et des S.I.A. de la prairie de Colonne (1933) et de la plaine de Chemin (1943). Ce mouvement reste cependant très limité dans l'espace puisqu'il n'existe que dans le Jura où il ne touche d'ailleurs que la région de Dole. En fait il faut attendre la fin de la Seconde guerre mondiale pour que l'assainissement suscite à nouveau un certain intérêt. La mutation agricole contemporaine impose en effet une profonde réorganisation de l'espace, où les problèmes hydrauliques sont pris en compte. Des travaux importants sont alors entrepris qui s'appuient sur deux types de structures, d'une part les Associations foncières créées à propos du remembrement, d'autre part, les Associations syndicales pour des aménagements spécifiques (44).

Nous n'insisterons pas sur le premier aspect : les petits aménagements hydrauliques, particulièrement d'assainissement, font partie des travaux connexes au remembrement qui sont systématiquement réalisés. A ce jour, plus de 400 communes de Franche-Comté ont déjà été touchées. Pour le seul département du Jura, cela représente la mise en place ou l'amélioration de plus de 600 kilomètres de collecteurs et d'émissaires, concernant plusieurs milliers d'hectares et 2000 exploitations agricoles.

Pour des opérations plus importantes qui visent à la reconquête pour l'agriculture de vastes portions de vallées plus ou moins abandonnées, les aménagements doivent être conçus globalement et non pas réalisés au coup par coup à l'intérieur des communes concernées. Dans ce but l'administration a favorisé la création de Syndicats Intercommunaux d'Assainissement, où les communes se substituent aux particuliers pour assumer les tâches indispensables. Ces associations qui ne peuvent sur leurs seules ressources assurer la charge financière des travaux, reçoivent des aides importantes des Pouvoirs Publics : Ministère de l'Agriculture, Conseils Généraux, Etablissement Public Régional*. Les créations sont surtout nombreuses au cours de la décennie 60-70, et elles concernent, à des degrés divers tous les départements comtois ; elles sont importantes en Haute-Saône et dans le Jura alors que le Doubs, et dans une certaine mesure le Territoire de Belfort sont peu concernés (figure 4).

Dans le Jura on compte actuellement 13 Syndicats Intercommunaux d'Assainissement plus un syndicat à vocations multiples qui s'occupe également de ces problèmes : tous ensemble, ils regroupent 116 communes :

1**- S.I.A. de la Plaine de Chemin, 1943, 1969***, 11 communes concernées
2 - S.I.A. de la vallée de l'Angillon, 1959, 7 communes
3 - S.I.A. de la vallée de l'Orain, 1959, 8 communes
4 - S.I.A. du Bief d'Aison, 1963, 2 communes
5 - S.I.A. de la plaine de la Cuisance, 1963, 4 communes
6 - S.I.A. de la vallée de la Seille, 1964, 11 communes
7 - S.I.A. de Montmirey-le-Château, 1964, 14 communes
8 - S.I.A. de la vallée de la Brenne, 1965, 22 communes dont deux dans le département voisin de la Saône-et-Loire
9 - S.I.A. de la vallée de la Thoreigne, 1968, 7 communes
10- S.I.A. de la vallée de la Sonnette, 1969, 5 communes
11- S.I.A. de la Haute Vallée de l'Orain et de la Crozonne, 1972, 16 communes
12- S.I.A. de la Haute Cuisance, 1974, 6 communes
13- Syndicat Intercommunal de Réalisations Economiques et Sociales pour la Prospérité de la Région de St Laurent, 1964, 4 communes.

---

* Notons que l'on assiste à une véritable socialisation des charges d'assainissement et d'entretien, charges qui jusqu'alors étaient supportées par les seuls riverains.
** Les chiffres permettent de repérer les différents syndicats sur la carte de la figure 4.
*** Date de création ou de recréation.

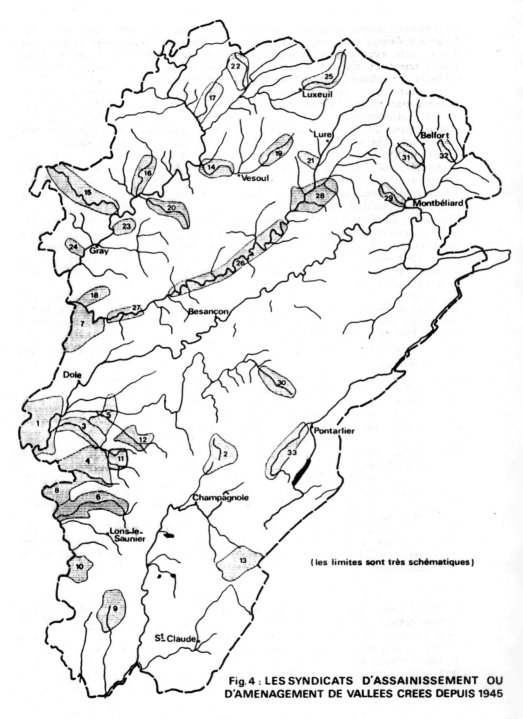

Fig. 4 : LES SYNDICATS D'ASSAINISSEMENT OU D'AMENAGEMENT DE VALLEES CREES DEPUIS 1945

(les limites sont très schématiques)

La répartition spatiale des opérations montre peu de changements par rapport aux localisations du XIXe siècle. Les travaux concernent souvent les mêmes secteurs : vallée de la Cuisance, plaine de Chemin... Parfois on reprend d'anciens projets qui n'avaient jamais été exécutés : vallée de l'Angillon, par exemple. Mais l'assainissement s'étend également à des régions qui n'avaient pas encore été touchées, ou seulement de façon très ponctuelle. Ainsi le S.I.A. de Montmirey-le-Chateau couvre tout le canton, alors qu'au siècle précédent, les travaux n'avaient touché que quelques communes. Mais c'est surtout la plaine de la Bresse qui est l'objet d'une attention particulière car tous les grands axes de drainage qui la parcourent sont concernés : Orain, Brenne, Seille.

En *Haute-Saône*, 94 communes sont groupées dans 12 Associations Syndicales :

14 - 1953 : S.I.A. de la vallée du Drugeon (8 communes)
15 - 1959 : S.I.A. du Salon et du Grand Vau (au départ 21 communes ; à partir de 1973 14 communes seulement)
16 - 1961 : S.I.A. de la vallée de la Gourgeonne (9 communes)
17 - 1962 : S.I.A. de la vallée de la Superbe (4 communes)
18 - 1963 : S.I.A. de la vallée de la Résie (6 communes)
19 - 1965 : S.I.A. de la vallée de la Colombine (6 communes)
20 - 1966 : S.I.A. de la vallée de la Romaine (6 communes)
21 - 1967 : S.I.A. de la vallée du Razon (5 communes)
22 - 1968 : S.I.A. des vallées du Planey et du Durgeon (11 communes)
23 - 1970 : S.I.A. de la prairie de Beaujeu (4 communes)
24 - 1971 : S.I.A. de la vallée de la Soufroide (4 communes)
25 - 1978 : Projet du Syndicat d'aménagement de la vallée du Breuchin (concernerait 17 communes).

A cette liste, il convient d'ajouter deux groupements qui sont à cheval sur deux ou plusieurs départements :
26 - 1969 : Syndicat d'aménagement de la moyenne vallée de l'Ognon à cheval sur les départements du Doubs et de la Haute-Saône
27 - 1972 : Syndicat d'aménagement de la basse vallée de l'Ognon à cheval sur quatre départements (Côte d'Or, Doubs, Jura et Haute-Saône).

Enfin, le Syndicat Intercommunal à Vocations Multiples de Villersexel (28) s'est chargé pour des raisons de simplification administrative d'un certain nombre de travaux d'assainissement sur la rivière le Scey.

Il est intéressant de constater que seules les rivières de la Haute-Saône calcaire sont touchées. Les Vosges et la dépression sous-vosgienne ne sont concernées que par le projet très récent élaboré pour la vallée du Breuchin. Ces différences s'expliquent certainement par le fait que l'entretien des rivières et des rigoles d'irrigation ou d'assainissement a été mieux assuré au cours du XXe siècle dans le nord du département, en relation avec le maintien d'une importante population d'ouvriers - paysans.

Le département du Doubs, du fait même de l'indigence de son réseau hydrographique, n'a connu que trois opérations d'assainissement au cours des toutes dernières années. La plus importante est celle conduite par le Syndicat Intercommunal pour l'Assainissement des Marais du Drugeon (33) (région du Haut-Doubs, au Sud-Ouest de Pontarlier), créé en 1959 et qui regroupe 9 communes. L'essentiel des travaux est réalisé entre 1960 et 1970 malgré l'hostilité des pêcheurs et des mouvements de protection de la nature.

Dans la région de Montbéliard, le S.I.A. des Marais de la vallée du Rupt (29) rassemble dix communes en 1966. Les aménagements, qui sont réalisés entre 1960 et 1973, portent essentiellement sur le lit de la rivière.

Enfin en 1965 a vu le jour le Syndicat Intercommunal d'Aménagement de la Haute Vallée de la Loue (30). Chargé de l'entretien du lit et des berges de la rivière il effectue quelques travaux de défense contre l'érosion en 1975 et en 1977.

En dehors de ces trois créations spécifiques, le département du Doubs est partie prenante dans les deux syndicats interdépartementaux qui s'intéressent à l'aménagement de la Basse et de la Moyenne vallée de l'Ognon.

Dans le *Territoire de Belfort* qui possède pourtant de nombreuses vallées, le problème de l'assainissement des terres agricoles n'a pas une grande actualité. Il n'existe que deux syndicats intercommunaux : le S.I.A. de la Douce à l'ouest de Belfort (31) (6 communes) et le S.I.A. de l'Autruche à l'est de Belfort (32) (5 communes). Depuis plusieurs années une troisième association essaie, en vain de se constituer pour la vallée inférieure du St Nicolas. Enfin certaines communes, profitant des nouvelles possibilités offertes par la législation, entreprennent seules quelques travaux. Mais, sous couvert d'assainissement agricole, ces entreprises touchent en fait des secteurs destinés à être urbanisés dans un avenir proche.

Au total, ce sont plusieurs dizaines de milliers d'hectares qui ont été assainis par les opérations engagées depuis la fin de la Seconde Guerre Mondiale. Bien sûr, l'ampleur des aménagements varie beaucoup d'une vallée à l'autre en fonction des conditions locales. Ici, les travaux consistent en un simple curage du lit et en un nettoyage de berges, ailleurs le réaménagement de la rivière est presque total et il s'accompagne de l'ouverture de nombreux canaux de drainage. Il faut cependant noter une nette évolution dans les techniques employées au cours des dernières années. Jusque vers 1970, les procédés utilisés peuvent être qualifiés de radicaux : le milieu est entièrement transformé, dans la vallée du Drugeon, par exemple, où la rivière fut entièrement reprofilée et recalibrée. Des bouleversements aussi brutaux ne pouvaient pas rester sans conséquences sur la vie de la flore et de la faune aquatiques et sur la dynamique des aquifères superficiels. Dénoncés par les associations de pêcheurs, les défenseurs de la nature et de l'environnement* et des chercheurs de l'Université,

---

* qui considèrent justement que les zones humides doivent être particulièrement protégées étant donné leur richesse biologique et leur intérêt pour les animaux migrateurs. Rappelons à ce propos que la France n'a pas encore signé la Convention Internationale de Randstat sur la conservation des zones humides (1971).

ces pratiques sont aujourd'hui remises en cause et remplacées par des techniques plus douces.

Dans la plupart des opérations, des problèmes particuliers sont posés par la présence, le long des rivières, de nombreux barrages construits au XIXe siècle par les industriels et aujourd'hui presque tous abandonnés. Trois attitudes sont possibles :
- le maintien (et souvent la répartition) qui permet de préserver au niveau de la retenue, les équilibres faunistiques et floristiques adaptés aux conditions artificielles créés par l'homme.
- la suppression qui redonne à la rivière son cours "naturel" et permet d'assainir les prairies situées à l'amont par abaissement du niveau moyen de la nappe phréatique, mais qui perturbe les équilibres écologiques établis à l'amont.
- l'écrêtement partiel du barrage qui diminue d'autant le niveau de la retenue, abaisse donc celui de la nappe phréatique, mais préserve un plan d'eau encore important. Le choix entre ces trois solutions est parfois délicat car les différents utilisateurs de l'eau n'ont pas les mêmes intérêts : deux exemples pris dans le Syndicat d'Aménagement de la basse vallée de l'Ognon le montreront.

A Pesmes et à Marnay le maintien des barrages est justifié par les aménagements touristiques qu'ils permettent (baignade - plan d'eau). Le barrage de Banne, partiellement détruit en 1972, a été reconstruit car un abaissement de la nappe en amont risquait de perturber le bon fonctionnement des puits de captage du Syndicat des Eaux du Val de l'Ognon. Enfin, l'ouvrage de Varescon a cédé au cours d'une crue de l'hiver 66-67 : l'eau s'est donc établie au même niveau de part et d'autre, ce qui a correspondu à un abaissement d'au moins un mètre de la nappe phréatique dans le secteur à l'amont. Or, avant la rupture, ce secteur était occupé par des prairies, en fonction de la présence de l'eau à très faible profondeur. L'assèchement relatif lié à la rupture de la digue a permis une véritable mutation agricole dans l'utilisation des terres : des cultures ont remplacé les prairies. Mais dans un but touristique, le barrage a été reconstruit en 1978 avec une crête inférieure de 70 cm par rapport à l'ancien ouvrage, ce qui permet le rétablissement d'un plan d'eau sans porter préjudice aux activités agricoles d'amont (où un système de drainage a d'ailleurs été mis en place).

Malgré quelques difficultés, le travail accompli est important et l'assainissement a profité à l'agriculture et aux agriculteurs qui se félicitent le plus souvent des résultats obtenus. Depuis quelques années pourtant, les travaux se ralentissent, les créations d'Associations Syndicales deviennent de plus en plus rares. En effet les actions les plus nécessaires ont été conduites, et les surfaces à assainir (en dehors des bassins fermés type marais de Saône) se réduisent de plus en plus. Un problème reste cependant en suspens : comment va être asssuré et surtout financé l'indispensable maintien en bon état des aménagements réalisés. Si pour les travaux l'essentiel du financement provient de subventions, rien n'est en général prévu pour l'entretien : celui-ci devra donc être à la charge du Syndicat. Il n'est pas sûr que cet aspect des choses ait été clairement perçu par tous les intéressés, ce qui crée une incertitude pour l'avenir des réalisations effectuées. En outre l'assainissement agricole est de moins en moins perçu comme devant être une action isolée : il est un des éléments, mais pas le seul, qui concourent à l'aménagement des vallées.

Chapitre VI - Le drainage souterrain

Si l'irrigation et l'assainissement superficiel sont connus depuis l'antiquité, et appliqués en France dès le Moyen Age, il n'en est pas de même pour le drainage souterrain dont les techniques ne s'affirment en Europe qu'à la fin du XVIIIe siècle. Certes, auparavant il existait déjà des procédés d'assainissement des sols qui s'en rapprochaient. Ainsi, en Franche-Comté, divers documents signalent deux techniques employées au XVIIIe siècle (et peut-être avant) et qui utilisaient les ressources locales. Dans la Bresse jurassienne, aux terres souvent humides, des fascines (fagots de "vernes" (aulne)) sont posées dans des tranchées placées à une vingtaine de mètres les unes des autres et recouvertes de terre. En Haute-Saône, sur les plateaux marno-calcaires de la région de St Rémy, le drainage est assuré également par des tranchées mais qui, cette fois-ci, sont partiellement remplies de pierres.

Dès le début du XIXe siècle, les procédés technologiques mis au point surtout en Ecosse et en Angleterre, pénètrent en France dans les milieux "agrairiens". Vigoureusement appuyée par les Pouvoirs Publics et la plupart des grands propriétaires, une opération de drainage est lancée sous le Second Empire. En Franche-Comté, les résultats seront très décevants. Un siècle plus tard, l'idée est reprise, mais avec des moyens matériels, financiers et administratifs très différents : à partir de 1970, le drainage souterrain fait à nouveau son apparition et son extension progresse rapidement.

1. *L'opération drainage au XIXe siècle*

Lancé au milieu du siècle par le Pouvoir Impérial, l'opération drainage est favorisée par la loi de 1854 qui crée une servitude légale de passage et qui autorise donc un propriétaire à traverser les fonds qui ne lui appartiennent pas pour écouler les eaux de drainage de ses terres. Des incitations financières sont également mises sur pied : la plus importante est la loi du 28 février 1856 par laquelle l'Etat débloque un crédit de 100 millions de francs. Les sommes prêtées sont remboursables en 25 ans autour d'intérêts de 4%. En Franche-Comté, l'idée sera plus ou moins bien acceptée suivant les départements, mais dans tous les cas les résultats resteront bien en deçà des espérances.

a) *En Haute-Saône,*
la Société d'Agriculture est saisie de l'affaire dès son Congrès de 1851 : la commission qui s'y intéresse est d'ailleurs très réticente. Pourtant un certain nombre de voix s'élèvent contre cette prise de position. En particulier, Monsieur d'Andelarre fait état de ses lectures (un ouvrage récent de Payen et Richard) et relate au Congrès les expériences qui se déroulent en Angleterre. Il fait une description minutieuse du système qui fonctionne avec des rigoles de 1,30 mètres de profondeur, dont le fond est garni de tuyaux en argile cuite qui serviront à évacuer les eaux. Malgré

cet avis, le rapporteur de la commission, Monsieur Galmiche, doute de l'efficacité du système proposé et les conclusions de la commission sont adoptées (45).

Malgré cet échec, les nouvelles idées vont peu à peu cheminer dans les esprits. Dès l'année suivante, le Congrès se range aux vues de Monsieur d'Andelarre ; il demande à l'Administration de lui fournir les moyens nécessaires à la promotion du drainage par tuyaux enterrés : subvention pour les travaux, fourniture de machines à fabriquer les tuyaux, impression et distribution de brochures et d'ouvrage de vulgarisation, enfin création de missions d'études envoyées dans les autres régions françaises où de telles opérations ont déjà été réalisées.

Un véritable engouement s'empare alors de la Société d'Agriculture qui ne ménage pas ses efforts : pendant une dizaine d'années elle tentera de convaincre les agriculteurs du bien fondé des nouvelles méthodes. L'opération semble d'ailleurs démarrer assez bien : en 1853 le Ministère de l'Agriculture alloue une subvention de 1200 francs pour l'achat de machines à fabriquer les tuyaux. Le Conseil Général du département s'associe à cet effort et offre 1000 francs pour la réalisation des premiers travaux. L'Administration, quant à elle, met à la disposition des agriculteurs un ingénieur qui assurera la conduite des opérations.

La première machine à fabriquer les tuyaux est installée à Rioz, au coeur des plateaux calcaires situés au sud de Vesoul. Les premières poses sont réalisées à la fin de 1853 et au début de 1854. Le Congrès qui se tient en novembre 1853, se félicite déjà de l'excellent démarrage des travaux (46) et se donne pour mission de poursuivre et d'amplifier le mouvement, car aux dires de nombreux membres, les besoins sont énormes dans le département. Les terres à drainer couvriraient près du tiers des surfaces cultivées, dispersées un peu partout sauf au Nord-Est dans le massif vosgien. Face à l'ampleur de la tâche à accomplir, il est indispensable de se doter de moyens suffisants. Pour cela, il faut installer plusieurs machines à fabriquer les tuyaux, puisque celle de Rioz n'arrive pas à répondre à une demande sans cesse croissante. Afin que le coût du transport ne grève pas trop lourdement les prix, il serait souhaitable que les nouvelles machines soient installées à proximité des utilisateurs, dans les cinq grandes villes du département : Gray, Jussey, Lure, Luxeuil et Vesoul. On suggère également la constitution de groupements pour l'achat de matériel collectif :

> "Les maires pourraient faire un fond commun destiné à l'acquisition d'outils qui seraient mis à la disposition des propriétaires décidés à faire du drainage. Ces outils pourraient servir indéfiniment à l'exécution des drainages qui se feraient successivement dans les communes : leur entretien serait à la charge des propriétaires qui s'en serviraient" (47).

Surtout le Congrès lance un appel à tous les esprits éclairés que compte l'agriculture haut-saônoise, aux grands propriétaires cultivés et ouverts au progrès, qui par leur exemple, doivent entraîner dans leur sillage, la masse des petits paysans : "Il appartient aux hommes riches d'intelligence et d'argent, c'est-à-dire à ceux qui savent et qui peuvent faire, de montrer l'exemple, en multipliant sur tous les points du département, les essais de drainage" (48).

A la demande du Ministère de l'Agriculture un premier bilan des opérations effectuées est dressé en 1854 pour le département. Au cours des années 1853 et 1854, le nombre de chantiers ouverts s'élève à une quinzaine, couvrant environ une trentaine d'hectares. Ces réalisations sont toutes l'oeuvre de grands propriétaires, le plus souvent nobles, et appartenant à la Société d'Agriculture. Le souci de l'innovation ne semble donc pas s'étendre bien au delà d'un petit cercle "d'initiés"... fortunés !

Pourtant plusieurs tentatives vont essayer de toucher un auditoire plus vaste. La ferme-école de St Rémy, où des systèmes de drainage par tranchées de pierres avaient été pratiqués autrefois, réalise un drainage par tuyaux enterrés en 1854. Surtout le 20 septembre de la même année à Jussey, au cours de la "Distribution Solennelle et Simultanée des Primes de la Société d'Agriculture" des travaux sont effectués devant le public réuni pour la circonstance. En 1856, les communes mettent à la disposition des Comices Agricoles une somme de 3000 francs pour multiplier les expériences publiques.

Les résultats des premiers essais sont encourageants ; partout on note une amélioration sensible de la productivité dans les parcelles concernées. Dans sa propriété du château de La Charité, Monsieur Du Taillis, n'a-t-il pas, par la simple pose de tuyaux, augmenté le rendement de ses prairies, de plus du tiers de la production habituelle ? En outre les effets sur la végétation sont très positifs : "aux mousses, aux joncs et aux triangles, succèdent des herbes douces, fines et d'excellente qualité" (49).

Malgré tous les encouragements et les bons résultats obtenus, les réalisations restent très rares et ont bien souvent simple valeur d'exemple. En 1855, dans son rapport au Congrès, l'abbé Raoul indique que l'ensemble des travaux exécutés ne dépasse pas 50 hectares. On veut expliquer la faible ampleur de ce bilan par des problèmes techniques : le nombre de machines à fabriquer les tuyaux serait insuffisant : "La Haute-Saône n'en compte que trois, pas plus que le Doubs qui, il y a un an, ignorait encore le mot "drainage". Mais la vraie cause de cette lenteur est plutôt due à l'attitude réservée des agriculteurs, car si beaucoup de gens parlent du drainage, peu nombreux sont ceux qui passent des intentions aux actes. C'est avec une certaine amertume que le Président de la Société d'Agriculture fait cette constatation : "Il faut marcher, dit chacun, et personne ne marche" (50).

D'une année sur l'autre, les bilans ne s'améliorent pas : en 1856, deux ou trois propriétaires seulement effectuent des travaux. En 1857 et 1858, la pose de tuyaux se fait sur une quarantaine d'hectares de terrains communaux, pour servir d'incitation. En 1859, le Service des Ponts et Chaussées publie une statistique des drainages exécutés entre 1853 et 1858 (51). Le total des surfaces drainées n'atteint pas 200 hectares : il s'agit pour les trois quarts de prairies et de pâturages. L'analyse de la répartition dans l'espace (figure 5) montre que les réalisations sont très dispersées puisque tous les cantons sont touchés. Une certaine concentration se remarque cependant de part et d'autre d'un axe, qui irait de St Loup-sur-Semouse au Nord, à Gray au Sud, c'est-à-dire dans les régions marneuses et dans les plaines de l'extrémité nord des fossés de la Saône.

A partir de 1860 les opérations se font de plus en plus rares : l'intérêt soulevé dix ans plus tôt est bien émoussé. Dans son article publié en 1879 (39), Reboul de Neyrol dresse un bilan définitif pour cette période d'euphorie apparente. A cette date, il existe encore quatre machines à fabriquer les drains mais deux d'entre elles, qui appartiennent au Trésor Public, ne servent plus. De même l'Administration des Ponts et Chaussées possède tout l'outillage nécessaire à la mise en place des réseaux, mais les demandes d'utilisation n'affluent guère. Les chiffres sont éloquents : de 1853 à 1868, les surfaces drainées couvriraient 810 hectares, entre 1868 et 1879, ce chiffre tombe à 3 hectares. L'opération drainage a donc été un feu de paille, quant à sa durée, et très ponctuelle quant à son impact spatial.

b) *Dans le Doubs*

Dès le début de l'opération drainage l'Ingénieur Parandier, directeur des services hydrauliques du Doubs affiche son pessimisme car "la population de ce département est portée moins qu'ailleurs peut-être aux innovations, à ne pas accueillir facilement les inventions nouvelles ; la pénurie des ressources de l'épargne et sa tendance à un emploi plutôt industriel et commercial qu'agricole, sont des obstacles à la propagation de nouveaux procédés en agriculture" (20). Des efforts de vulgarisation sont pourtant entrepris puisque dans ses tournées d'enseignement "le professeur d'agriculture a préparé les esprits à l'adoption de la méthode du drainage" (52). Dès 1850, une Commission Départementale d'Agriculture s'occupe de la question dès sa première réunion. Une enquête est lancée ; chaque délégué cantonal devra apprécier dans sa circonscription l'importance des surfaces à drainer (53). Les résultats de cette enquête sont publiés en 1852 dans l'annuaire Départemental (54). Le total des superficies signalées à l'administration comme susceptibles d'être améliorées par le drainage souterrain s'élève à 3 491 hectares. Les cantons où cette nécessité se fait le plus sentir sont ceux de Levier (525 ha), Pontarlier (456 ha), Rougemont (350 ha) et Maîche (300 ha). Ces surfaces sont généralement constituées de sols lourds, développés sur un substratum marneux ou argileux. Fort de ces résultats, le service de l'Hydraulique prend l'affaire en main et va tenter de secouer l'apathie du monde agricole.

Grâce à une dotation de 1000 francs, le département a pu acquérir deux machines à fabriquer les tuyaux et les premiers essais sont effectués à Auxon-Dessous, à Devecey et à St Vit. En 1855, est institué un service technique du drainage et des travaux accessoires, animé par un agent agronome draineur placé sous la direction du Service Hydraulique (55). Dans le même temps paraît

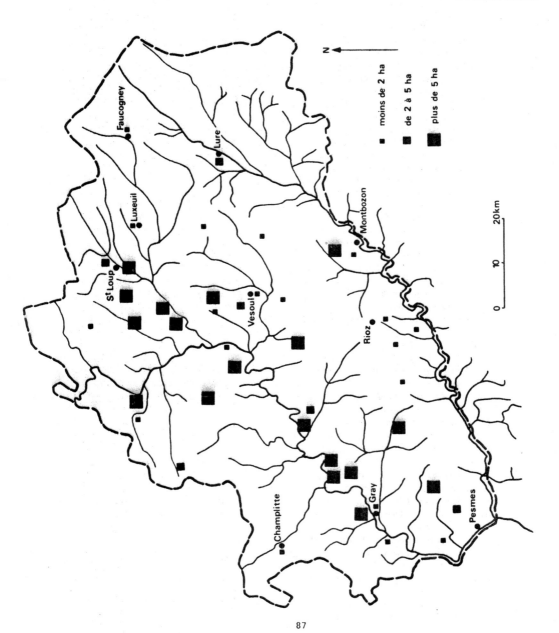

Fig. 5 : **SURFACES DRAINEES PAR COMMUNE ENTRE 1853 ET 1858 dans le département de Haute Saône**

le règlement pour la concession temporaire des machines à fabriquer les tuyaux. Un essai d'envergure est lancé dans la plaine de Saône (en bordure du marais), il doit servir d'exemple pour les réalisations futures. Son coût (4600 francs) est en partie subventionné par l'Etat.

En 1856, le total des surfaces drainées ne s'élève encore qu'à 12 hectares, dans des communes situées autour de Besançon (St Vit, Auxon, Vorges, Busy, Devecey) mais les bénéfices que les propriétaires en retirent sont très sensibles ; le prix des locations est en général multiplié par trois. En 1857, le département compte sept machines à fabriquer les tuyaux, soit beaucoup plus que dans la Haute-Saône où l'opération avait pourtant démarré dans l'enthousiasme. Des primes sont proposées pour la pose et l'achat des tuyaux, tandis que l'Etat offre des prêts avantageux. Mais les demandes n'affluent pas : à la fin de l'année, personne n'avait encore demandé à bénéficier de ces avantages financiers. Pour combattre les réticences du monde paysan, les essais sont multipliés au cours des Comices. Un bilan dressé par l'ingénieur Parandier (20) en 1859 fait état de 234 hectares drainés depuis 1854, dispersés sur 137 communes et répartis entre 355 propriétaires. Mais 91 hectares seulement ont été équipés de tuyaux enterrés, contre 123 restés fidèles au système traditionnel de la tranchée empierrée. En 1870, le total des surfaces drainées était de 700 hectares (56) et le rythme des réalisations est d'environ 25 hectares par an (par exemple 23 ha en 1864) alors qu'il existe 8 machines à fabriquer les tuyaux. La plupart des travaux sont effectués soit par des communes, soit par quelques gros propriétaires "novateurs", la petite paysannerie ne participe pratiquement pas à ce mouvement.

c) *Dans le Jura*

L'opération drainage ne semble pas soulever un grand intérêt dans ce département. Comme ailleurs, quelques fonds sont alloués par le Conseil Général, pour l'achat de quatre machines à fabriquer les tuyaux, d'un jeu complet d'outils et de quatre jeux réduits. La commission du drainage se réunit en janvier 1855 : composée de membres du Conseil Général, des Sociétés d'Agriculture et d'Administrateurs, elle est chargée de la propagation du drainage dans le département. Mais dès sa première réunion, le Directeur du Service Hydraulique manifeste son peu d'enthousiasme en refusant d'en assurer la présidence.

Quelques travaux sont effectués tous les ans : les bilans dressés régulièrement par le Service Hydraulique permettent d'en suivre l'évolution, 46 ha sont drainés à la fin de 1856, 193 ha à la fin de 1859, 203 ha seulement 10 ans plus tard, soit trois fois moins que dans le Doubs et la Haute-Saône. Les efforts n'ont donc duré que quelques années, de 1855 à 1859, cet échec relatif est d'ailleurs souligné par le Directeur du Service Hydraulique qui constate le retard pris par le Jura face aux autres départements comtois.

Les quelques 200 hectares drainés en 1870 (figure 6) se répartissent surtout dans le bas pays : bordure du Revermont

Fig 6 : SURFACES DRAINEES DE 1850 A 1869 dans le département du Jura

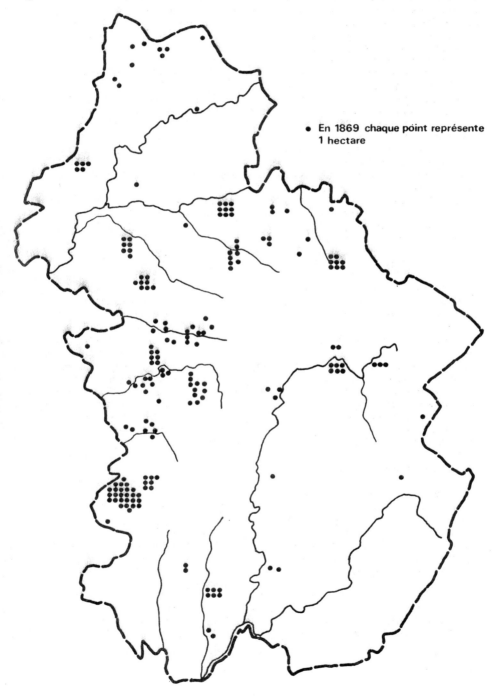

• En 1869 chaque point représente 1 hectare

vers Beaufort, collines du Vignoble et plaine de la Bresse. Les parcelles se situent dans les plaines humides, mais aussi sur les pentes des coteaux marneux : les améliorations touchent surtout les prairies, mais aussi des vergers, des jardins et des vignes. Les plateaux jurassiens et la Haute-Chaîne, où l'agriculture est largement dominée par un système sylvo-pastoral semi-extensif, sont très peu concernés par cette opération.

Si l'on exclut le Territoire de Belfort pour lequel nous ne possédons pas de renseignements, l'opération drainage lancée au milieu du XIXe siècle, se solde par un bilan bien médiocre. D'après les estimations les plus optimistes (et sans doute exagérées) moins de 2000 hectares auraient été touchés pour l'ensemble de la Franche-Comté ; et dans la plupart des cas, il s'agit d'opérations soit de prestiges (grands propriétaires) soit de démonstration et d'incitation (communes). Pourtant l'utilité du drainage est évidente dans certaines régions (plaines occidentales, secteurs marneux, etc...), mais son extension a été limitée par le prix des opérations de l'ordre de 300 à 500 francs à l'hectare. Malgré quelques aides (subventions - prêts) accordés par les gouvernements successifs, il est bien évident que la majorité de la paysannerie ne pouvait se lancer dans de tels investissements.

2. *Le drainage au XXe siècle.*

Pendant près de 100 ans (1870-1970), la technique du drainage par tuyaux enterrés va tomber dans l'oubli, mais sans disparaître totalement. Cà et là, on note quelques travaux effectués par des propriétaires assez fortunés. En Haute-Saône par exemple, le drainage de plusieurs hectares est entrepris, à Conflans-sur-Lanterne à la fin du XIXe siècle, et à Briaucourt après la seconde guerre mondiale. C'est depuis quelques années seulement que cette question suscite un nouvel intérêt dans le monde agricole. Il ne s'agit plus seulement d'améliorer la qualité agronomique des sols et de la végétation, mais de permettre une meilleure organisation du travail agricole. En effet, les sols trop humides ne peuvent supporter les lourdes machines utilisées actuellement. Si autrefois il était possible d'aller faucher un pré tout de suite après la pluie; il faut maintenant attendre parfois plusieurs jours, avant de pouvoir passer avec les engins. A ce propos, un agriculteur nous déclarait : "ce n'est pas l'eau apportée par les précipitations qui est gênante, mais celle qui reste dans le sol". Face à cette nouvelle situation, le drainage par tuyaux enterrés est réhabilité : en favorisant le réssuyage plus rapide des sols, il permet d'allonger le temps de travail sur les terres, offre plus de souplesse dans le calendrier des tâches agricoles et assure une meilleure utilisation du matériel.

A cela s'ajoute le fait que le matériel utilisé (tuyaux en P.V.C.), les techniques employées (sous-soleuses, trancheuses poseuses) permettent de mener avec succès de vastes aménagements. Enfin de nombreuses aides sont accordées par les Pouvoirs Publics ce qui abaisse sensiblement le coût des travaux (en 1980, entre 3000 et 8000 francs l'hectare suivant les cas).

A partir de 1970, une véritable seconde opération de drainage est lancée, avec un succès certain : pour l'ensemble de la France, les travaux réalisés au cours de l'année 1972 couvrent 20 000 hectares et ils représentent 78 278 hectares en 1979 (57). En Franche-Comté, tous les départements vont participer à cet effort mais à des degrés divers. A titre d'exemple, nous analyserons plus précisément le cas du Jura, pour lequel l'ancienneté des réalisations permet déjà d'apprécier les résultats.

a) *Dans le Jura*

La première région franc-comtoise à se lancer dans une opération de grande envergure se situe au Nord de Dole, entre la vallée du Doubs au Sud et celle de l'Ognon au Nord. La mise en place du drainage s'inscrit dans la ligne de nombreuses opérations menées dans le cadre du C.I.V.A.M. de Moissey-Romange*. Dès sa création, celui-ci s'intéresse aux moyens d'améliorer la qualité de certains sols temporairement gorgés d'eau et sur lesquels ne poussent que de médiocres prairies. En 1960, est constitué un Syndicat Intercommunal d'Assainissement qui se propose de favoriser l'écoulement des eaux. Mais afin de réaliser les travaux dans les meilleures conditions techniques, l'opération est menée conjointement avec le remembrement dans 14 communes. Terminés en 1968, ces aménagements donnent des résultats satisfaisants mais qui sont cependant jugés insuffisants par les agriculteurs.

En 1972, à l'initiative de la Chambre d'Agriculture du Jura, est créée une C.U.M.A. départementale de drainage qui s'équipe du matériel nécessaire et commence quelques travaux. Le C.I.V.A.M. s'intéresse alors au problème et plusieurs réunions d'informations ont lieu en 1975. Une enquête montre que, dans la zone couverte par cet organisme, 3 000 hectares de terres auraient besoin d'être drainées. Les nombreuses concertations entre les différents partenaires (C.I.V.A.M., Chambre d'Agriculture, D.D.A.) conduisent à la création d'une Union des Associations Foncières de la Plaine Doloise en 1976, qui regroupe 15 communes**. Dans le même temps une subvention demandée au Fond Européen d'Orientation et de Garantie Agricole est attribuée pour la mise en route d'un programme sur 2 000 hectares. Commencés en 1976, ces travaux doivent être terminés en 1981.

Dans le périmètre de l'Union des Associations Foncières de la plaine doloise, le drainage n'est pas une obligation : il s'agit d'une possibilité offerte aux agriculteurs concernés qui sont libres de l'accepter ou de la refuser. Du fait de l'absence de contraintes, les demandes ont été peu nombreuses au début de l'opération, mais devant les premiers résultats, leur rythme s'est élevé rapidement.

---

* Les renseignements concernant cette opération nous ont été aimablement communiqués par M. Lepeule, technicien du C.I.V.A.M.
** Amange, Brans, Champvans, Champagney, Châtenois, Chevigny, Dammartin-Marpain, Frasnes, Montmirey-le-Château, Montmirey-la-Ville, Moissey, Offlanges, Peintre, Pointre, Thervay.

Elles sont rassemblées par le technicien du C.I.V.A.M. qui tente de les coordonner afin de mettre sur pied des chantiers collectifs couvrant des surfaces importantes, en général plus de 20 hectares. Les travaux sont précédés d'une étude pédologique confiée à l'I.N.R.A. de Montpellier qui permet de déterminer les caractéristiques techniques du système de drainage : types de drains, écartement, profondeur, diamètre. Ils sont ensuite conduits sous le contrôle de la D.D.A. En 1979, le coût moyen par hectare était de 4 300 frands, mais avec des variations qui vont du simple au triple suivant les conditions locales. Le financement est assuré par le maître d'oeuvre (l'Union des Associations Foncières) qui se fait ensuite rembourser les sommes engagées par les agriculteurs. Ceux-ci versent pendant 20 ans une annuité fixe, dont le montant est calculé en fonction des dépenses réellement engagées pour l'équipement des parcelles leur appartenant. En 1979, l'annuité moyenne d'amortissement est de l'ordre de 240 francs par hectare, soit l'équivalent de trois quintaux de blé, ce qui permet de juger de la rentabilité de l'opération.

A cette même date, le drainage était réalisé sur plus de 1 000 hectares et une assemblée de propriétaires se réunit pour essayer de tirer un premier bilan. Les principaux résultats peuvent être appréhendés à plusieurs niveaux.

Tout d'abord, la mise en place du drainage s'est accompagnée d'une véritable mutation du système agricole : presque partout les prairies ont été remplacées par des cultures. Cette évolution renforce d'ailleurs une tendance générale amorcée depuis quelques années, et qui se traduit dans la plaine doloise comme en d'autres régions agricoles par une désaffection pour l'élevage au profit des céréales et du maïs.

En second lieu, sur le plan des rendements, la comparaison avec les résultats obtenus sur des parcelles non drainées permet de conclure à une augmentation sensible de la production. Certains chiffres sont même spectaculaires : en 1977, une parcelle drainée a donné 55 quintaux de blé par hectare alors que sur la parcelle voisine non drainée, le rendement n'était que de 40 quintaux. L'accroissement moyen semble se situer entre 20 et 30%, mais ces résultats globaux doivent être nuancés en fonction des types de culture et de la nature des terrains. Pour les céréales l'augmentation est forte pour le blé alors qu'elle est plus modeste pour l'orge de printemps. Si par ailleurs le maïs fait un bond spectaculaire, les rendements atteignent 70 quintaux/hectare, aucune amélioration n'est enregistrée pour la betterave sucrière. Dans l'espace, il faut distinguer suivant la situation morpho-pédologique des parcelles. C'est en effet dans les fonds de vallées humides ou sur les sols naturellement lourds que les résultats sont les plus spectaculaires. A l'inverse, sur les interfluves mieux égouttés, les progrès sont moins importants, quoique réels. L'augmentation générale des rendements est donc un fait certain qui plaide en faveur du développement du drainage souterrain, mais la question est de savoir si ces augmentations constatées vont se maintenir et constituer un acquis durable, ou si elles correspondent à une mobilisation de ressources pédologiques jusqu'alors inexploitées mais qui iront diminuant au fil des années.

Le dernier aspect positif du drainage réside dans des avantages indéniables mais plus difficiles à comptabiliser. L'amélioration de l'égouttement des sols, permet de se servir d'un matériel plus lourd. Après les pluies les temps de ressuyage sont diminués et le travail peut reprendre plu rapidement. Tout cela conduit à une meilleure gestion du temps de travail des engins et des hommes, et constitue un progrès indéniable.

De l'avis des différentes parties intéressées, l'opération de la région de Montmirey est une réussite citée en exemple au plan régional et même national. Actuellement les travaux sont en cours d'achèvement : ils couvriront un total de 1800 hectares, soit un peu moins que les prévisions initiales en fonction d'une augmentation sensible des coûts liée à l'inflation.

D'autres opérations ont déjà pris le relai. Dans un canton voisin (canton de Gendrey), les premiers aménagements ont commencé et ils porteront sur une surface totale de 2000 hectares. Pour le reste du département, il a été créé une Union des Associations Foncières de la Bresse Jurassienne : malgré sa dénomination, son champ d'action ne veut pas se limiter à la seule région bressanne, elle espère en effet regrouper en son sein toutes les communes du département qui seraient intéressées par la mise en place du drainage. Actuellement elle rassemble un peu moins de cent communes réparties en plusieurs unités géographiques, val d'Orain, val de Seille, val d'Amour, plaine du Finage, où le drainage s'inscrit dans le prolongement logique d'opérations d'assainissement, ou, dans le cas de la vallée de la Loue, de lutte contre les inondations. Les premiers travaux doivent commencer en 1981 avec un financement public de l'Etat et de l'Etablissement Public Régional (qui prend le relai du F.E.O.G.A.). Les équipements se feront suivant un rythme d'environ 1000 hectares par an.

b) *Dans les autres départements*

En Haute-Saône, les premiers travaux ont commencé un peu plus tard que dans le Jura, et sont menés par deux organismes. Dans le cadre du plan d'aménagement de la Basse Vallée de l'Ognon, l'Union des Associations Foncières de la région de Pesmes, qui regroupe 9 communes, a entrepris la réalisation d'un programme qui portera sur 1000 hectares. D'autre part, la C.U.M.A. de Gray effectue depuis 1975 des travaux un peu partout dans le département (environ 300 ha par an).

En fonction des données du milieu, le département du Doubs est naturellement moins concerné par le drainage que le Jura et la Haute-Saône. Des travaux sont cependant programmés dans le cadre des associations foncières : ils se feront à une cadence d'environ 1000 hectares par an. Les premières opérations ont déjà commencé dans le canton d'Audeux (Sud-Ouest de Besançon).

Dans le Territoire de Belfort, les besoins sont importants ; de nombreuses terres alluviales du Sundgau et de la région sous-vosgienne mériteraient d'être drainées. Pourtant aucun travail d'envergure n'a encore été entrepris. C'est pour tenter de stimuler les réalisations que quatre Unions des Associations Foncières ont été mises sur pied : U.A.F. du Sundgau, U.A.F. du Sundgau Nord, U.A.F. de la Baroche à l'est de Belfort et U.A.F. de l'ouest de Belfort. Des projets portant sur les années 80-85 se fixent comme objectif le drainage de 1000 hectares réalisé avec les aides du département, de l'E.P.R., mais aussi de l'Etat au titre des communes dites défavorisées dans les zones de piémont.

Un bilan provisoire dressé en 1979 par les Professionnels du Drainage (57) fait état de 6195 ha, drainés dans notre région depuis 1970. Pour sa part, le R.G.A. de 1980 n'en comptabilise que 5917 ha, 2967 pour le Jura, 2215 pour la Haute-Saône, 105 pour le Territoire de Belfort et 540 seulement pour le Doubs. La cartographie des données par commune (fig. 7) montre que les opérations les plus nombreuses et les plus importantes se localisent dans les plaines occidentales : plaine de Gray, Finage, val d'Amour, nord de la Bresse comtoise. Mais d'autres régions sont également touchées, la porte de Bourgogne, la moyenne vallée de l'Ognon et la zone sous-vosgienne au Nord-Ouest de la Haute-Saône.

Fig. 7 : LE DRAINAGE AU XXe SIECLE

Communes où des travaux de drainage souterrains ont été éffectués au XXe S.

Chapitre VII - La lutte contre les inondations

Toutes les rivières comtoises sont sujettes à des débordements qui inondent tout ou partie de leur plaine alluviale. Sans danger pour les populations riveraines, ces hautes eaux se produisent le plus souvent en saison froide en fonction de la baisse des températures et de l'importance momentanée des précipitations. Les lits majeurs sont alors couverts par une pellicule d'eau qui ne se maintient que quelques jours au plus, à une période où la plupart des travaux agricoles sont terminés et les animaux rentrés aux étables. L'homme a d'ailleurs localement utilisé cette dynamique hydrologique en mettant en place des systèmes d'irrigation pour la fertilisation des terres. Mais il l'a aussi modifié de diverses manières. Du fait de l'irrigation tout d'abord : en étalant les eaux sur de vastes étendues qui jusqu'alors n'étaient pas toutes inondables, il a brisé la force du courant, et rendu les rivières moins agressives et destructrices. Par l'assainissement ensuite, il a accéléré le retour des eaux vers l'émissaire, et assuré un bon écoulement par l'entretien du lit et des berges. A l'inverse l'action de l'homme a pu avoir des effets néfastes : la construction et surtout l'abandon de nombreux barrages contribuent à ralentir le flot, à renforcer et à prolonger l'inondation des terrains situés à l'amont des ouvrages.

Si le retour périodique des hautes-eaux ne pose donc pas de grands problèmes aux riverains, il n'en est pas de même pour les phénomènes exceptionnels que sont les crues. Leur rareté en Franche-Comté, et surtout leur caractère peu destructeur font que très peu d'aménagements ont été conçus pour s'en protéger : ils ne concernent d'ailleurs que des secteurs urbains (Belfort, Montbéliard, Besançon, Dole, Lons-le-Saunier, St-Loup-Sur-Semouse, etc...) et très peu de campagnes. Une seule région rurale importante a été le siège de travaux conséquents : les plaines des basses vallées du Doubs (en aval de Dole) et de la Loue (en aval de Champagne-sur-Loue). Le présent chapitre lui sera entièrement consacré, car depuis des siècles les hommes y luttent avec des bonheurs divers contre l'invasion des eaux.

1. *Les données du problème*

Dès leur entrée dans les formations meubles du fossé bressan les deux rivières s'écoulent dans de larges vallées faiblement incrustées dans une topographie de plaine. Les lits majeurs atteignent plusieurs kilomètres de large et offrent un vaste champ aux inondations en période de hautes-eaux et surtout lors des crues, alors que les deux rivières réunies peuvent rouler plus de 2000 m3 (sans doute 2200 m3 lors de la célèbre crue de 1910). Sans les aménagements introduits par l'homme, ce sont près de 20 000 hectares de terres qui risquent d'être recouvertes par les eaux à peu près tous les ans. En outre, en fonction de la vitesse et de l'importance au moins saisonnière des écoulements, les deux vallées sont le siège d'une active morphogenèse marquée par une forte instabilité des lits mineurs. Au cours des siècles les changements de cours, les créations de bras morts, les recoupements de méandres par déversement (par exemple à Petit Noir en 1854) s'accompagnent de phénomènes d'érosion, en particulier sur les berges de rive concave, et d'accumulation en rive convexe, qui remobilisent le matériel alluvial et remodèlent sans cesse les topographies*.

Ce schéma doit d'ailleurs être nuancé car les deux rivières n'ont pas exactement le même comportement. Lorsqu'il pénètre dans la plaine bressanne, le Doubs est un cours d'eau déjà assagi par la longue boucle qu'il a décrite dans le Nord de la Franche-Comté. La pente de son cours est inférieure à 1°/oo et sa charge en matériel alluvial peu importante. La Loue, quant à elle, garde un caractère plus torrentiel : de sa sortie de la montagne jurassienne jusqu'à sa confluence avec le Doubs, la pente générale est supérieure à 1°/oo. Surtout l'alluvionnement est abondant : le remblaiement postérieur à la dernière phase de creusement des vallées atteint ici près de 20 mètres, alors qu'il n'excède pas 7 à 8 mètres pour le Doubs. La vitesse de construction de la plaine alluviale actuelle a donc été deux fois plus rapide pour la Loue que pour le Doubs. Fort alluvionnement et vitesse relative des eaux expliquent qu'à l'état "naturel" (sans intervention de l'homme) la dynamique morphologique soit particulièrement vive dans le Val d'Amour. La différence de comportement des deux rivières se traduit d'ailleurs au lieu de leur confluence : sur la rive gauche du Doubs, la Loue a édifié un véritable delta : avant son aménagement récent, la rivière s'ennoyait littéralement sous ses atterrissements et se divisait en de nombreux bras aux tracés sans cesse changeants, créant un vaste milieu amphibie. A l'aval de la confluence, le Doubs, renforcé par les eaux de la Loue et encombré par ses apports alluviaux, prend des caractères morphodynamiques voisins de ceux de son affluent.

Les modifications qui affectent les plaines alluviales ont lieu lors des débordements. Or du fait de la faible incision des lits majeurs et de leur tendance au comblement, ces débordements sont fréquents. Ils se produisent régulièrement au cours de la période de hautes eaux, de novembre à avril, mais prennent une grande ampleur lors des crues. L'inondation des lits majeurs peut alors s'installer pour plusieurs semaines. De 1800 à nos jours on dénombre une vingtaine d'années aux cours desquelles les riverains jugent "anormal" le niveau atteint par les eaux. Parmi elles, seules quelques crues sont citées pour leur ampleur exceptionelle et par l'importance des dégâts qu'elles ont occasionnés (1816, 1840, 1872, 1896 et surtout 1910).

---

* Par exemple, pour la vallée du Doubs à Champdivers, les modifications du lit de la rivière depuis la fin du XVIIIe siècle ont été analysées par J. Brelot (58).

2. Les premiers aménagements

Avant toutes choses, les hommes se sont préoccupés de soustraire les meilleures terres du lit majeur, enrichies par les limons de débordement, au retour périodique des eaux. Si les aménagements sont très anciens dans la vallée du Doubs, ils sont beaucoup plus tardifs dans celle de la Loue, sans doute en raison des conditions plus difficiles du milieu naturel.

Le long du Doubs les premiers travaux remontent au Moyen-Age puisqu'en 1440 la duchesse de Bourgogne rassemble tous les hommes de Chaussin pour aller détruire les digues construites sur l'autre rive par les habitants de Petit-Noir, digues qui en détournant les eaux de la rivière menaçaient leur village.

En 1585, un édit du Parlement de Dole fait obligation aux riverains de la Loue et du Doubs de protéger leurs terres par des endiguements :

> "La couronne a ordonné et ordonne aux habitants et communautés des villages assis sur les rivières de Loue et du Doubs, auxquels par ci-devant a été ordonné de dresser, avoir et entretenir digues pour la conservation de leurs héritages et retenir lesdites rivières de Loue et du Doubs. Qu'ils aillent par tous les mois de mai chacun au droit de soi à dresser digues et les mettre en bon et suffisant état : à peine qu'à défaut de ce ladite cour députera commis et personnages à leurs frais pour faire les ouvrages et besognes qui se trouveront nécessaires auxdites digues" (59).

Il serait bien sûr du plus grand intérêt de savoir comment cet édit a été appliqué, et quels travaux ont été réalisés. Toujours est-il qu'au XVIIIe siècle, les habitants de Petit-Noir et de Longwy construisent (ou reconstruisent) des digues insubmersibles pour protéger les champs et les habitations. On essaie également de lutter contre la mobilité incessante du lit par des moyens de fortune. En pratiquant une coupure dans les atterrissements de la rive gauche, les habitants de rive droite détournent en 1711 une partie de la rivière qui "arrondissait sa courbe aux pieds des Jousserots", c'est-à-dire qui érodait vigoureusement la berge de rive concave. En 1715, les menaces qui pèsent sur le village de la Villeneuve (hameau de Chaussin) obligent à construire un nouveau lit pour le Doubs.

Les aménagements semblent prendre de l'ampleur à la fin du XVIIIe et au début du XIXe siècle. Tous les villages se protègent et entourent leurs meilleures terres de digues "insubmersibles". Le Doubs est alors bordé par une série à peu près continue d'ouvrages qui réduisent localement le lit majeur à une très faible largeur. Les anciens bras de la rivière sont fermés par des barrages pour éviter les divagations et le retour des eaux. En fait, avec ces travaux d'une certaine importance, s'engage un processus inéluctable d'aménagement complet, sinon rationnel de la vallée. En effet, en soustrayant une partie de ses terres aux inondations, un village quelconque augmente les risques pour les villages voisins, qui malgré querelles, procès et coups de main, n'ont d'autres possibilités que de s'endiguer ou de renforcer leurs défenses si celles-ci existent déjà.

Un autre aspect du combat que l'homme a engagé contre l'eau réside dans la remise en cause permanente du travail accompli. A chaque crue importante, et pas seulement extraordinaire, tout ou partie des ouvrages est à refaire ou à consolider : "travail sans cesse renouvellé et toujours impuissant" (60). Le retour inopiné des eaux d'inondations provoque alors des drames. Par exemple, en 1816, le Maire de Petit-Noir envoie une supplique au Sous-Préfet de Dole pour demander de l'aide : "une catastrophe arrivée avant-hier vient d'enlever par la rupture de notre grande digue, à un grand nombre de nos infortunés habitants, leurs habitations, leur mobilier et jusqu'au dernier reste de leurs provisions déjà infiniment trop faibles pour se garantir des horreurs de la famine. Trois personnes ont péri et un grand nombre de pièces de bétail : ce dernier événement plonge tous les habitants dans le désespoir" (A.D. Série S. Petit Noir).

Dans chaque commune des travaux sont fréquemment entrepris pour colmater une brèche, refaire un barrage, exhausser ou reconstruire une digue. A Molay par exemple des réfections ont lieu en 1817-18, 1835-36, puis en 1840-42. A Peseux, le Doubs corrode tellement la berge de rive droite que la commune est obligée de refaire périodiquement des digues en arrière des anciennes pour assurer sa protection.

Ce labeur incessant est parfois accompli par des particuliers : à Peseux, on voit un agriculteur construire un barrage sur un ancien bras mort. Mais le plus souvent, il s'agit de réalisations collectives dirigées et financées par les communes qui voient donc leurs budgets lourdement grevés par de telles opérations. A partir de 1830 apparaissent de petites associations syndicales, à Molay par exemple, mais elles ne recontrent pas beaucoup de succès auprès des propriétaires concernés.

Au milieu du XIXe siècle, et malgré les nombreux travaux effectués, la situation dans la basse vallée du Doubs reste préoccupante. En 1839, le Préfet du Jura en fait le constat : "En vain les riverains du Doubs cherchent-ils à se défendre au moyen de digues construites à grands frais" (61). Il reçoit périodiquement des demandes d'aides pour les populations sinistrées ou pour effectuer d'urgentes réparations. A force d'être sollicités, les Pouvoirs Publics vont s'intéresser au problème et proposer des aménagements d'ensemble.

En 1840, l'Ingénieur Polonceau, Inspecteur divisionnaire des Ponts et Chaussées en retraite, pressenti par des amis jurassiens, est chargé par le préfet du Jura d'étudier les moyens d'aménager les vallées du Doubs et de la Loue. Publiées en 1844 (62) ces études ne débouchent sur aucune réalisation.

De 1850 à 1860, sous le gouvernement impérial, un projet grandiose est élaboré. Les rapports des ingénieurs analysent les causes de la situation actuelle et en tirent les conséquences. Ils soulignent que les aménagements anarchiques "réalisés en fonction de la convenance et de la configuration de chaque territoire considéré isolément" (63) ont empiré la situation dans de nombreux secteurs, particulièrement là où les digues n'existent pas. Ils insistent par ailleurs sur le fait que les endiguements devraient s'accompagner de la mise en place de moyens de lutte contre l'érosion des berges, une érosion accentuée du fait de la réduction du lit majeur.

L'avant projet établi en 1856 par l'Ingénieur en Chef Parandier propose la canalisation du lit majeur du Doubs entre deux rangées de digues continues, la fixation générale du lit mineur et sa rectification partielle entre Dole et Navilly en Saône-et-Loire. Partout les rives concaves seraient protégées "par des pieux clayonnés avec fascines et au besoin enrochement". Pour limiter la pente des eaux et éviter la corrosion, on prévoit de distance en distance des barrages appelés "seuils fixateurs" (avec porte marinière pour passage des trains de charpente). Des aménagements identiques sont proposés pour la vallée de la Loue.

Dès 1860, ce plan ambitieux est ramené à des dimensions plus modestes : ainsi pour le Doubs on se contentera de compléter le réseau de digues existant et d'assurer une meilleure protection des berges contre l'érosion. A partir de cette date, les travaux vont reprendre un peu partout : ici on complète une digue (Petit-Noir), là on relève la hauteur d'une autre, ailleurs on défend les berges. Mais toutes ces opérations se déroulent finalement sans véritable plan d'ensemble. L'initiative revient aux communes, alors que le financement est assuré en partie par l'Etat (1/3 des dépenses) et le département (1/3 des dépenses également sous forme de subventions du Conseil Général). Suscités par l'Administration quelques Syndicats se mettent en place par la construction d'un ouvrage ou pour son entretien. Les premières créations concernent la vallée du Doubs ; en 1855, des associations syndicales apparaissent dans les communes de Choisey, Crissey, Gevry, Molay, Annoire et Longwy. Les cinq premières n'ont qu'une existence éphémère : celle de Longwy, après une période de démarrage difficile (elle a dû être reconstituée en 1871), fonctionne normalement au moins jusqu'en 1914, assurant l'entretien et la réparation des trois digues du village.

Deux associations ont eu une importance plus grande que les précédentes car elles ont regroupé plusieurs villages pour la réalisation de travaux d'intérêt commun. Sur la rive gauche du Doubs, le Syndicat de Rahon - St Baraing Chaussin a pris en charge l'aménagement et l'entretien des digues au sud du confluent Doubs-Loue : on trouve des traces de son activité jusqu'à la première guerre mondiale. Mais c'est le Grand Syndicat de Longwy qui constitue le regroupement le plus important de la vallée* puisqu'il concerne sept communes, trois sur la rive droite du Doubs (Peseux, Longwy, Petit-Noir) et quatre sur la rive gauche (Chaussin, Asnans, Vornes et Beauvoisin). Il est chargé de l'aménagement de la rivière entre le pont de Peseux au Nord et celui de Petit-Noir au Sud. Il s'agit du secteur le plus délicat de la vallée, en fonction de la grande mobilité et de l'agressivité de la

---

* A ne pas confondre avec le Syndicat de Longwy cité plus haut.

rivière mais aussi des rivalités séculaires qui opposent les habitants des deux rives. Une double tâche lui est dévolue, d'une part le redressement du lit mineur par recoupement des principaux méandres, d'autre part la mise en place et l'entretien permanent de défense de berges sur plus de sept kilomètres de long. Lors de la constitution du Syndicat, l'ensemble des dépenses liées aux travaux est estimé à 455 000 francs également réparti entre les communes, le département et l'Etat. Les charges liées au fonctionnement de l'Association et à l'entretien des ouvrages sont couvertes grâce aux revenus tirés de l'exploitation de prairies et d'oseraies installées sur des anciens lits du Doubs (47 hectares) et qui sont la propriété du Syndicat. Malgré de nombreuses difficultés, ses propriétés sont en effet contestées (60), il fonctionnera de façon satisfaisante jusqu'en 1939.

Malgré de nombreuses hésitations et l'étalement des travaux pendant plus de trente ans, l'aménagement de la vallée du Doubs est à peu près terminé à la fin du XIXe siècle. Il n'en est pas de même pour la vallée de la Loue où les vastes projets de l'Ingénieur Polonceau sont abandonnés. Seules quelques modestes réalisations vont venir s'ajouter aux rares digues existantes en 1850, en particulier de part et d'autre du pont de Parcey, à proximité de la confluence avec le Doubs. C'est d'ailleurs dans ce dernier secteur que les défenses seront renforcées à la fin du XIXe siècle par les deux associations syndicales de Parcey, celle de rive gauche (créée en 1865) et celle de rive droite (créée en 1875). Dans le reste de la vallée les actions vont rester très ponctuelles, conduites par des associations syndicales éphémères, comme à Vaudrey en 1875 (exhaussement d'une digue) ou à Montbarrey-Belmont (création d'une association en 1854, reconstitution en 1862). Quelques travaux sont également entrepris à la fin du siècle par des communes : Champagne-sur-Loue en 1895, Belmont et Port-Lesney en 1897, Santans en 1899, etc... Enfin de nombreux petits projets ne verront jamais le jour, à Nevy-les-Dole et à Villers-Farlay, par exemple.

Ainsi le long de la Loue les aménagements sont peu importants et la vallée reste encore largement soumise aux caprices de la rivière. Au début du XXe siècle, son aspect est très différent de celle du Doubs, où la maîtrise de l'eau est bien réelle et la protection des terres et des populations assurée.

3. Les aménagements récents

Durant la première moitié du XXe siècle, la situation des deux vallées ne change pas : aucune grande réalisation n'est effectuée. Certes la crue catastrophique de 1910 oblige à de nombreuses réparations, mais après la guerre de 1914-18, la surveillance des différents ouvrages se fait avec de moins en moins de régularité et les petits syndicats cessent de fonctionner. Ainsi en 1930, l'ancien Syndicat de Rahon qui avait pratiquement disparu doit être recréé tant la situation devient préoccupante. Le long de la Loue, la situation semble empirer depuis que le lit de la rivière n'est plus "curé" par le passage des bois flottants. Entre 1930 et 1950 quelques améliorations locales sont apportées à Chissey, à Parcey et à Nevy-les-Dole : il s'agit surtout de défense des berges contre l'érosion.

Alors que l'action des riverains est en sommeil, des groupes capitalistes s'intéressent aux deux vallées. En 1944, la Société des Forces motrices de l'Est fait une demande de concession pour leur aménagement hydro-électrique dans la région de Dole. Le projet prévoit deux usines de basses chutes, l'une à Chaussin (11 000 Kw de puissance installée), l'autre à Petit-Noir (10 500 Kw). Deux barrages installés à Molay et à Longwy dériveraient les eaux dans deux canaux dont le débit serait de 180 m3/seconde. Afin d'assurer une alimentation aussi régulière que possible en toutes saisons, une retenue de 3 500 000 m3 est envisagée en amont du barrage de Molay, qui ennoyerait toute la zone de confluence du Doubs et de la Loue. A la fin de la guerre, avec la nationalisation de la production électrique, l'idée est abandonnée.

Les crues successives de 1953, 1955 et 1957, vont remettre à l'ordre du jour le problème de la lutte contre les crues et de l'aménagement concerté des deux vallées. Le Conseil Général juge indispensable d'élaborer un nouveau programme d'ensemble. Il se constitue maître d'ouvrage et confie la maîtrise d'oeuvre aux Ponts et Chaussées où un service spécialisé, le service Doubs-Loue est chargé de la conduite des opérations. Malgré l'unité de leur conception les travaux entrepris sur les deux rivières doivent être analysés séparément dans la mesure où ils n'ont pas la même ampleur et ne partent pas de la même situation initiale (64).

Le long de la Loue, les aménagements ont commencé en 1958 et ils sont aujourd'hui terminés : ils ont porté sur le lit mineur, et sur la zone de confluence avec le Doubs. Les travaux concernant directement le lit majeur ont été peu nombreux (exhaussement et entretien des digues existantes) car sa mise hors de portée des inondations est assurée par les autres aménagements.

Le lit mineur a été l'objet de soins attentifs, dont le but a été d'améliorer les écoulements et d'assurer la stabilité des berges. Sur près de 30 kilomètres, le cours de la rivière a été redressé et calibré, avec une largeur moyenne de 50 mètres qui permet l'évacuation des hautes eaux normales. Malgré quelques recoupements de méandres, en particulier entre chamblay et Ounans, toutes les courbes n'ont pas été éliminées afin de ne pas trop accroître la vitesse du courant. Pour limiter l'érosion des berges, des enrochements masqués par des plantations de saules ont été nécessaires en de nombreux points.

Toutes ces améliorations, qui tendent à une évacuation plus rapide des eaux, seraient inutiles si elles ne s'accompagnaient pas à l'aval d'un remodelage important de la zone de confluence avec le Doubs. Dans ce secteur, les eaux de la Loue sont ralenties par la diminution de la pente et la masse des alluvions accumulés. Or ce freinage contribue à l'amont à entretenir un haut niveau des inondations et à retarder l'assèchement des terres. Ce phénomène est encore accentué par l'arrivée souvent simultanée des ondes de crue des deux rivières : la plus forte, celle du Doubs bloquant celle de la Loue. Dans ce secteur, les travaux concernent les deux organismes. Le Doubs qui, sur sa rive droite menaçait périodiquement les territoires de Gevry et de Molay, est redressé sur une longueur d'un kilomètre. Pour la Loue un nouveau chenal est ouvert sur près de quatre kilomètres en aval du pont de Parcey. Des digues sont construites sur la rive droite du Doubs et sur la rive gauche de la Loue : elles dessinent un véritable entonnoir qui canalisera les eaux et, par effet de chasse, empêchera les éventuelles accumulations alluviales.

Dans la vallée du Doubs, les travaux sont plus modestes, dans la mesure où l'héritage des aménagements antérieurs est important. Les travaux commencés en 1957 sont à peu près terminés en dehors de tranches dont la réalisation dépend de celle du canal à grand gabarit. Les améliorations portent sur la mise en place de défense de berges dans une douzaine de secteurs particulièrement sensibles à l'érosion, et sur la réfection des digues existantes. Les ouvrages sont rachetés par le département aux anciens propriétaires, communes ou syndicats. Ces derniers devenus sans objets sont alors dissous, en 1965 pour celui de Rahon et 1966 pour le Grand syndicat de Longwy.

La réalisation d'un tel programme ne s'est pas faite sans difficulté, car elle touchait à des intérêts souvent contradictoires. Si dans leur majorité les agriculteurs y étaient plutôt favorables, de nombreux groupes ont vite manifesté leur hostilité. Scientifiques, sociétés de pêche et de chasse, écologistes ont vigoureusement combattu ces "projets technocratiques" qui visaient à la destruction d'un milieu naturel particulièrement privilégié, comme le sont tous les domaines amphibies ou marécageux. Malgré un concert de protestations parfois véhémentes, les travaux ont été conduits à leur terme, et il est déjà possible de juger des résultats.

Tel qu'il est, le système hydrologique fonctionne bien. Le bénéfice est surtout appréciable pour la Loue, où l'accélération des écoulements diminue de façon considérable la hauteur et la durée des inondations. Pour le Doubs, ce sont surtout les risques d'érosion qui ont été écartés. L'entretien de l'ensemble des ouvrages est confié au service Doubs-Loue, qui en outre assure une surveillance active lors des périodes de crue et a la charge d'organiser les secours en cas de nécessité (plan ORSEC). L'ensemble du dispositif a pu être testé lors de la crue de février 1970.

Sur le plan de l'organisation et de la mise en valeur de l'espace des deux vallées les transformations sont déjà nombreuses. La mise hors d'atteinte des inondations est assurée pour toutes les habitations, et pour la plupart des axes de communication en particulier pour les deux routes nationales qui traversent la région (RN 5 et RN 73). L'agriculture a récupéré définitivement 2 600 hectares dans la vallée de la Loue et 7 500 hectares dans celle du Doubs, qui sont sortis de l'eau. L'utilisation des terres du lit majeur encore inondable aujourd'hui (3 400 hectares pour la Loue, 3 500 pour le Doubs) est rendue possible par la diminution du temps de submersion qui passe de plus d'un mois à quelques jours. L'abaissement de plus d'un mètre du niveau de la nappe phréatique dans le Val d'Amour a facilité l'assainissement de surfaces importantes. Des peupleraies, mais aussi des prairies et même des cultures ont remplacé des fouillis impénétrables et insalubres. Par ailleurs le remembrement a pu être réalisé dans une dizaine de communes riveraines. Enfin la fixation du cours et des berges des rivières a favorisé le développement d'activités touristiques, là où autrefois ne s'aventuraient que chasseurs, pêcheurs, et...braconniers. Certaines localités ont déjà aménagé des camping-caravanings, d'autres créent des aires de pique-nique en bordure de plages, tandis que quelques résidences secondaires font leur apparition. Ainsi s'amorce la création d'une véritable zone de loisirs aux portes de l'agglomération doloise et ce mouvement est suffisamment vigoureux pour avoir retenu l'attention du Conseil Général du Jura. Des études sont en cours pour élaborer un projet d'aménagement touristique qui confirme et organise cette nouvelle vocation, projet dans lequel la conservation d'espaces protégés peut et doit avoir sa place. A l'heure où les passions sont retombées, la création d'une réserve naturelle pour le territoire de la commune de Gevry fait l'objet de nombreuses discussions. Loin d'être une abérration, une telle création à l'intérieur d'un espace voué à l'agriculture et aux loisirs des citadins peut contribuer à renforcer le potentiel attractif de la région.

    Une nouvelle page dans les relations entre l'homme et l'eau est tournée ; après des siècles d'efforts dispersés et sans cesse renouvelés, les derniers aménagements semblent assurer la domestication du Doubs et de la Loue. Ils ont déjà permis une transformation rapide du milieu par la mise en place de nouvelles formes d'occupation de l'espace.

CONCLUSION

Compte tenu des données du milieu naturel (climat, structure géologique, morphologie), la majeure partie de l'espace comtois n'a jamais été confrontée au problème de la maîtrise de l'eau. En particulier, l'amélioration des terres agricoles grâce à des aménagements hydrauliques appropriés n'a touché que quelques régions bien circonscrites : Vosges Méridionales et région sous-vosgienne, bordure du massif jurassien, plaines occidentales (Bresse, Val d'Amour, Finage, plaine de Gray) et région de Montbéliard. Les tentatives faites ailleurs pour promouvoir l'adoption de telle ou telle technique (irrigation, drainage...) se sont en général soldées par des échecs. Mais même dans les régions les plus concernées, la nécessité de mettre en place et d'entretenir des équipements spécifiques, n'a pas toujours été perçue avec la même acuité.

Telle qu'elle nous est apparue au cours de cette étude, l'importance des différentes tentatives d'aménagement a beaucoup varié dans le temps, suivant un rythme qui n'est sans doute pas propre à la Franche-Comté, mais qui doit se retrouver à peu près identique dans toutes les campagnes françaises.

Sauf exception (la région de Montbéliard par exemple), le XVIIIe siècle et le début du XIXe siècle semblent surtout marqués par des initiatives individuelles ou collectives issues du monde paysan. Au milieu du XIXe siècle les Pouvoirs Publics considèrent que la maîtrise de l'eau passe par un soutien actif apporté aux efforts des agriculteurs et par une meilleure organisation des opérations envisagées. Les préoccupations s'affirment à un moment où la surpopulation des campagnes crée, en théorie tout au moins, des conditions favorables à tout ce qui permettra d'accroître la production agricole. De nombreux projets, parfois importants, sont élaborés, de véritables campagnes de promotion des "nouvelles" techniques sont lancées, souvent avec l'appui des classes dirigeantes du monde rural. Pourtant les résultats seront dans l'ensemble décevants : réalisations rares même là où leur utilité ne fait pas de doute ; associations syndicales laborieusement élaborées mais sans activité. Cet échec peut être imputé au conservatisme des masses paysannes qui refusent le progrès dans la mesure où il risque de rompre des équilibres traditionnels. On peut aussi y voir un simple problème financier : l'indigence de la plupart des agriculteurs leur interdit tout investissement dont la rentabilité immédiate n'est pas assurée.

A la fin du XIXe siècle et pendant la première moitié du XXe, l'intérêt porté jusqu'alors aux problèmes de l'eau, disparaît. Non seulement aucun aménagement nouveau n'est réalisé, mais l'entretien des équipements existants n'est plus assuré. Partout la situation se dégrade, plus ou moins vite selon les secteurs.

Après la Seconde Guerre mondiale, les profondes transformations que connaît l'agriculture conduisent à reconsidérer le problème. Tous les thèmes sont repris, irrigation, assainissement, drainage, lutte contre les crues, et là où le XIXe siècle avait échoué, le XXe est en passe de réussir. Les opérations qui sont lancées s'appuient en effet sur de nouvelles données particulièrement favorables : l'utilisation de technologies très performantes (65), la restructuration de l'agriculture (C.U.M.A., remembrements, etc...), les aides financières apportées par l'Etat ou les diverses collectivités (département, région mais aussi Marché Commun) et d'une façon plus générale la forte croissance économique des années soixante.

Dans certains secteurs, on assiste à un véritable contrôle de l'eau dans le sol par la combinaison des différents niveaux d'intervention : assainissement, drainage, irrigation. Cette régulation réalisée au bénéfice de l'agriculture ne doit cependant pas se faire aux détriments des autres utilisateurs de l'eau : ressources en eau pour des collectivités ou des industries, aménagements touristiques, exploitation des gravières et des sablières, conservation du patrimoine naturel, etc... Il apparaît de plus en plus que toute intervention quantitative ou qualitative, sur la ressource en eau doit tenir compte de tous les besoins : elle ne peut donc se faire que par des aménagements concertés, programmés par des organismes responsables dans des cadres spatiaux bien définis. Le cas du Syndicat de la Moyenne Vallée de l'Ognon est à cet égard révélateur d'un nouvel état d'esprit. Depuis le début de 1980, une modification de ses statuts et une convention passée avec l'Association du Pays des Sept Rivières, lui donnent compétence pour la programmation, la réalisation et la gestion d'équipements devant permettre une mise en valeur "optimale" de la vallée.

NOTES BIBLIOGRAPHIQUES

1. Sur les problèmes généraux posés par la géographie de l'eau, on se reportera utilement aux deux manuels suivants :
BETHEMONT J. : De l'eau et des hommes : essai géographique sur l'utilisation des eaux continentales. 1977, Paris, Bordas, 280 p.
DURAND-DASTES F. : Systèmes d'utilisation de l'eau dans le monde. 1977, Paris, Sedès, 182 p.

2. Pour une analyse plus détaillée des données climatiques, voir les différentes cartes publiées dans l'Atlas de Franche-Comté ; Publication périodique de l'Association pour l'Atlas de Franche-Comté, 32, rue Mégevand, Besançon.

3. Voir à ce sujet le rapport de la S.C.E.T. : Etude préliminaire sur les irrigations de complément dans la région-programme de Franche-Comté. 1973, Ministère de l'Agriculture, S.R.A.E. de Franche-Comté, rapport ronéoté, 3 volumes.

4. X. . . . : La vie quotidienne à Montessaux, 1682. Bulletin du Cercle Généalogique haut-saônois - octobre 1981, n° 5.

5. A. GIBERT : La porte de Bourgogne et d'Alsace. 1930, Paris, A. Colin, in 8°, XIV et 639 p.

6. A. FERRER : Une vallée française et protestante au XVIIIe siècle. 1698-1792. La vallée du Gland dans le "Pays de Montbéliard" : aspects économiques et sociaux. 1972, Mémoire de maîtrise dactylographié, Besançon.

7. J.C. VADAM : La vallée du Gland. Revue Univers, décembre 1980, n° 9, pp. 14-21.

8. V.R. SURRATEAU : Le département du Mont-Terrible sous le régime du Directoire (1795-1800). 1965. Paris, Les Belles-Lettres, 1082 p.

9. Histoire de la France rurale sous la direction de G. Duby et A. Wallon. 1976. Ed. du Seuil, t. 3, p. 116.

10. Rapport des travaux de la Société Libre d'Agriculture Arts et Commerce du Doubs (S.L.A.A.C.) 1808, p. 10.

11. Recueils Agronomiques Industriels et Scientifiques publiés par la Société d'Agriculture de la Haute-Saône, 1827, tome 2, p. 302-332.

12. A.P. DURNERIN : Des cours non navigables ni flottables. 1879, Paris, L. Laros éditeur, 135 p.

13. Rapport de la S.L.A.A.C., 1840, p. 236.

14. Recueils Agronomiques, 1850, p. 68.

15. Code Civil, article 644.

16. J.A. MARC : Tableau statistique et historique de la Haute-Saône en 1809-1815, Gray, Imprimerie Barbillet.

17. Recueils Agronomiques, 1840, p. 253.

18. Rapports des travaux de la S.L.A.A.C. 1820 - 1821 - 1823 - 1825.

19. Rapports des travaux de la S.L.A.A.C. 1826.

20. Ingénieur PARANDIER. Du service hydraulique du Doubs. Annales des Ponts et Chaussées. 1860, 3ème série, 2ème semestre, pp. 305-401.

21. Annuaire départemental du Doubs - 1857
22. Annuaire départemental du Doubs - 1861
23. Annuaire départemental du Doubs - 1870
24. Mémorial administratif du département du Doubs 1874.
25. Ch. FASQUELLE : L'agriculture de la Haute-Saône. 1885, Vesoul-Cival, 306 p.
26. Pour l'évolution économique et sociale de la Haute-Saône au XIXe siècle voir H. CAREL : La Haute-Saône de 1850 à 1914. 1970. Thèse de Doctorat ès Lettres, 2 tomes ronéotés, 970 p.
27. Recueils Agronomiques 1840 - p. 243.
28. Rapport manuscrit. Archives de la Direction Départementale de l'Agriculture de la Haute-Saône - Dossier Corbenay.
29. Bulletin de la Société d'Agriculture, Lettres, Sciences et Arts du département de la Haute-Saône (S.A.L.S.A.), 1875, troisième série, n° 6, p. 81.
30. Recueils Agronomiques, 1843, T. 6, p. 451-452.
31. Recueils Agronomiques, 1858, T. 8, n° 2, p. 221.
32. Recueils Agronomiques, 1851, T. 6, n° 2, p. 342.
33. Voir les cartes d'évolution de la population réalisées par : R. CHAPUIS et publiées dans l'Atlas de Franche-Comté.
34. Ministère de l'Agriculture. Recensement général de l'Agriculture. 1970, fascicules départementaux.
35. Renseignements fournis oralement par le Technicien Supérieur des Travaux Forestiers de la D.D.A. de la Haute-Saône.
36. Ministère de l'Agriculture. Recensement général de l'Agriculture, 1980. Fiches communales.
37. Rapport manuscrit de l'Ingénieur Départemental à propos du curage des rivières situées sur la commune de St Aubin. Archives Départementales du Jura. Série S. St Aubin.
38. Renseignements extraits de deux enquêtes nationales sur les Associations Syndicales dans l'Agriculture, l'une de 1886, l'autre de 1931.
39. Bulletin de la S.A.L.S.A. 1879, 3ème série, n° 9, pp. 191-258.
40. Annuaire Départemental du Doubs, 1858, p. 150.
41. Voir sur ce sujet l'article du Ct FOUR. A propos du dessèchement du Marais de Saône. Mém. So . d'Emulation du Doubs. 1936, pp. 120-133.
42. Voir en particulier J.L. MAYAUD : Les terres humides au XIXe siècle, l'exemple de la vallée du Drugeon (Haut Doubs). 1977. Publication du Centre Universitaire d'Etudes et de Recherches de l'Université de Franche-Comté, n° 1, pp. 15-61.
43. Annuaire départemental du Doubs. 1870.
44. Tous les renseignements concernant les travaux récents sont tirés de l'Inventaire des ouvrages d'assainissement agricole, des irrigations, des barrages et des aménagements des cours d'eau, réalisés en 1966 par le Service Hydraulique du Ministère de l'Agriculture, et remis à jour en 1970, 1974 et 1978.
45. Recueils Agronomiques 1851, tome 6, n° 2, pp. 329-335.
46. Recueils Agronomiques 1854, tome 7, n° 1, pp. 12-13.
47. Recueils Agronomiques 1853, tome 7, n° 1, p. 77.
48. Recueils Agronomiques 1854, tome 7, n° 2, pp. 175-181.

49. Recueils Agronomiques 1856, tome 7, n° 4, p. 569.
50. Recueils Agronomiques 1855, tome 7, n° 3, p. 367.
51. Renseignements statistiques concernant les travaux de drainage au 31 décembre 1858. Ponts et Chaussées, Service du drainage, département de la Haute-Saône.
52. Annuaire départemental du Doubs 1855.
53. Mémorial administratif du Département du Doubs. 1850, pp. 307-309.
54. Annuaire départemental du Doubs, 1852, pp. 171-177.
55. Mémorial administratif du Département du Doubs, 1855, pp. 200-205.
56. Annuaire départemental du Doubs, 1870.
57. Le drainage en France en 1979. Plaquette publiée par le Syndicat National professionnel des Entrepreneurs de travaux de drainage. 1980, 36p..
58. J. BRELOT : Interprétation d'un terroir. Le pays jurassien, 1948, n° 23, pp. 301-305.
59. PETREMAND : Recueil des Ordonnances et Edits de la Franche-Comté de Bourgogne - 1619 - Dole.
60. Grand Syndicat de Longwy : Rapport présenté aux intéressés par la Commission Syndicale - 1907. Dole, Imprimerie Mollard, 16 p.
61. Bulletin de la Société d'Emulation du Jura. 1839.
62. A.P. POLONCEAU :
a) Considérations générales sur les causes des ravages produits par les rivières à pentes rapides et par les torrents particulièrement sur les rivières de la Loue et du Doubs ; et sur les meilleurs moyens à employer pour y remédier.
b) Projet de régularisation et d'endiguement de la Loue et du Doubs dans le département du Jura. 1844, Paris, Librairie Scientifique Industrielle de L. Mathias.
63. Rapport de l'Ingénieur chargé de l'étude. Archives du Service Doubs-Loue. Ponts et Chaussées. Dole.
64. Recueil des Actes Administratifs du Jura. Bulletin d'Information, décembre 1978, n° 11.
65. Voir par exemple. Ministère de l'Agriculture. Assainissement et drainage. Bulletin Technique d'Information. Juillet-Août 1972, n° 271-272.

DEUXIEME PARTIE

REPRESENTATIONS DU CONCEPT DE REGION DANS DEUX DEPARTEMENTS FRANCS-COMTOIS AU XIXe SIECLE

J.P. NARDY & A. ROBERT

Les deux études présentées ici analysent la nature des activités et des préoccupations durant le XIXe siècle de la Société d'Agriculture, Lettres, Sciences et Arts de la Haute Saône et de la Société d'Emulation du Jura. Ces deux sociétés savantes, si elles ont une origine commune puisqu'elles sont au départ des organismes nommés par le pouvoir, n'en connaissent pas moins par la suite, des évolutions parfois divergentes en raison de leurs modalités de recrutement (cooptation avec parrainage) et de leurs objectifs tels qu'ils sont fixés dans les statuts. Ainsi, si la société haut-saônoise privilégie la promotion de l'agriculture, la société jurassienne fait preuve d'un bel éclectisme en n'excluant aucune activité économique, scientifique ou littéraire. Si l'on ajoute qu'au sein de chaque groupe les sujets d'intérêt privilégié peuvent varier considérablement durant la période considérée, on constate que le seul point commun entre ces sociétés est finalement leur appartenance mutuelle à une même province historique franc-comtoise. Le problème posé est donc de chercher s'il persiste au niveau de leurs mentalités, un sentiment d'appartenance à une province alors administrativement disparue, ou encore une vision convergente de celle-ci, et ceci en dépit de leurs différences d'objectifs et de compositions sociologiques, et malgré la variété des cadres géographiques dans lesquels elles opèrent.

Pour ce faire, les auteurs se sont donc attachés à délimiter l'espace régional qui est décrit à travers les préoccupations respectives de ces sociétés, telles qu'elles se dégagent de leurs publications. Ils ont cherché en outre à caractériser la structure de cet espace perçu. Enfin, dans la mesure où de telles informations apparaissaient dans les revues analysées, ils se sont proposés de rechercher les éventuelles modifications des modes de perception en relation avec l'évolution du contexte politique, économique et culturel durant le XIXe siècle.

A partir d'une telle analyse, il a été possible de déterminer les limites, très variables selon les périodes, des régions d'intérêt privilégié respectives des 2 organismes, et ensuite de confronter ces "régions perçues" à leur espace théorique de compétence et d'activité tel qu'il est défini dans leurs divers statuts. Enfin, l'analyse des thèmes abordés, des sujets traités ou débattus, a permis de définir l'image mentale, la description géographique perçue en quelque sorte, de la zone d'action et de réflexion de ces sociétés. Il en résulte une géographie certes très subjective et partiale, mais néanmoins très instructive car elle est celle de personnes, souvent chargées de responsabilités, qui ont contribué à faire évoluer, en fonction de cette image, la physionomie réelle de leur pays.

Les deux études ainsi obtenues se révèlent assez divergentes dans leurs résultats. Ceci ne saurait étonner en raison de la disparité des contextes géographiques dans lesquels opèrent ces sociétés et de la diversité des milieux sociologiques dans lesquels elles se recrutent. Et la disparité des résultats est encore accrue par la variété des solutions qu'il est possible d'apporter aux situations économiques, elles-mêmes soumises à une conjoncture alors très fluctuante, ainsi que par la plus ou moins grande perméabilité des deux groupes sociologiques aux nouvelles théories politiques et économiques ou aux courants culturels de l'époque. Il en ressort néanmoins que le sentiment d'appartenance à la Franche-Comté qui a longtemps été occulté en Haute-Saône et dans le Jura en raison des buts prioritairement économiques et concrets de leurs sociétés respectives, réapparaît progressivement à partir des années 1860. Dans ces deux cas, il semble que le nouvel essor des études historiques est à l'origine de la prise de conscience de la participation du Jura et de la Haute-Saône à une histoire commune. Ainsi le sentiment régional se nourrit-il du passé, mais ne paraît pas encore reposer sur une convergence d'intérêts économiques ni sur un tissu concret de relations d'interdépendance. Mais il faut dire qu'à partir de la seconde moitié du siècle, les sociétés étudiées sont devenues de pures sociétés savantes et que des préoccupations autres qu'intellectuelles et scientifiques ne sauraient donc plus être désormais les leurs, ou du moins apparaître dans leurs revues.

J.P. NARDY

PERCEPTIONS D'UN ESPACE REGIONAL

LA SOCIETE D'EMULATION DU JURA ET LA FRANCHE-COMTE
(1818-1898)

Etudiés sur une période de 80 ans, les Mémoires de la Société d'Emulation du Jura (SEJ) montrent quelle a été, durant le XIXe siècle, la perception de la Franche-Comté, non pas par les Jurassiens mais par le petit groupe socio-culturel bien défini réuni dans cette Société. Même ainsi limitée, l'image obtenue est nécessairement déformée et incomplète. En effet, les mémoires de la SEJ traduisent avant tout les préoccupations de petits cercles successifs de membres dynamiques, sinon élus au bureau, du moins généralement présents aux séances, qui publient régulièrement sur leurs sujets favoris, et qui, par leur participation aux jurys de concours et aux comités de lecture, influent considérablement sur la teneur de la revue. Cet effet de filtrage, qui accentue, voire déforme la tendance propre à chaque période, est amplifié par le fait que, durant toute la première moitié du siècle, les activités de la Société sont surtout connues par le rapport annuel du secrétaire principal ou adjoint, accessoirement par le discours du président, et ceux-ci visiblement privilégient les thèmes qui ont leur préférence, et les travaux de membres qu'il convient tout particulièrement d'honorer. De plus, jusqu'en 1850-54, ni le bureau, ni les cercles actifs, ni le secrétaire ne sont totalement libres du choix de leurs activités. La SEJ est étroitement liée au pouvoir politique et administratif. Son président d'honneur est le préfet du Jura qui, au besoin, assiste personnellement aux séances annuelles et indique, par discours, ses directives. A plusieurs reprises, le personnel préfectoral est représenté au bureau, ainsi Nicod de Ronchaud, conseiller de préfecture puis député (1818-1827), Gerrier, conseiller de préfecture (1832). Par ailleurs, la société regroupe bon nombre de notables et de fonctionnaires. De ce fait, elle subit à l'évidence les pressions directes ou occultes du pouvoir, et, toujours fortement perturbée à chaque révolution ou changement de régime, elle finit par s'effondrer dès les premières années du Second Empire (1854). Durant cette première période (1818-1854), la SEJ est donc une courroie de transmission entre le préfet et ses administrés, ainsi qu'une organisation, toujours proche du pouvoir en place quel qu'il soit, plus accueillante aux élites locales qu'aux intellectuels. Ses mémoires montrent moins la Franche-Comté telle qu'elle est vue par les jurassiens que telle qu'elle doit être vue par eux.

Lorsqu'elle se reconstitue en 1863, la SEJ subit une totale mutation. Abandonnant l'étude et la discussion des problèmes contemporains, cessant de contribuer par ses initiatives exemplaires aux progrès de l'économie régionale, elle se tourne vers l'étude scientifique du passé et de la nature. Bien que toujours ouverte aux notables (C. Prost, maire de Lons, est président de 1890 à 1898) et aux élites en général, sa dépendance politico -

administrative cesse d'être évidente, et son recrutement se modifie. Elle attire davantage d'artistes et surtout bon nombre d'enseignants et d'archivistes qui investissent le bureau. Moins soucieux de gestion et de rentabilité économique immédiate, ses membres ont désormais en commun d'être des érudits. De société d'"émulation" s.s. elle est devenue une société savante dont les activités toutefois continuent à traduire les préférences du bureau, et surtout des cercles actifs, au sein desquels, d'ailleurs, tensions et rivalités sont loin d'être inconnues. A partir de 1863, la SEJ se lance donc dans la découverte scientifique de sa région.

L'histoire de la SEJ entre 1818 et 1898 est ainsi caractérisée par l'existence de deux périodes radicalement différentes qui devront évidemment être étudiées séparément. Par ailleurs, les préoccupations et les sujets d'intérêt sont trop liés à la personnalité des membres pour qu'il soit possible de les analyser sans référence à l'histoire de cette société.

1. *La période 1818-1854*

La vie de la Société.
Autorisée le 8 août 1817, la SEJ s'organise rapidement autour de son secrétaire Nicod de Ronchaud (conseiller de préfecture à Lons puis député) et de son vice-président, le chanoine Camuset (curé à Lons). En 1825, Guyétan (médecin à Lons), jusqu'alors secrétaire adjoint, succède au secrétariat à Nicod de Ronchaud, désormais président, et laisse ses fonctions au géomètre Houry, futur maire de Lons. Puis le chanoine Camuset, successeur de Nicod de Ronchaud à la présidence, est relayé en 1831 par le conseiller général Chevillard, tandis que Houry accède à la vice-présidence avant de remplacer, au secrétariat, Guyétan parti en 1834 à Paris. C'est alors que l'ingénieur Delarue est élu à la vice-présidence. En 1846, Laumier, homme de lettres à Lons, prend, sans s'attirer d'éloges ultérieurs, la difficile succession de Houry au secrétariat. Ainsi, c'est donc, jusqu'en 1848, un groupe remarquablement stable de notables lédoniens qui dirige la société.

L'apparition, en 1848, d'une période politiquement troublée se traduit par l'interruption des réunions de la Société jusqu'en 1850, par la publication d'un numéro triple (1848 - 49 - 50), et par de profonds remaniements du bureau. De l'ancienne équipe ne subsiste plus, en 1850, que Delarue qui occupe transitoirement la présidence, les autres postes importants voyant se succéder, jusqu'en 1854, des titulaires peu marquants et éphémères. La société connaît alors un profond déclin, en dépit de l'intérêt de certains articles parus durant ces années.

La période perturbée 1848-54 contraste donc avec la précédente qui a vu la transition progressive de deux équipes dirigeantes (Nicod de Ronchaud - Camuset - Guyétan puis Chevillard - Guyétan - Houry) et dont on peut même dire qu'elle a surtout été marquée par la forte personnalité des deux secrétaires successifs : Guyétan et Houry. Ceux-ci, il est vrai, ont été aidés par un petit nombre de sociétaires fidèles et souvent passionnés qui ont permis à la SEJ d'atteindre ses buts : encourager les talents de tout genre ; favoriser l'essor et le progrès des arts libéraux, mécaniques, industriels ; populariser les découvertes et perfectionner les pratiques agricoles.

favoriser l'essor et le progrès des arts libéraux, mécaniques, industriels ; populariser les découvertes et perfectionner les pratiques agricoles.

La variété des sujets traités dans les mémoires de la SEJ jusqu'en 1854 correspond à ce programme encyclopédique. *L'agriculture* et toutes les techniques qui permettent d'améliorer ses rendements et de valoriser ses produits sont des thèmes dont la présence est constante : l'agriculture n'est-elle pas alors considérée comme la base de toute prospérité matérielle pour les populations ? (*cf. infra*). Ceci explique sans doute que les problèmes de *l'industrie* et des *transports* paraissent assez négligés en comparaison, bien que les jurassiens n'ignorent pas l'amélioration du niveau de vie apportée par le commerce ou l'industrialisation dans certaines parties de leur département. Les *sciences naturelles* (géologie, botanique, zoologie) sont étudiées soit pour vulgariser des curiosités, soit dans un but utilitaire : (tourbe et tourbières, plantes vénéneuses, nature des sols ou explication d'éboulements, de tremblements de terre, etc.). Dans ce cadre entrent aussi les "topographies médicales", belles monographies des docteurs Guyétan, Machard (de Dole), Pyot (de Clairvaux), Germain (de Salins) décrivant le relief, les sols, le climat et la végétation d'une contrée dans leurs rapports avec les productions agricoles et avec l'anthropologie, l'état moral et sanitaire de la population. Les maladies des hommes, mais aussi du bétail ou encore du vin ou du fromage, qu'elles soient épidémiques, telles la variole (1826 pp. 13-18) et le choléra (1831, pp. 83 - 95, 1832, pp. 19-21) ou endémiques (fièvre miliaire (1828, pp. 34-40) ou péripneumonie du bétail) préoccupent évidemment beaucoup ces médecins qui préconisent des mesures d'assainissement des sols, d'hygiène dans les étables et les maisons, ou encore l'utilisation de la vaccine (de 1826 à 1832) pour prévenir le retour d'une épidémie de variole. Mais la SEJ n'est pas seulement soucieuse de *l'état sanitaire* des populations, elle l'est aussi de leur *état moral*. Le spécialiste de l'étude de ce problème est sans conteste Ducret (ancien maire de Passenans et propriétaire à Lons) qui jusqu'en 1848-50, sera l'apôtre estimé et inlassable du modèle patriarcal, jugé seul apte au maintien du bon ordre social. Mais cette morale doit être inculquée. C'est pourquoi la SEJ ne ménage pas ses efforts dans le domaine de *l'éducation* afin de former des producteurs sains, compétents, et qui "aimeront l'état dans lequel ils sont nés" comme le dira plus tard le professeur lédonien Girard (1873, pp. 1-191), qui constatait les méfaits de l'exode rural sur l'agriculture de la montagne. Mais la meilleure éducation est celle de l'exemple et la Société est soucieuse de faire connaître comme il convient, les mérites édifiants des *gloires locales*, en organisant pour cela des concours de biographies de célébrités où l'hagiographie la plus dithyrambique est seule assurée du succès. Mais outre leurs hommes célèbres, les jurassiens possèdent aussi en commun un passé, ainsi que des coutumes, parfois oubliées. D. Monnier (conservateur au musée de Lons), par ses chroniques régulières et fréquentes, fait ressurgir tout cet ensemble de *traditions populaires*, de petite histoire locale. Durant cette période, *l'histoire* est aussi un sujet d'intérêt à condition de révéler des faits de haute antiquité et si possible prestigieux. C'est donc l'histoire antique qui est pratiquée, surtout à l'occasion de trouvailles archéologiques. Mais certains sociétaires ont la rime facile, et se sentent flattés par la publication d'un de leurs essais. Par exemple, Gindre de Mancy (homme de lettres à Paris), durant les années 40, intervient fréquemment dans cette rubrique *poésie* avec des pièces sur des événements ou des localités du Jura. Ducret lui-même fournit des fables et de petites strophes, évidemment édifiantes. En fait, tous les sujets d'intérêt de la Société sont susceptibles d'être versifiés.

Jusqu'en 1854, la SEJ, par l'éclectisme de ses préoccupations apparaît donc comme une académie de beaux esprits, unis par une conception assez conservatrice des rapports sociaux et très paternaliste de leurs devoirs. Très en prise sur les problèmes de son temps, elle n'a pas toujours traité avec un égal intérêt les différents thèmes énoncés ci-dessus.

Jusqu'en 1826, la Société s'organise et ses activités s'accroissent dans tous les domaines, avec une nette prédilection pour l'agronomie. Le rythme de travail atteint son optimum durant les années 1827-1830 tandis que se manifeste une désaffection pour l'agronomie au profit des thèmes qui deviendront majeurs durant les années 30 : la morale, les gloires locales, l'instruction et surtout la poésie. Durant cette période et jusqu'en 1834, les sciences naturelles et particulièrement la médecine bénéficient d'une attention privilégiée dans le rapport annuel du secrétaire, le docteur Guyétan. L'année 1830 est peu active "en raison des événements politiques" et marque une coupure. En effet, jusqu'en 1839, la SEJ désormais débat, à son niveau, des problèmes d'intérêt national (transports, éducation) et devient très nettement un organisme susceptible d'aider à la mise en application au plan local de décisions politiques prises par le pouvoir central : ainsi de 1830 à 1836, les sociétaires peuvent entendre trois discours préfectoraux, ce qui est exceptionnel. De 1831 à 1834, puis à nouveau en 1838-41 se déroulent des controverses passionnées sur les mérites respectifs de la voie d'eau et des voies ferrées, ceci dans le cadre d'un débat national qui finira par aboutir en 1842 à la loi sur les chemins de fer. Les années 1834 à 1839 connaissent un vif regain d'intérêt pour l'agronomie à la suite d'un discours du préfet (1833) insistant sur l'intérêt économique primordial de l'agriculture. Enfin, à partir de 1835, avec un maximum en 1837-39, sont évoqués les problèmes de l'enseignement primaire (mise en application de la loi Guizot). Cette période féconde est interrompue par la mort (1839) du dynamique préfet Lepasquier, et par une baisse d'activité en 1840-41 traduite par la parution d'un numéro double (troubles à Lons ?). Dès lors, et jusqu'en 1853-54, la SEJ privilégie l'agronomie, ainsi que les problèmes sanitaires, moraux et éducatifs, pour lesquels les très réactionnaires Sauria et Furia viennent épauler le conservatisme tempéré de bon sens de Ducret. L'histoire est fréquemment abordée.

Telles sont les activités de cette société dont la majorité des membres appartiennent à la haute bourgeoisie conservatrice des propriétaires, des notables, des professions libérales et de l'administration ; les nobles et les intellectuels y sont largement minoritaires. Son recrutement se fait à Lons, dans la région et en particulier dans les villes du Vignoble, et surtout à l'extérieur du département. Son succès, évalué d'après les adhésions, est variable. Il progresse constamment hors du département pour culminer en 1848. Jusqu'en 1837, les effectifs lédoniens s'améliorent aussi, après des débuts difficiles, pour stagner ensuite. Dans le département, les adhésions connaissent une vive progression jusqu'en 1835, puis, à nouveau, de 1837 à 1842 pour s'effondrer à partir de cette date. Durant les années 1840, la SEJ connaît donc un problème d'impact local qui annonce la faillite des années 50. Il faut dire que la présentation des Mémoires a beaucoup évolué durant toute cette période : de simple rapport annuel d'activité, rempli de mondanités, la revue s'étoffe progressivement, surtout dans les années 40 par des adjonctions d'articles de plus en plus érudits sinon réellement scientifiques, qui finissent par en occuper l'essentiel dans les années 50, où sa présentation devient celle d'une revue savante. Le public local traditionnel n'a pas suivi cette mutation imposée, certainement inconsciemment, par les sociétaires les plus dynamiques, et dérisoires sont les mesures correctives que propose Chevillard faisant en 1845 le bilan de 28 années d'activité : n'examiner que les intérêts du Jura, pas même ceux de la Franche-Comté ; "resserrons le cadre, bornons-nous à Jura (sic)" (1845, p. 7). Pourtant, le moins qu'on puisse dire est que la SEJ ne s'était guère désintéressée de son département.

La SEJ et sa région.
La Société d'Emulation du Jura porte bien son nom : elle ignore quasiment tout ce qui n'est pas relatif au département du Jura. Significatifs de ce point de vue sont les sujets mis au concours dès ses débuts : les industries jurassiennes, les progrès de l'agriculture jurassienne depuis 30 ans, les hommes méritants du Jura. Le département est donc son cadre d'activité, et elle cherche à l'individualiser nettement du restant de la Franche-Comté, comme le prouve ce sujet de concours proposé en 1826 : "Quelle a été, relativement au département du Jura, l'influence : 1) de la réunion de la Franche-Comté à la France ; 2) de la division de cette province en départements". Resté non traité, ce sujet fut de façon exemplaire remplacé par : "Histoire du département du Jura depuis J. César jusqu'à nos jours". D'ailleurs, si l'on excepte les échanges de revues, la SEJ n'entretient aucune relation suivie avec les sociétés analogues des départements voisins. Elle travaille donc repliée dans un cadre départemental qui ne semble pas poser de problème de limite territoriale même en ce qui concerne la frontière suisse, si l'on excepte une allusion à des obstacles douaniers à l'introduction de bétail suisse.

Le département est donc défini par ses limites administratives et surtout par ses qualités intrinsèques. Celles-ci sont exaltées par un chauvinisme trop systématique et trop généralisé pour être écarté comme un épiphénomène dérisoire. De fait, les départements voisins ne sont signalés qu'avec des connotations compétitives. Tous les sujets s'y prêtent, en particulier le patrimoine archéologique et c'est ainsi que Villars d'Heria, comparé explicitement ou non aux ruines jugées remarquables de Besançon et de Mandeure, est un thème fréquent durant cette période. Ces querelles de clocher ne mériteraient pas d'être signalées si elles ne manifestaient l'existence (ou la tentative de création ?) d'un sentiment, d'un esprit "départemental". Celui-ci se traduit par la recherche, dans ce nouveau cadre territorial, d'un passé historique, si possible prestigieux. Les trouvailles archéologiques suscitent l'intérêt, déjà lorsqu'elles permettent de rivaliser par leur valeur historique et matérielle et surtout lorsqu'elles prouvent l'antiquité du peuplement. Ainsi, D. Monnier, passionné par l'histoire et les coutumes des Séquanes met en évidence "... l'antiquité de la ville de Lons" (1829, pp. 52-56), retrouve des "vestiges d'antiquité observés chez le Jurassien" (1821, pp. 17-23), et identifie (1822, pp. 42-51) près de Clairvaux et Orgelet le "lieu de la bataille où César vainquit Vercingétorix, après le siège d'Alésia". L'intérêt de ces faits est ailleurs que dans la polémique risible mais révélatrice sur Alésia, car il y a, chez Monnier, la croyance en une "race" jurassienne, qui serait reconnaissable par ses caractères anthropométriques et par certaines coutumes, et qui prendrait ses racines direcement dans le vieux fond celtique de la région. La référence à un événement historique majeur permet de solidement ancrer, historiquement et géographiquement, cette race dans son département. Monnier est évidemment un cas limite, mais les sociétaires aiment se trouver des attaches en explorant leur passé le plus reculé. Ils se désintéressent par contre de leur histoire médiévale pourtant très riche : il faut attendre 1842 pour voir Thiboudet aborder le thème d'Arlay et des Chalon qui ne sera repris qu'en 1853-54 dans une courte étude de Rousset (pp. 48-51).

Munis d'un passé propre à leur territoire, les Jurassiens se retrouvent unis autour de leurs hommes célèbres. Rouget de Lisle est glorifié. La Société refuse de couronner un mémoire, jugé insuffisamment élogieux sur le général Lecourbe, lance une souscription pour élever un monument à Bichat. Ces hommes appartiennent en propre au département. Leur vénération stimule la cohésion du groupe tandis que leur exemple est un puissant révélateur des qualités intrinsèques de la "race" jurassienne.

La propension de la SEJ à ne travailler que dans un cadre strictement départemental, en refusant le cadre franc-comtois, pose donc un problème. La nouvelle division territoriale de la France, encore relativement récente en 1820, serait-elle entrée dans les usages plus facilement que les nouvelles unités de mesure, par exemple ? Il est certain que la Société, par son recrutement, par ses liens avec la préfecture et par ses objectifs économiques, était tout particulièrement appelée à privilégier ce type de découpage administratif. A-t-elle contribué à faire de celui-ci un cadre vivant pour la population tout en tentant de briser dans les mentalités les anciens sentiments d'appartenance régionale ? S'il en est ainsi, elle fut l'auxiliaire active du maître d'école qui durant la plus grande partie du XIXe siècle enseigna la géographie de la France par départements. Sous le second empire était utilisée, à l'école primaire d'Orchamps, une "Géographie du Jura" de Rousset et Pinet, éditée en 1863. Elle correspondait au programme d'une année. Le mot

"Franche-Comté" n'y est que très rarement utilisé et toujours dans un contexte élogieux pour le Jura (ex."Dole est l'ancienne capitale de la Franche-Comté"). Dans les autres cas, on parle de la "province". Le mot "comtois" n'y est prononcé qu'une seule fois, à propos... d'une race de bétail.

Le Jura agricole.

Lorsqu'en 1833 les sociétaires entendent le préfet célébrer "l'agriculture, premier des arts, base de toute prospérité publique" (p. 7), ils ne sont pas surpris car ils partagent largement cette croyance. De même conviennent-ils aisément que des progrès sont possibles dans ce domaine. En effet, il ne manque pas parmi eux de propriétaires terriens soucieux d'optimiser leur gestion et disposant des capitaux nécessaires pour transformer un système de culture. Ils sont bien d'accord pour constater qu'en dépit d'exceptions notables, l'autosubsistance existe encore fréquemment dans le Jura où des communautés paysannes vivent médiocrement des maigres produits d'une agriculture essentiellement vivrière fondée sur le blé, parfois le maïs et surtout les céréales pauvres, ainsi que sur l'élevage d'un bétail dont on exploite avant tout la force de travail. Mais l'état de l'agriculture jurassienne est inégalement décrit dans les Mémoires de la SEJ. En effet, si ceux-ci sont intarissables sur l'agriculture de montagne, ils sont plus laconiques sur la situation du Bas Pays, et en particulier du Vignoble, qui est surtout décrite par opposition à celle de la chaîne. Une des rares allusions à la crise de la viticulture qui sévit durant toute cette période en raison de la concurrence des vins du Midi, est faite en 1840-41, pour signaler qu'à Dole, les vins ne se vendent pas, et que les vignerons étendent les surfaces encépagées pour compenser le manque à gagner, au lieu de développer les cultures fourragères qui s'avèreraient plus lucratives. Le diagnostic de la SEJ, tel qu'il apparaît nettement dans les Mémoires, est donc que l'agriculture jurassienne souffre d'une ouverture sur le marché, insuffisante ou inadaptée. D'une manière générale, elle livre des produits soit autoconsommés, soit exportés à l'état brut, soit peu susceptibles d'être ultérieurement transformés et valorisés sur place. La fréquente médiocrité du niveau de vie de la population qui en résulte choque les sociétaires, largement imprégnés de tradition humaniste, et surtout elle les inquiète. Le paupérisme et la mendicité, assimilés à des fléaux sociaux, sont des thèmes qui apparaissent dans les Mémoires des années 30, et qui reviennent de manière obsessionnelle durant les années 40. Sans aller jusqu'à adopter les "Moyens de soulager les classes malheureuses" (1842, pp. 187-197) préconisés par l'Ingénieur lédonien Furia qui suggère d'enfermer tous les mendiants dans des maisons de correction et de détention, ou dans des "colonies intérieures forcées", la SEJ expérimente intensément les moyens d'améliorer les revenus d'une population encore majoritairement agricole. Mais les motivations profondes de son action humanitaire ne sont pas explicitement formulées. Bien qu'il ne soit presque jamais question d'exode rural durant cette période, il est certain qu'une économie agricole prospère maintiendra en place les populations, moins tentées d'aller grossir le prolétariat industriel dans les villes. D'une manière plus générale, les sociétaires rêvent visiblement d'aider à la création d'une région peuplée essentiellement d'agriculteurs aisés, propriétaires de leurs terres et attachés à cette propriété, donc peu désireux d'aventures révolutionnaires et de redistribution des richesses, en particulier foncières. Appartenant à la haute bourgeoisie et ayant pour la plupart bénéficié des acquis de la Révolution, les membres de la SEJ ne tiennent guère à voir leurs avantages remis en question par des masses indigentes.

Pour procéder à cette mutation du monde agricole, la SEJ agit de façon incitative et dynamique, vulgarisant toutes les suggestions, orientant l'activité des chercheurs par un choix judicieux de sujets de concours, et stimulant leur zèle par l'octroi de récompenses. Elle pratique tour à tour deux types de politique.

Dans un premier temps, de 1820 à 1830 au niveau des sujets de concours, et de 1820 à 1840 au niveau du contenu de la revue, elle tente d'améliorer le revenu agricole par l'intensification de l'utilisation des sols ainsi que par la recherche des gains de productivité au niveau du travail. L'accroissement quantitatif de la production est attendu, moins d'un progrès des techniques d'amendement et de fertilisation qui ne suscitent guère d'intérêt apparemment chez les sociétaires, que d'une utilisation plus intensive des terres existantes. Les sociétaires, à l'exception de l'avocat Perrin (1830, pp. 34-36) sont favorables à la suppression de la vaine pâture. Tous préconisent une modification des assolements pratiqués et surtout la suppression de la jachère. De grands progrès sont attendus de l'extension des fourrages artificiels et du maïs (1820-30) puis des pommes de terre et des betteraves sucrières (1830-1840).

Durant toute la période 1820-1840, un abaissement substantiel des coûts de main d'oeuvre est recherché dans la mécanisation. Le matériel aratoire existant (charrue et batteuse essentiellement) est perfectionné dans ce sens et de nouveaux instruments sont testés. Enfin, à partir des années 1825-26, après avoir ainsi lancé ses chercheurs sur les problèmes d'intensification et de gains de productivité, la SEJ explore une troisième voie : la valorisation industrielle des produits agricoles. Si l'on excepte une suggestion de plantation de pommiers à cidre en 1826 (pour remplacer la vigne ?) c'est l'industrie textile qui suscite le plus d'espoirs. Des projets d'élevage de moutons à laine restent sans lendemain. Mais le département du Jura gravite déjà, et peut-être plus que de nos jours, dans l'orbite économique de Lyon : des expériences de sériciculture, amorcées dès 1821 à Dole, sont tentées à divers endroits et bénéficient d'un intérêt constant et enthousiaste jusqu'en 1854. Des plantations de mûriers et des magnaneries subissent avec plus ou moins de bonheur les aléas climatiques à Thoirette et à Bletterans. Des soieries sont très élogieusement mentionnées en 1830 à Clairvaux, où existe déjà une activité textile et où elles fournissent des emplois à une partie de la population féminine, la population masculine travaillant quant à elle dans les forges. Assurée à l'époque du débouché lyonnais, utilisant une main d'oeuvre jusqu'alors inemployée et complémentaire de celle d'une métallurgie encore très active dans le Jura, la sériciculture a toutes les faveurs de la SEJ, toujours soucieuse de rentabilité, et d'harmonie sociale. Mais ce souci de valorisation industrielle des produits agricoles n'est pas limité aux produits textiles. Il explique en particulier les efforts faits pour développer, à partir de 1830, les cultures de pommes de terre (féculeries) et de betteraves (sucreries). Une autre production végétale utile à l'industrie est le bois. De 1820 à 1825, tous les témoignages concordent pour dénoncer sa cherté due à la surexploitation des forêts, en particulier domaniales. Des mémoires paraissent alors sur l'utilisation et la régénération des tourbières. En 1827 est lancé un concours sur le reboisement (noyers et muriers) non encore suivi d'effet en 1831. En fait, ces problèmes ne passionnent pas réellement les sociétaires, persuadés pour beaucoup d'entre eux (1825, pp. 29-45) que l'abus en matière de prix emporte avec lui le remède, c'est-à-dire qu'il suffit de laisser jouer les lois du marché, pour que tôt ou tard l'offre et la demande finissent par se rééquilibrer, soit par le reboisement, soit par le recours aux importations de houille.

Dans un deuxième temps, de 1830 à 1854 au niveau des sujets de concours, et de 1840 à 1854 au niveau de la revue, la SEJ réoriente sa politique agricole. Elle relâche ses efforts visant à augmenter quantitativement la production par les moyens jusqu'alors préconisés. Peut-être déçue par les possibilités limitées de la technologie, elle délaisse ses travaux sur le perfectionnement du matériel aratoire. Désormais, elle recherche les accroissements de production et les gains de productivité dans une amélioration qualitative tant des produits que des techniques de production. Par exemple, la lutte contre les maladies ou les parasites des animaux et des végétaux devient un thème constant. Une deuxième préoccupation majeure est l'élevage et ses produits. Les problèmes de sélection et d'amélioration des races de bovins et de chevaux sont maintenant à l'ordre du jour. Les sociétaires en attendent, entre autre, un accroissement de la production de lait et par conséquent de fromage. Les difficultés de conservation et donc d'exportation de ceux-ci, avec les risques de surproduction qui en résultent, suscitent toute une série de recherches sur l'amélioration des techniques de fabrication et de conservation, voire même sur les possibilités de reconversion vers la production d'autres types de pâtes. Enfin le vignoble et le vin deviennent la troisième grande préoccupation, purement agronomique d'ailleurs, de la SEJ. Ici encore les sociétaires suggèrent les moyens d'obtenir une amélioration qualitative du vignoble, et de pratiquer des façons culturales plus efficaces. Il en est de même en ce qui concerne les techniques de vinification ainsi que les manières de prévenir les maladies du vin ou d'atténuer leurs dégâts.

La SEJ connaît donc bien les problèmes agricoles de son département mais ses moyens d'intervention restent limités, malgré son action, durant les années trente, en faveur des fermes expérimentales puis des comices agricoles. Il est vrai aussi que dans ses essais pour améliorer le niveau de vie de la population, elle concentre ses efforts plutôt sur les effets du mal que sur ses causes structurelles.

La SEJ et l'industrie.

On ne peut pas dire que la SEJ refuse de s'intéresser à l'industrie du département. Deux rapports anonymes en 1825 et un en 1844, répondant à des sujets de concours, lui permettent de connaître la situation dans ce domaine. A l'occasion, elle accepte volontiers une monographie sur une ville industrielle, telle Clairvaux (Pyot, 1833, pp. 83-95) ou sur une branche comme la papeterie (Poirier-Chapuis, 1846, pp. 98-127), mais elle répugne visiblement à intervenir dans ce domaine. La seule initiative jugée digne d'intérêt est la création des soieries de Clairvaux, mentionnée en 1830 et couronnée l'année suivante. En 1828, on peut trouver quatre pages sur l'horlogerie à propos d'Antide Janvier. Le panorama est donc vite brossé.

Ceci surprend puisque l'émulation en matière "d'arts libéraux, mécaniques, industriels", figure au départ dans les statuts de la Société. Mais en pratique, l'industrie jurassienne n'est généralement évoquée que dans ses rapports avec les autres activités du département, et tout particulièrement avec l'agriculture. Une explication partielle de ce parti pris réside dans le fait que, si l'on excepte les industries extractives, celles du bâtiment, certaines productions métallurgiques, l'horlogerie et la papeterie, toutes les industries du département sont en relation avec les activités agricoles au niveau des approvisionnements ou des débouchés. D'autre part, la population jurassienne, dans sa grande majorité, continue à vivre des revenus de l'agriculture, ce qui justifie l'intérêt prioritaire accordé à ce domaine. Il n'empêche que la SEJ reste attachée à une conception très physiocratique de l'économie régionale. Elle considère l'industrie essentiellement comme un débouché permettant la valorisation de la production agricole ou comme une ressource d'appoint pour les paysans. Elle ne souhaite pas voir ceux-ci modifier leurs activités puisque l'exode rural est plutôt mal vu. L'industrie est acceptée dans la mesure où elle permet de contribuer à l'amélioration du niveau de vie d'une paysannerie qui doit rester telle. Chez celle-ci, les sociétaires apprécient ou cherchent à susciter des vertus de rusticité, de sobriété et de frugalité, de jouissance bourgeoise, raisonnable et modérée, d'une prospérité intègrement acquise par le labeur. La SEJ, qui durant les années 30, milite pour la création de caisses d'épargne, estime que les revenus de l'agriculture doivent être épargnés et non dépensés inconsidérément. Par conséquent, elle souhaite plus une amélioration du niveau de vie de la paysannerie qu'un accroissement de son pouvoir d'achat. Sa politique ne vise pas à stimuler sa consommation, mais à accroître son épargne. Ici se pose le problème, difficile à résoudre, de l'influence et de l'action des milieux industriels au sein de la Société où ils sont représentés. En effet, leurs intérêts ne peuvent que bénéficier d'un accroissement de la capacité d'investissement des entreprises agricoles. Et les efforts forcenés déployés à cette époque en faveur de la mécanisation du monde rural ne sont peut-être pas exempts de toute arrière pensée à cet égard, les ventes de matériel agricole étant un débouché pour l'industrie, et contribuant, par l'amélioration des marges bénéficiaires agricoles qu'elles provoquent, à l'extension puis à l'entretien de ce marché. Cette conception très classique d'une économie régionale fondée sur la symbiose étroite d'une industrie complémentaire d'une agriculture prédominante est-elle celle des milieux industriels jurassiens ? ce qui expliquerait beaucoup d'échecs ?. L'étude des Mémoires ne permet malheureusement pas de se faire une idée de leur mentalité. Mais en ce qui concerne la SEJ dans son ensemble, elle paraît bien ne pas encore considérer l'industrie comme le moteur de l'économie du département ce qui explique l'intérêt très marginal qui lui est accordé, et sa position, toujours subordonnée à d'autres préoccupations.

L'infrastructure des transports.

La SEJ ne s'intéresse pas beaucoup aux voies de communications du département. Tout au plus, quelques mémoires relatifs au mauvais état, voire même à l'inexistence des routes et des chemins vicinaux, sont-ils évoqués cursivement en 1830 (p. 8). Et même lors de la mise en application de la loi de 1836, sur les chemins vicinaux, ce problème reste à l'arrière plan, éclipsé par les recherches et les actions dans les autres domaines. Incontestablement, la SEJ qui s'inquiète tant de la prospérité de la population se soucie peu de sa mobilité. Un tel aveuglement laisserait même croire qu'elle la redoute. Pourtant, à partir de 1830, la révolution ferroviaire provoque en France un large débat national, qui durera toute la décennie, d'abord sur les mérites comparés de la voie d'eau et de la voie ferrée puis, la cause étant rapidement entendue en faveur de cette dernière, sur le tracé des futures lignes. Certains de ceux-ci intéressant directement le Jura, le problème ne peut guère être éludé d'autant plus que les ingénieurs des Ponts et Chaussées, lédoniens ou d'origine jurassienne, Cordier, Quilhet, Chamberet, Ferrand ou certains préfets tels Lepasquier, ne manquent pas de le poser. Il va animer la société durant dix années.

De tous les projets et contre-projets qui se succèdent de 1830 à 1840, il ressort nettement que le Jura est considéré comme un département à la traine et mal relié au restant de la France. La controverse porte en apparence sur le moyen préférable de réaliser son désenclavement : choisira-t-on la route, la voie d'eau ou le chemin de fer ? En réalité, le problème de fond, tel qu'on le discerne en filigrane, est de savoir s'il est souhaitable de désenclaver le Jura, et dans l'affirmative, de faire en sorte que ne soient menacés ni la suprématie encore toute récente de Lons, due uniquement à ses fonctions administratives, ni les intérêts des groupes de pression du département.

Diverses considérations sous-tendent le débat. Tout d'abord, les ingénieurs des Ponts et Chaussées sont les grands promoteurs des projets, avant-tout pour des raisons personnelles évidentes, mais aussi parfois en raison de considérations théoriques. Le cas est très net en ce qui concerne Cordier, qui exerçait à Lille avant de devenir député de l'Ain, auteur en 1824 d'un très physiocratique "Mémoire sur l'agriculture de la Flandre française" (pp. 7-9) dans lequel il pourfend toute forme de monopole d'état en matière de gestion et de construction des infrastructures, et où il soutient que la prospérité de l'agriculture dépend moins de la fertilité des sols que de la facilité des communications, ainsi que des institutions qui les donnent. Les membres de la SEJ sont dans leur ensemble acquis à de telles idées, mais ils ne les mettent en pratique que lorsqu'ils sont certains de ne pas déchaîner des forces qu'ils ne sauraient maîtriser, et tel n'est pas le cas en l'occurrence. Ils constituent donc un marais circonspect et temporisateur qui, dans le doute, est plutôt enclin à s'abstenir. Ils le font d'autant plus facilement que les capitaux manquent : il est fait allusion en 1820 (p. 4) à la "pénurie de numéraire" et on a vu que durant cette période, la Société ne cesse de militer en faveur de l'épargne. Or, il est certain que les aménagements proposés imposeraient un sacrifice au département et aux finances locales. Leur circonspection est renforcée par le fait que le commerce extérieur du Jura, tel qu'il est alors, ne leur paraît pas justifier de tels investissements. Le département exporte des produits alimentaires (céréales, vins, fromages), des bois (acheminés par route de Salins à Chamblay puis flottés) et des produits métallurgiques. Des sorties de sel, de matériaux de construction, de papier existent mais sont mentionnées, sans doute exagérément, et afin de mieux justifier un refus, comme quantité négligeable. Mis à part les fromages qui ne sont plus exportés vers Lyon mais vers Limoge, Orléans et Paris (1832, p. 66 et suiv.), le principal débouché de tous ces produits est l'agglomération lyonnaise, et c'est sur lui, et sur l'autoconsommation, que repose essentiellement l'économie jurassienne. Le département n'est pas un gros importateur et l'ensemble de son commerce extérieur porte sur des tonnages jugés trop limités pour nécessiter la réalisation d'une voie de communication à grand débit. En fait, la seule justification réelle à un tel investissement, exposée dans tous les projets, est de permettre l'importation massive de la houille pour remédier à la cherté du bois. Mais, si l'on en croit les arguments développés dans le "Rapport Cordier - Houry - Monnier - Jobez - Le Mire - Chevillard" (1832, pp. 6 et suiv.), les principaux utilisateurs potentiels de ce produit, les forges, ne peuvent ou ne veulent pas modifier, au moins au début des années 30, leurs techniques de fabrication. En effet (ibid., p.71), les fers jurassiens, s'ils étaient travaillés avec de la houille, ne pourraient pas concurrencer à Lyon les fers identiques fabriqués dans la région lyonnaise à proximité des gisements de charbon. Les fers jurassiens ne trouvent preneur à Lyon qu'en raison de leur meilleure qualité due à l'utilisation du charbon de bois (ibid., p. 71). Les besoins de la métallurgie ne justifient donc pas de lourds investissements en matière d'infrastructure. Par un tel raisonnement, qui traduit un refus d'adaptation aux nouvelles techniques et partant, un refus d'ouverture de la région, certains maîtres de forges jurassiens adoptent donc un comportement bien différent de celui de la plupart de leurs collègues franc-comtois qui pour leur part souhaitent, à la même époque, un désenclavement dont ils attendent la possibilité de moderniser leurs installations. Il est vrai que dans le Jura, le problème se pose peut-être de manière spécifique. En effet, si l'on excepte les forges de Fraisans, l'essentiel de la métallurgie jurassienne est localisé dans la chaîne, à l'écart des voies de communication faciles de la plaine. Les maîtres de forges trouvent certes des débouchés lucratifs à Lyon, mais grâce à l'isolement de la chaîne, ils règnent en situation quasi monopolistique sur le marché local, constitué par une pléiade de petits établissements artisanaux ou industriels de métallurgie différenciée, très dynamiques à l'époque et qui absorbent sans doute une part non négligeable de la production de fer et d'acier. Dans ces conditions, l'ouverture d'une voie à grand débit permettrait inéluctablement, outre l'importation de houille, celle de produits métallurgiques qui, pour quantité d'objets courants, concurrenceraient avantageusement les fers de qualité locaux. Les maîtres de forges jurassiens craignent-ils de voir briser un éventuel monopole d'approvisionnement sur un marché encore alors en extension ? Il semble bien, en tout cas, qu'au début des années 30, ils préfèrent le maintien du *statu quo* à la reconversion couteuse de leurs installations que rendrait inévitable une ouverture de la région. Mais il n'est pas impossible, en outre, que leur attitude ne soit motivée par d'autres considérations, relatives au choix du tracé des futurs aménagements, dans le cas, de plus en plus probable, où il leur faudrait se résigner à subir ceux-ci. Dans cette hypothèse, la prétendue non-compétitivité des fers au coke jurassiens sur le marché lyonnais ne serait qu'un prétexte pour désamorcer un projet de tracé qui privilégierait trop les intérêts des industriels de la chaîne (cf. infra). Visiblement, le problème du désenclavement du Jura n'est pas simple et met en compétition des intérêts énormes.

La faiblesse du trafic, accentuée par le fait que plusieurs projets ont, bien évidemment, pour point d'aboutissement la ville économiquement peu active de Lons, le manque de capitaux, l'attentisme inquiet des sociétaires et l'attitude ambiguë des maîtres de forges font que toutes les propositions faites à l'échelon local pour désenclaver le Jura seront refusées. Certaines d'entre elles pourtant ne manquent pas d'intérêt.

Si l'on excepte une suggestion, restée sans écho, de Cordier (1828, pp. 4-7) de relier la Saône et la Moselle, le premier projet est soumis par Quilhet en 1829. Son idée de joindre par chemin de fer Lons à Louhans, où la Seille devient canalisable, est rejetée (1832, pp. 66 et suiv.), pour les raisons ou les prétextes analysés ci-dessus, par une commission de cinq membres dont la composition est exemplaire en ce qui concerne les intérêts en jeu. On y trouve Houry et Chevillard, tous deux notables lédoniens (municipalité et conseil général) qui représentent la Société, les deux puissants maîtres de forges Le Mire, de Clairvaux, et Monnier-Jobez (conseiller général de Poligny), enfin Cordier qui, sollicité, n'a pas répondu aux appels. Il faut dire qu'au moment où est prise cette décision, le projet de Quilhet est déjà dépassé car on commence à parler sérieusement à Paris d'une liaison ferroviaire de Paris à Marseille, par Lyon et Chalon-sur-Saône. C'est pourquoi, en 1833 (pp. 95-110), Quilhet propose de relier directement par voie ferrée Lons à Chalon, mais cette suggestion intelligente n'est pas reprise. C'est alors que l'année suivante, Chamberet lance (1834, pp. 61-81) un "Projet de flottage et de navigation de l'Ain entre Champagnole et Thoirette", techniquement difficile et qui paraîtrait bien saugrenu de nos jours, mais qui pourtant remporte un demi-succès puisqu'en 1835, l'Ain est inscrit rivière navigable. Plusieurs années calmes suivent ces premières escarmouches jusqu'à ce que le préfet Lepasquier (1838, pp. 56-63) intervienne avec imprudence ou courage, sur ce terrain sérieusement miné. Certes, son désir de rectifier, dans le Val d'Amour, le tracé de la Loue qui, par ses divagations et ses marécages nuit à l'agriculture et à l'état sanitaire, ne peut que recueillir l'approbation des membres de la SEJ. Mais demander à ces lédoniens de soutenir un projet de liaison fluviale entre Dole et Salins est pour le moins maladroit. Certainement se laisseraient-ils plus volontiers tenter par la dernière proposition de canaliser la Vallière de Lons à Louhans, et de détourner par Louhans le Paris-Lyon, si elle n'était techniquement et politiquement irréaliste, et financièrement couteuse. Aussi Chamberet relance-t-il immédiatement l'idée plus raisonnable et plus séduisante d'un chemin de fer entre Lons et Chalon (1839, pp. 159-165). C'est alors que l'année suivante, un autre ingénieur des Ponts, Ferrand, fait paraître (1840-41, pp. 293-313) une "notice historique sur la navigation de l'Ain" qui est un vibrant plaidoyer en faveur de la canalisation de cette rivière.

    Cet exposé événementiel appelle plusieurs remarques. La chronologie des évènements et l'ordre de succession des projets et contre-projets laisse difficilement croire que les ingénieurs sont intervenus de façon naïve et spontanée et qu'ils n'ont pas été manipulés par des groupes de pression. Apparemment trois clans sont en présence. Il y a tout d'abord un clan lédonien qui voudrait capter et concentrer sur Lons le trafic jurassien, afin d'affirmer la prééminence encore contestée, par Dole par exemple, de cette récente capitale du département. Il est, des trois le plus dynamique et c'est toujours lui qui amorce la polémique, du moins au niveau de la publication de ses projets. Il y a ensuite un clan des partisans de l'Ain, qui semble en réalité plus favorable au maintien du *statu quo* en matière de désenclavement, et qui ne se résoud à intervenir (et à publier) que lorsque les projets des lédoniens deviennent trop séduisants. Ils sont les plus efficaces puisqu'ils obtiennent l'inscription de leur rivière, et surtout puisqu'ils parviennent régulièrement à contrecarrer les initiatives lédoniennes par la valeur de leur propre contre-projet. Le choix de la vallée de l'Ain pour le tracé d'une voie à grand débit, fluviale ou autre, est en effet loin d'être irrationnel dans le contexte géographique du Jura du XIXe siècle, car elle est finalement l'artère la plus courte, et la moins malaisée à travers un relief difficile, entre la région lyonnaise et le coeur industriel jurassien. Elle a pour inconvénient apparent de délaisser les dynamiques régions de Saint-Claude, et surtout de Morez, mais elle a pour solide contrepartie d'être très proche des forges de Sirod, Champagnole, Syam, Clairvaux et Pont de Poite. Si l'ouverture du Jura devient une condition de survie, les maîtres de forges souhaiteraient-ils alors disposer d'un approvisionnement plus direct en houille, qui leur deviendrait nécessaire, ainsi que d'un débouché plus facile sur Lyon ; et surtout ne pourraient-ils pas contrôler les flux d'importation de fonte et de produits métallurgiques, qui ne manqueraient pas de se développer comme le fait maladroitement remarquer Lepasquier (1838, pp. 56-63) dans son propre projet ? Mais l'insuffisance de la documentation fournie par les Mémoires ne permet pas de formuler, autrement que sous forme d'hypothèse, l'idée que le lobby des maîtres de forges pourrait être derrière ce clan des partisans de l'Ain. Ceux-ci ont pour allié objectif, le troisième clan, majoritaire, celui du silence, de la temporisation et de l'inaction qui finalement triomphe à chaque fois puisque, de toutes ces propositions, aucune n'est finalement retenue.

Une autre remarque peut encore être formulée. Tous ces projets ont pour point commun d'envisager une relation privilégiée avec le sud, et avec Lyon très précisément. C'est évident, et d'ailleurs souligné, dans le cas de l'Ain dont le défenseur, Chamberet, ne manque pas de rappeler que cette ville est le deuxième marché de France (1834, pp. 61-83). Cela apparaît nettement aussi dans le cas des projets lédoniens puisque tous ne se dirigent vers l'ouest que pour rejoindre soit la Saône et la suivre vers l'aval, soit une voie ferrée offrant la même possibilité. L'occasion de rechercher des débouchés parisiens ou autres n'est par contre jamais évoquée sérieusement, ni dans toutes ses conséquences. Et finalement, la seule solution souhaitable envisagée par la SEJ à tous ces problèmes est indiquée dès 1832 (Cordier et al. pp. 66-95) : attendre que des capitaux extérieurs au département réalisent (ou imposent) une liaison Lyon-Strasbourg qui rendrait sans objet la ligne Lons-Chalons car les jurassiens n'attendent rien de Paris. Ce tracé leur donnerait cet accès privilégié tant souhaité sur Lyon, mais ils n'en espèrent rien en ce qui concerne le restant de la Franche-Comté, pratiquement laissé sous silence durant toute cette polémique.

On a vu que la SEJ avait quasiment oublié son sentiment d'appartenance historique à la Franche-Comté. On sait désormais qu'elle l'a remplacé par un sentiment d'appartenance économique à la région lyonnaise.

La SEJ et son département.

L'horizon perçu par la SEJ est très limité. Il ne dépasse guère les limites du département qu'en direction de Lyon, ville d'ailleurs plus évoquée que connue comme toutes les choses un peu mythiques dont on attend beaucoup, et de Besançon, pour signaler à l'occasion quelques échanges de marchandises. L'espace départemental lui-même est loin d'être uniformément transparent. Il n'est quasiment jamais question des régions de Dole, de Morez, de Saint-Claude. La SEJ oriente plutôt ses études et son action sur le Vignoble et le Revermont, ainsi que sur l'arrière-pays salinois et lédonien limité par le Val de Miège et le Grandvaux. Ceci correspond aux régions traversées par la grande route bordière du Jura, et aux grandes transversales du massif, issues de Salins, Arbois, Poligny et Lons, et atteignant Pontarlier, ou convergeant vers Saint-Laurent en Grandvaux, bourg qui correspond à une limite déjà perçue comme éloignée. Cette région d'attention privilégiée ne doit pas être très différente de la zone d'influence de Lons, mais ce point reste à vérifier. Pourtant, même à l'intérieur de celle-ci, l'intérêt de la SEJ est loin d'être uniforme. Les sujets relatifs à Lons sont, bien sûr, fréquemment traités. En revanche, si la Haute Montagne est bien étudiée avec deux topographies médicales sur le Val de Miège (Guyétan 1821, pp. 63-78 ; Germain 1836, pp. 36-44) et une sur le Pays de Grandvaux (Guyétan 1820, pp. 12-17), le Bas Pays, avec une seule courte topographie médicale sur Dole (Machard 1825, pp. 17-19) est nettement sacrifié. Et la Moyenne Montagne, avec une monographie sur le Val de l'Angillon (Germain 1850, pp. 80-102) et une sur Clairvaux (Pyot 1833, pp. 83-95) apparaît finalement comme la zone la plus favorisée si l'on fait le bilan global des informations contenues dans les Bulletins. Mais à ces discriminations de fait, s'ajoutent, éparses mais continuelles dans la revue, des appréciations sur la valeur relative de ces régions.

La plupart des rédacteurs d'études de synthèse sur l'agriculture ou l'industrie du Jura utilisent un plan géographique et analysent tour à tour les activités de la Plaine, du Vignoble, et enfin de la Montagne, parfois subdivisée d'ailleurs en Haute et Basse Montagne. Ce découpage régional qui pourrait sembler rationnel et même banal puisqu'il correspond aux grands ensembles physiques du Jura, est en réalité artificiel et ne coïncide pas exactement avec la réalité perçue. En effet, un thème fréquemment exposé dans les Mémoires est que la richesse économique du département est finalement fonction de l'altitude en vertu du principe, cher à Montesquieu, que l'on "voit disparaître insensiblement la misère à mesure que le domaine de la culture rétrécit et que le sol devient plus ingrat" (Mémoire anonyme sur l'industrie du département du Jura 1825, p. 31). Aussi en pratique, voit-on fréquemment opposer la Haute Montagne jugée très prospère au Bas Pays (Plaine et Vignoble) arriéré ; la Basse Montagne (Jura des Plateaux) correspond à une zone de transition mêlant ces deux caractères.

Si l'on en croit les contemporains, la Haute Montagne jurassienne offre un modèle de vie peu éloigné de la perfection. En dépit de la rigueur du milieu, l'agriculture donne de bons résultats grâce à la pratique d'assolements appropriés où les céréales (3 ans) laissent place aux légumineuses et pommes de terre (1 an) puis aux fourrages artificiels (1 an). L'élevage (bovins, chevaux, etc.) et la fabrication des vachelins en fruitière assurent un complément de revenus. Mais l'excellence du niveau de vie provient surtout de la réalisation des routes au XVIIIe siècle, qui ont désenclavé la région, stimulant l'industrie locale et le commerce à longue distance. Pourtant cette raison ne semble pas suffisante car les régions basses n'ont pas su profiter des mêmes avantages. L'explication est donc que les Hauts Jurassiens sont une race privilégiée, caractérisée par la "vivacité de l'imagination, la douceur du caractère" et les deux sexes sont "laborieux et doués d'une intelligence native bien supérieure à celle des habitants de la plaine et même des montagnes inférieures" (Guyétan Topographie Médicale du Val de Miège 1821, pp. 63-78). Ils vivent dans des maisons vastes et propres, séparés des animaux, et pratiquent un régime alimentaire sobre et salubre ; même l'alcoolisme diminue ici ses ravages. Aussi ne doit-on pas s'étonner de la longévité des habitants, et que les centenaires ne soient pas rares. En fait, ce qui est célébré ici est moins la réussite d'un développement économique que la supériorité d'un modèle de société fondé sur la stabilité de la famille patriarcale, l'observance des vertus morales, et l'utilisation intelligente et laborieuse des possibilités offertes par l'agriculture, l'industrie et le commerce. En indiquant les qualités humaines et le modèle social jugés nécessaires à toute amélioration du niveau de vie, la Haute Montagne est donc un exemple pour les autres régions.

Toujours comparé à la Haute Montagne avec des connotations péjoratives, le Bas Pays n'en est pourtant pas le parfait négatif. Il est en effet difficile d'y parler de pauvreté généralisée. Aussi les auteurs préfèrent-ils développer le thème de son retard. Les populations, regardées comme lymphatiques, n'acceptent que trop lentement la suppression de la vaine pâture, l'introduction d'assolements nouveaux, de fourrages artificiels, etc... La reconversion du vignoble, par amélioration des plants, et par reboisement ou mise en culture des parcelles abandonnées, tarde à s'opérer. Le caractère amorphe des habitants, et donc la réluctance de ceux-ci au progrès ne sont pas améliorés par les conditions sanitaires de la région. Le climat chaud, humide et délibitant, l'abondance des étendues d'eau et des marécages, favorisent l'apparition des épidémies et le maintien des endémies. De plus, dans les habitations "où hommes et animaux sont entassés pêle-mêle" (Guyétan, 1821, p. 77), la situation est encore pire. Les villes ne paraissent guère plus propices et Salins, avant l'incendie de 1826, est même appelé "le pot de chambre de la comté" (de Salis Le Jura Français 1876, p. 286). Aux yeux de l'économiste parisien Audiganne, Lons est une bourgade sans vie ni caractère, rebelle aux idées modernes et vivant à l'écart avec complaisance dans l'isolement et l'immobilité ; description qui sur le moment soulève évidemment un tollé mais qui sera acceptée quinze ans plus tard (Girard, L'instruction primaire dans le Jura 1873, pp. 1-151). Remarquablement fertile mais sale, malsain et retardé par l'inertie et l'obscurantisme d'une population dont on ne manque jamais de signaler les "tares" et les "dégénérescences" (goitre et crétinisme), tel est le Bas Pays dépeint dans les mémoires de la SEJ.

La Basse Montagne n'est pas un ensemble homogène. Il existe déjà des zones d'ombre : la région de la Petite Montagne par exemple est ignorée sur le plan économique et seuls les environs d'Orgelet sont cités, et grâce encore aux trouvailles archéologiques. L'arrière-pays lédonien, quant à lui, juxtapose des secteurs jugés prospères et dynamiques, et des zones rurales à la traîne. D'une manière générale, les membres de la SEJ ne tarissent pas d'éloges sur les conditions de vie dans la moyenne vallée de l'Ain. En dépit de la médiocrité des conditions naturelles et d'une insuffisante sélection du bétail, l'agriculture procure des revenus satisfaisants grâce à la division des propriétés, aux prairies artificielles ainsi qu'à la fabrication du fromage en fruitières. (Pyot, Recherches historiques et statistiques sur la ville de Clairvaux, 1833, pp.

83-95). Mais la raison principale de l'amélioration du niveau de vie est attribuée à l'industrialisation et à son action socialement bienfaisante. Ainsi à Clairvaux où les forges, par le renchérissement des bois qu'elles suscitent, améliorent les revenus des paysans et permettent l'embauche de toute une population (y compris féminine puisque des femmes travaillent dans les clouteries) jugée marginale et désoeuvrée. Un tableau tout aussi idyllique est tracé à propos des autres agglomérations industrielles de la région, et en particulier de Champagnole, dont la propreté et l'aisance sont unanimement louées.

Signalons au passage que dans les filatures, alors en plein développement, les industriels ne souhaitent pas mécaniser leurs installations ni recourir aux machines à vapeur car la main d'oeuvre coûte moins cher que le combustible (Mémoire anonyme sur l'industrie du département du Jura 1825, p. 37). La moyenne vallée de l'Ain jouit donc, à bien des égards, des mêmes préjugés favorables que la Haute Montagne. On y retrouve cette association idéale entre les activités agricoles et industrielles, mais ici, le dynamisme de l'économie et l'harmonie du système social ne sont guère attribués au maintien dans les campagnes de familles patriarcales laborieuses, éprises de frugalité et de vertus morales, mais plutôt à l'action éclairée et bénéfique d'un patronat dont le paternalisme ne suscite jamais assez d'éloges. Il faut dire que plusieurs de ces industriels sont membres de la SEJ...

Mais il existe encore, dans la Basse Montagne, des zones rurales à l'écart, telles le Val de l'Angillon (Germain 1850, pp. 80-102), où dans un milieu ingrat, avec des sols peu fertiles ou exagérément humides, est encore pratiqué l'assolement triennal traditionnel, où la vaine pâture et la jachère nuisent au développement des prairies artificielles qui, mises en alternance avec les céréales dans un système d'assolement biennal contribueraient pourtant à améliorer le rendement d'un bétail encore mal sélectionné, excessivement utilisé pour le travail, et décimé par les épizooties. L'industrie est absente et les améliorations ne sont guère à attendre de l'initiative d'une population à prédominance lymphatique, méfiante envers tout ce qui est étranger, sujette aux maladies en raison de l'humidité du climat et de l'état sanitaire déplorable des habitations, et qui préfère quitter la région lorsqu'elle est capable de désirer de meilleures conditions de vie. Toutes les tares typiques du Bas Pays sont donc accumulées dans ce secteur attardé et forment un cercle vicieux qu'en l'absence de patronnat industirel dynamique, la SEJ estime de son devoir de dénoncer et de briser.

Cette vision manichéenne des activités du département engendre donc un découpage régional en bons pays et mauvais pays relativement éloigné de la réalité car, si l'opposition entre économie montagnarde et économie de plaine est alors géographiquement justifiée, il n'en demeure pas moins qu'à l'exception de quelques cas particuliers exemplaires et abusivement généralisés de retard ou de réussite, les genres et les niveaux de vie de la majorité de la population jurassienne sont encore à l'époque relativement uniformisés autour d'une indéniable médiocrité. Il y a donc, chez les membres de la SEJ, un certain nombre d'idées préconçues qui conditionnent leur perception géographique du département.

Par la rédaction des topographies médicales, et, pour autant qu'on puisse en juger par celle d'une partie des mémoires anonymes sur l'agriculture ou l'industrie, les médecins contribuent efficacement à notre connaissance des modes de perception de la SEJ. Leurs topographies médicales (et ici "topographie" a le sens actuel de "géographie") sont, avant la lettre, de véritables monographies de géographie régionale physique et humaine, mais en aucun cas ne sont des études de géographie médicale telles qu'on les concevrait de nos jours. Exigeant pour leur rédaction les compétences cumulées du naturaliste complet, de l'anthropologue et de l'ethnologue, elles reposent sur le postulat, profondément déterministe, que l'environnement naturel conditionne l'état physique, sanitaire et moral d'une population. Les maladies, qui entravent le développement physique et intellectuel de l'homme, sont engendrées par des exhalaisons du sol ou des miasmes flottant dans l'atmosphère, et elles sont stimulées par la chaleur, l'humidité, et la stagnation de l'air ou de l'eau. Les bons pays sont donc caractérisés par leur pureté, définie par les concepts de vivacité, de fraîcheur et de sécheresse appliqués aux éléments naturels, et ces qualités se retrouvent au niveau de la population. Les mauvais pays ont évidemment des propriétés inverses. Ces idées rebattues, car déjà bien connues au XVIIIe siècle, mais démontrées avec force par les médecins, sont universellement admises et le très conformiste Ducret (1827, pp. 42-48) n'hésite pas à disserter "Sur l'influence des climats et les moyens d'en détruire les funestes effets" (sur le plan de la morale, bien entendu). Elles sont à la base du découpage régional jurassien, associées au postulat complémentaire, lui aussi directement issu de la pensée du XVIIIe siècle, que la pureté d'un milieu naturel croit avec l'altitude, et ce second truisme, très discutable, est là encore unanimement accepté avec toutes les conséquences "médicales" qui en découlent. Ainsi les docteurs Rochette et Demerson (1837, pp. 181-190), narrant un "Voyage au Mont Rose" manifestement inspiré de Saussure, ne manquent pas de signaler que dans le Valais règnent une chaleur étouffante, des insectes dévorants, le goitre et le crétinisme (toujours associés comme il se doit....), mais qu'en altitude, les habitants deviennent plus sains, affirmation dont il est permis de douter. Mais les effets bénéfiques de l'altitude ne se limitent pas à l'état sanitaire et intellectuel de la population, car la pureté du milieu naturel "déteint" sur les individus et exalte leurs qualités morales : plus vertueux, plus pondérés, plus attachés à l'ordre et aux valeurs de la société, tels sont décrits les montagnards. De ce fait, lorsque les médecins jurassiens, partageant leurs convictions avec tous les membres de la SEJ, opposent un Jura montagnard, temple de la famille patriarcale et refuge des vertus morales ainsi que de l'ordre social dans la prospérité, à un Jura des plaines, amorphe, dégénéré, ravagé par le goitre, le crétinisme et l'alcoolisme, ils expriment moins une réalité géographique que leur parfaite connaissance des oeuvres de Jean-Jacques Rousseau, de Montesquieu, et des encyclopédistes en général.

Cette vision géographique du département qui oppose de façon bien discutable un Jura "évolué" et un Jura "pouilleux" est aussi très conforme, une fois de plus, aux principes physiocratiques. Mais les membres de la SEJ ne sont quand même pas de purs économistes. Au hasard des phrases, ou d'un poème un peu moins médiocre que les autres, ils laissent deviner leur sensibilité. Visiblement ils aiment leur département. Ils apprécient les paysages calmes et reposants de la région des lacs ou du vignoble, les grands panoramas, comme celui du Poupet, qui montrent une campagne fertile, enrichie par le travail humain. Ils savourent les promenades dans les endroits qui associent l'ombre fraîche d'une forêt de feuillus, les eaux claires courant parmi les rochers moussus, et les activités industrielles (sources du Lison) ou le calme et le silence d'un ermitage retiré. Les ruines sont objet d'archéologie et ne suscitent guère ces sentiments nostalgiques et cet attrait du pittoresque qui, encore au début du siècle, faisaient ailleurs le succès des oeuvres d'un Piranèse ou d'un Hubert Robert. A dire vrai, les jurassiens semblent peu touchés par la culture italienne si l'on en croit D. Monnier, qui, lors d'un voyage en Italie du Nord (1846), ne voit partout que des jurassiens (reconnus tels à leurs caractères anthropométriques), et pour toute habitation que des huttes de Sénones. Evidemment, il s'agit une fois de plus d'un cas limite et, espérons le, peu représentatif. Quoi qu'il en soit, les membres de la SEJ qui célèbrent une nature pure, douce, calme, féconde et rationnellement exploitée, restent en majorité fidèles aux normes esthétiques d'un classicisme très conventionnel, et ne paraissent encore guère tourmentés par les orages naissants du romantisme.

En définitive, par leur goût pour les études naturalistes, par leurs convictions en matière d'économie, d'éducation, de société, par leurs préférences esthétiques et leur sensibilité, les membres de la SEJ sont encore en grande partie des hommes du XVIIIe siècle, et leur vision du département n'est pas très éloignée de celle qu'avaient les Intendants de leur province. Ceci n'est guère surprenant car la Société regroupe une majorité de personnalités "arrivées", qui sont donc nées à la fin de l'ancien régime ou durant la période révolutionnaire et qui ont été éduquées selon les modes de pensée de la seconde moitié du XVIIIe siècle. Qu'il y ait inadéquation entre leur mode de pensée et la nature des problèmes à résoudre apparaît de plus en plus nettement au fil des années. A partir de 1840 arrivent les nouvelles générations du XIXe siècle, mais loin d'injecter un sang neuf, elles paraissent au contraire figer la Société sur des positions de plus en plus réactionnaires. La faillite des années 1850 sanctionnera ce refus d'adaptation aux nouvelles données du monde du XIXe siècle.

2. La période 1863-1898

Après une dizaine d'années de silence, la SEJ réapparaît, débarassée des idées et des hommes hérités du XVIIIe siècle mais pas pour autant ouverte à tous les courants intellectuels de son temps. Ceux-ci ne transparaissent guère en tout cas à la lecture des Mémoires dont on retient surtout le recours systématique à la méthode scientifique, conçue à la limite comme un véritable prétexte pour se détourner de l'étude des problèmes sociaux et économiques contemporains, et pour se réfugier dans d'inoffensives recherches naturalistes ou historiques : l'émulation n'est plus à l'ordre du jour et la SEJ ne ressuscite que pour se consacrer à l'érudition. De ce fait, durant cette seconde période, les Mémoires montrent moins comment la Société voit sa région que la manière dont elle la découvre, car celle-ci a cessé d'être un lieu d'action pour devenir un sujet d'étude, abordé d'ailleurs sans plan bien établi mais plutôt au hasard de la personnalité et des préoccupations des chercheurs et aussi, le cas échéant, des modes du moment. Une constante existe toutefois : tous les travaux sur les problèmes de l'agriculture, de l'industrie, des transports ou de la morale sont définitivement abandonnés. Les autres sujets sont l'objet de préoccupations variables selon la composition des cercles actifs qui se succèdent durant la période et déterminent désormais efficacement le contenu de la revue. Ici encore, un historique rapide de l'évolution de la Société s'avère donc nécessaire.

Les sociétaires et leurs préoccupations

De 1863 à 1885.
Dotée d'une rente de 300 francs léguée par l'avocat Perrin, réorganisée par l'avocat Rebour, la SEJ renaît de ses cendres et tient séance solennelle le 14 janvier 1864. Son président est Rebour auquel succédera l'Ingénieur en Chef Boris (1867) puis l'avocat Rousseau (1872-1885). La vice-présidence est attribuée au professeur de mathématique Toubin qui l'occupera jusqu'en 1883 sauf une interruption de deux ans (1865-67 : Boris). Le secrétariat est dévolu au bibliothécaire de Lons, Guillermet, qui le tiendra jusqu'en 1894. Durant toute cette période, la composition du bureau est donc très stable, et elle traduit la disparition de la présidence d'honneur attribuée au préfet, ainsi que le rôle nouveau des enseignants qui font une entrée massive dans la Société.

En ce qui concerne les sujets traités, les années 60 correspondent à une époque de transition, marquée par la disparition d'anciens collaborateurs fidèles. Ainsi, les *traditions populaires et la petite histoire locale* cessent d'être représentées en 1868 avec l'arrêt des publications de D. Monnier, et il faudra attendre 1877 pour voir cette rubrique à nouveau tenue par Guillermet, spécialiste de l'histoire anecdotique lédonienne. De même la *poésie* devient un genre très irrégulièrement cultivé. En 1877, le départ du frère Ogérien (directeur de l'école chrétienne de Lons) pour les Etats-Unis prive la SEJ de la suite de ses remarquables études sur la climatologie et la stratigraphie du Jura, et, en dépit d'une timide apparition en 1879-80, Girardot ne reprendra réellement le flambeau dans ce domaine qu'en 1886 (*cf. infra*). Les études médicales, si prisées auparavant, cessent avec deux articles, désormais scientifiques et totalement dépourvus de jugement de valeur désobligeant, du docteur Bergeret (d'Arbois) sur le goitre (1863, pp. 97-123) et sur la fièvre intermittente (1865, pp.

355-364). *Les sciences naturelles* tombent donc en déshérence à l'exception de la botanique grâce aux travaux de Leclerc (1867-70-76-83). Mais, comme on s'en doute bien, la désaffection progressive qui frappe ces diverses matières, traditionnellement étudiées par la Société, ne tient pas seulement au départ de certains collaborateurs.

Durant toute la période 1863-85, les membres de la SEJ s'adonnent à l'histoire, et leur attrait pour cette discipline, déjà très vif au départ, ne cesse de croître pour devenir quasiment exclusif puisque le Bulletin de 1884 lui est entièrement consacré. Et tout se passe donc au moins au niveau de la pagination des Bulletins comme si l'histoire grignotait progressivement l'histoire naturelle. Les grands artisans de ce dynamisme sont d'abord les archivistes qui exhument et font connaître sans relâche des documents inédits, en y ajoutant éventuellement leurs commentaires. Ainsi le médiéviste J. Fino (Jura), spécialiste, entre autres, des salines jurassiennes, auquel succède (1870-71) B. Prost (Jura puis ministère de l'intérieur), lui aussi médiéviste, spécialiste des abbayes de Baume-les-Messieurs et de Saint-Claude dont (à l'exception d'un article en 1892) les publications, en partie consacrées à l'archéologie médiévale, s'arrêtent en 1880. Ainsi aussi le chartiste Vayssière (archives de l'Ain, de la Corrèze, puis de l'Allier) qui, outre plusieurs études sur Chateau-Chalon et Saint-Claude, publie d'anciens mémoires d'Abry d'Arcier (1750-1824) sur J. de Watteville et sur l'histoire d'Arlay, et dont la collaboration, amorcée en 1874 s'arrêtera en 1885. Grâce à ces archivistes, les jurassiens découvrent, avec le goût bien romantique pour l'histoire médiévale, l'extrême richesse de cette période dans leur département. Mais l'histoire moderne n'est pas sacrifiée pour autant. Elle est cultivée par des érudits tels Thiboudet (homme de lettres à Ruffey) ou le président Clerc (de Besançon) ainsi que par des enseignants comme Ph. Perraud (de Lons) ou Corneille de Saint-Marc (Principal du Collège de Saint-Amour). Ils sont auteurs non seulement de biographies d'hommes jurassiens ou de monographies historiques sur des localités jurassiennes, mais aussi d'études thématiques embrassant l'ensemble de la Franche-Comté.

Une conséquence annexe de cette passion pour l'histoire est d'enrichir le panthéon des *gloires locales*. A Rouget de Lisle (1881, pp. I-XIII), aux généraux Clerc (1865, pp. 415 et suiv.) et Lecourbe (1879, pp. 109-146), s'ajoutent désormais les membres prestigieux de la famille des Chalon, ainsi que des personnalités pittoresques comme J. de Watteville (1880, pp. 261-307), ou même controversées et acceptées non sans réticences, car insuffisamment "blanchies", comme Lacuzon (B. Perraud, 1886, pp. 363-602 ; Vayssière, 1879, pp. 359-393).

Mais si les membres de la SEJ découvrent l'histoire médiévale et moderne, ils n'en oublient pas pour autant l'histoire antique, ni ses sciences annexes, qui jouissent d'un intérêt non démenti durant toute la période. La toponymie fait l'objet de recherches systématiques (Toubin 1863, pp. 125-133 ; 1868, pp. 377-453). D'anciens rapports de fouilles ou mémoires d'archéologie sur textes, rédigés au début du siècle par les Le Mire sont enfin publiés (1877, pp. 377-447 ; pp. 469-482). Surtout, la SEJ entreprend des campagnes de fouilles méthodiques d'abord dans la vallée de Baume-les-Messieurs sous la direction de L. Clos (peintre) (1865-70) puis dans la forêt des Moidons sous la direction de L. Clos (1871-72) et de Toubin (1870-75). Après cette période axée sur les tumulus, l'intérêt se porte sur les camps fortifiés (L. Clos : Coldres (1877, pp. 449-467) ; Sermu (1880, pp. 243-260) pour revenir aux tumulus (L. Clos : Gevingey, 1883, pp. 1-11). Par ailleurs, l'archéologie médiévale n'est pas oubliée (Prost : 1875-80).

La période 1863-1885 est donc caractérisée par un repli de la SEJ sur la recherche du passé, et par l'abandon de l'étude des problèmes contemporains. Ceux-ci apparaissent néanmoins en une circonstance. Comme tous les français, les jurassiens ont été vivement traumatisés par l'issue du conflit de 1870 et, s'interrogeant de 1871 à 1874 sur les causes de la défaite, ils trouvent des raisons identiques à celles qui sont invoquées un peu partout en France à la même époque. L'échec est-il dû à l'ignorance de la population française ? Dans le domaine de l'éducation (Girard, 1873, pp. 1-151) le Jura se considère, à juste titre, comme un département modèle, et qui n'a en tout cas rien à envier à la Prusse. La répugnance, notoire, des français, et même de l'état-major, pour la géographie est-elle une autre cause ? La SEJ publie les recherches, amorcées dans les années 60, de L. Clos sur la "Topographie du département du Jura" (1871-72, pp. 1-20) et décide de vulgariser sa carte en relief du département présentée en 1867. Enfin, les inventeurs apportent aussi leur contribution pour remédier à un éventuel retard technologique militaire de la France (dispositif du chef de bataillon Poulain pour stabiliser les navires de guerre (1874, pp. 1-16).

Par le choix des matières étudiées, la SEJ est donc devenue une société savante et son succès est certain auprès des sociétés savantes correspondantes dont le nombre passe de 32 en 1863 à 61 en 1885. En revanche, sans doute en raison de l'aridité des sujets, et surtout des méthodes d'étude, l'intérêt des sociétaires, très vif au départ, s'amenuise bien vite. En 1876, pour stopper l'hémorragie des adhésions, continuelle depuis 1863-65, Rousseau reprend l'habitude des séances solennelles annuelles et annonce diverses dispositions. De fait, durant les années suivantes, les publications de documents à l'état brut diminuent au profit des études élaborées ; un programme de mesure des phénomènes naturels est lancé : alors apparaissent dans la revue des relevés statistiques des données du climat, ainsi que des observations sur les déformations tectoniques dans la région de Doucier (Girardot, 1880-90). Le résultat semble positif puisqu'à partir de 1878, les effectifs se stabilisent.

De 1886 à 1893.

En 1886, Rousseau est élu président honoraire et il faudra attendre 1890 pour que la présidence soit reprise par C. Prost (maire de Lons). La vice-présidence est dévolue à Boulerot (propriétaire à Lons) (1884-1889) puis à Mias (professeur). Le secrétariat est toujours tenu par Guillermet. La SEJ est donc désormais dirigée par une équipe incertaine et fluctuante. En même temps, les collaborateurs actifs se renouvellent, ainsi donc que les sujets traités dans la revue. Les archivistes cessent de publier, et d'une manière plus générale, les articles d'histoire médiévale se font très rares, tandis que ceux d'histoire moderne ne sont plus qu'épisodiques. Une nouvelle équipe se met en place, qui impose des goûts nouveaux.

Elle est constituée tout d'abord par les abbés Brune (de Brainans) et Guichard (de Pupillin) qui "trustent" quasiment la rubrique *archéologie* et se spécialisent dans la période gallo-romaine. Celle-ci devient l'objet d'un véritable engouement, illustré par la publication régulière des recherches théoriques de Girard (ancien professeur d'Arbois) sur la localisation des agglomérations franc-comtoises mentionnées dans la Table de Peutinger et dans l'Itinéraire d'Antonin (1887-89-90-91-92-94). Mais cette vogue est temporaire. Les publications de Girard cessent définitivement en 1894, et, dès 1892, les curés Brune et Guichard changent de préoccupations, leurs études personnelles portant désormais sur l'histoire médiévale, l'architecture religieuse, voire même l'étude des patois. Comme le fait remarquer amèrement l'abbé Guichard (1892, pp. XI-XVIII) dans son rapport sur le congrès des Sociétés Savantes de 1893 où sa communication personnelle semble avoir été mal accueillie, la mode du temps est au moyen-âge et non à l'antiquité.

Mais la période 1886-93 est dominée par la personnalité de Girardot (instituteur à Passenières puis professeur à Lons), responsable d'un brillant renouveau des études géologiques qui deviennent, de loin, la matière dominante dans les Mémoires. Publiant sans relâche, de 1886 à 1894, ses travaux personnels ou ceux de ses collègues Marcou (1888, pp. 117-200) et Choffat (1889, pp. 205-289) sur la stratigraphie et sur l'histoire de la géologie jurassienne, il impose un ton nettement naturaliste à la revue.

Enfin, c'est durant ces années que Thiboudet rédige la plupart de ses articles d'*histoire anecdotique lédonienne*.

Dirigée par un bureau instable, dominée par un petit groupe très fermé de collaborateurs actifs, la SEJ se spécialise donc dans des activités soit "démodées" (?) comme l'archéologie gallo-romaine, soit profondément ingrates comme la géologie. Est-ce à cela qu'il faut attribuer son nouveau déclin, amorcé dès 1885-86 avec la diminution de l'effectif des correspondants extérieurs et des sociétaires jurassiens, et rendu manifeste en 1890 avec l'effondrement des adhésions lédoniennes ? Toujours est-il que le budget de 1893 est catastrophique et que des mesures correctives s'imposent.

De 1894 à 1898.
Celles-ci sont annoncées par le Président Prost lors de la séance solennelle de 1894 : organisation de banquets annuels avec les sociétés analogues franc-comtoises ; reprise des séances solennelles "pour se rappeler au souvenir, non seulement des érudits mais du public en général" (1894, p. VII) : le premier mot d'ordre est donc l'ouverture. Remarquons au passage que celle-ci se

fait en particulier en direction du restant de la province, mais à seule fin d'enrayer un processus de dilution, d'y puiser des forces nouvelles, en un mot de réaffirmer une existence et une identité intrinsèques et indépendantes. Par ailleurs, la Société "doit justifier son titre en éveillant l'émulation des travailleurs soucieux de connaître, avec l'histoire du pays, son sol et les transformations sucessives que les annales n'ont pas toujours indiquées" (ibid. pp. VII-VIII) : son programme ne change donc pas quant aux matières étudiées, mais le second mot d'ordre est la vulgarisation. La réalisation de ces objectifs implique un remplacement des individus. De fait, Guillermet, qui meurt en 1896, est suppléé au secrétariat depuis 1894 par l'archiviste Libois. D'autre part, les années 1892-94 voient la disparition (au moins jusqu'à la fin du siècle) des publications de Prost, Guillermet, Guichard, Girard et Girardot. Les anciens collaborateurs actifs sont donc en pratique balayés, et d'autres leur succèdent, qui imposent un ton nouveau à la revue.

L'élection de Libois au secrétariat (1896) entérine le retour en force des archivistes et la réhabilitation de l'histoire. Lui-même attire l'attention sur une période jusque là rarement abordée : l'époque révolutionnaire (1894, pp. 1-139, 1895-96, pp. 45-483, 1897, pp. 71-279). Ses collègues Feuvrier (Dole) et Robert (inspecteur des archives) se consacrent à l'archéologie gallo-romaine et à l'histoire moderne. L'histoire médiévale est donc oubliée et la mode est désormais à la Révolution. L'histoire anecdotique lédonienne, quant à elle est maintenant contée par Monot (professeur à Lons) (1894, pp. 153-171 ; 1895-96, pp. 1-13 ; 1898, pp. 285-303). L'étude du patois local est remise à l'honneur par le Professeur Thevenin (1898, pp. 1-178). Enfin, la poésie fait un retour momentané (1893-96) avec les oeuvres (sans aucun rapport avec la région) du lieutenant Lautrey. Par réaction avec la période précédente, les sciences naturelles ne sont, par contre, plus du tout pratiquées.

La SEJ et sa région

De 1863 à 1898, la SEJ connaît donc une histoire mouvementée et ses préoccupations varient beaucoup au hasard des individus, des coteries, et des modes. Néanmoins, certaines constantes apparaissent dont on peut raisonnablement tirer quelques enseignements.

Durant la seconde moitié du siècle, les membres de la SEJ procèdent à la découverte désormais scientifique de l'histoire et du milieu naturel de leur région en utilisant une méthode fondée sur la collecte exhaustive et minutieuse, puis sur l'analyse critique, des seuls faits objectifs. Leur démarche est donc dictée par le souci de répertorier et de faire connaître tous les matériaux susceptibles de servir à une analyse ultérieure. De là, la publication quasi constante de documents historiques, souvent non commentés, tirés de l'inventaire méthodique des fonds d'archives. De là aussi, ces interminables listes de plantes, descriptions de coupes géologiques, ou séries de chiffres relatifs au climat. Mais tous les faits livrés à l'analyse doivent être scientifiquement exacts. Les historiens pratiquent donc la critique des textes (Finot "Sur l'authenticité de la charte attribuée à Charlemagne..." 1869-70, pp. 131-152), et les naturalistes mesurent, ou analysent soigneusement les phénomènes naturels. Les botanistes (Leclerc 1869,-70, pp. 185-202 ; 1876, pp. 353-469) réfléchissent sur les problèmes de classification. Clos, inventeur d'un appareil à mesurer les dénivellations (1869-70, pp. 245-46), étudie la "Topographie du département du Jura" (1871-72, pp. 1-20) et rectifie les erreurs de la carte d'Etat Major. La remarquable "Météorologie du Jura" (1864, pp. 247-373) du frère Ogérien est entièrement basée sur l'étude statistique des données climatiques chiffrées. Celles-ci sont d'ailleurs l'objet d'une publication régulière de 1875 à 1878. Et sans parler de la minutie de leur détermination des terrains, les géologues essaient de mesurer les déformations tectoniques (Campagne de mesures, menée par la SEJ dans les environs de Doucier, de 1880 à 1890). Cet état d'esprit se retrouve aussi chez les archéologues : il existe désormais des campagnes de fouilles organisées (Clos en est nommé le coordinateur en 1875), qui bénéficient de subventions de la SEJ. Si l'esprit mercantile n'a pas totalement disparu (en 1871-72 Clos indique la valeur marchande des trouvailles des Moidons), l'intérêt scientifique est néanmoins prioritaire. La fouille des tumulus et des camps est maintenant conduite avec méthode, et ne néglige pas les enseignements fournis par la disposition des trouvailles, l'environnement et la stratigraphie. Ainsi donc s'accumulent les matériaux, souvent publiés à l'état brut, issus des recherches méticuleuses des historiens, des archéologues et des naturalistes. La méthode analytique que ceux-ci pratiquent dans leurs recherches se retrouve au niveau de la délimitation des sujets.

Dès les années 60, les historiens de la SEJ s'accordent pour constater l'évolution récente des sciences historiques. De fait, si l'on excepte quelques récits de sièges (Arbois 1878, pp. 469-505 ; Dole 1885, pp. 321-447 ; Chaussin 1888, pp. 333-338), l'histoire militaire et politique n'est plus guère pratiquée. Les genres à l'honneur sont désormais la biographie, l'histoire locale, ainsi que l'histoire des institutions, de l'instruction ou des genres de vie. Les sujets sont strictement limités dans le temps (étude d'une période déterminée) ou (et) dans l'espace (étude d'une communauté, d'une agglomération) ou par leur nature même (ex. étude des libertés en Franche-Comté). En aucun cas, il n'existe de tentative de synthèse générale embrassant l'ensemble de l'histoire du département ou, à plus forte raison, de la province. Cette même spécialisation des chercheurs existe chez les naturalistes qui étudient le jurassique des environs de Lons (Girardot 1891-94) ou le diluvien dans le Jura (Ogérien 1865, pp. 275-351). Et il n'y a guère que "l'Histoire Naturelle du Jura" du frère Ogérien, signalée en 1867 mais non publiée par la Société, qui puisse encore relever de l'esprit d'encyclopédisme typique de la période précédente. Bien sûr, conformément à la nouvelle démarche scientifique, tous ces travaux historiques ou naturalistes doivent absolument être basés sur des faits réels et vérifiables, et sont donc souvent accompagnés des pièces justificatives : séries statistiques, documents inédits, listes diverses, plans de fouilles, inventaires et planches dessinées de trouvailles.

Ainsi, la démarche délibérément analytique des recherches, l'accumulation empirique des faits d'observation, et la priorité accordée à l'histoire, engendrent ou traduisent chez les membres de la SEJ, une perception nouvelle de leur région. Celle-ci est désormais un champ d'analyse d'où l'on peut extraire essentiellement un passé. Contrairement au début du siècle, elle n'est en aucun cas un milieu : le relief, le climat, les roches, la végétation sont étudiés en tant que tels et pour eux-mêmes ; jamais ils ne s'organisent pour constituer un environnement susceptible de conditionner les activités humaines. Ainsi la nature est démembrée en éléments, le passé est découpé en époques et en thèmes, l'espace est morcelé en lieux isolés par la spécificité de leur histoire. La région est maintenant une nébuleuse éclatée que l'on reconstitue pièce à pièce. Mais elle n'en possède pas moins des limites.

Jusqu'à la fin de la période, le département reste le domaine d'étude privilégié de la Société et toutes les monographies d'histoire locale, toutes les études de naturalistes s'y localisent. Les membres de la SEJ sont (et restent) des jurassiens et leur chauvinisme local ne se dément jamais qu'il s'agisse de trouvailles archéologiques dont on déplore la vente des plus belles aux musées de Besançon ou de Paris, (Junca 1864, pp. 373-385), de résultats en matière de scolarisation (Girard 1873, pp. 1-151) ou de richesse du patrimoine départemental. Les gloires locales, on l'a vu, restent exaltées avec ferveur, et leur nombre augmente même. Il existe donc, au moins pour les Sociétaires, une communauté jurassienne vivante circonscrite dans les limites départementales et dont on étudie le patois, les coutumes et tout ce qui fait son originalité. Mais, contrairement à l'époque précédente, on assiste à un élargissement de l'horizon perceptible, et le sentiment d'appartenance des jurassiens, maintenant bien convaincus de la spécificité de leur identité, à une communauté franc-comtoise, commence à apparaître. Divers indices l'indiquent. Ainsi le désir d'ouverture de la Société, solennellement affirmé en 1894 se manifestait déjà auparavant puisqu'il existait, au moins depuis les années 70, des contacts épisodiques, limités aux mondanités, avec les Sociétés des départements voisins. Le bisontin Charles Nodier, sans doute à cause de ses récits élogieux sur son séjour jurassien, est célébré, à l'instar d'une gloire locale, sous le titre d'"écrivain franc-comtois" (Thuriet 1888, pp. 89-115). Clerc (président honoraire à Besançon) publie, de 1876 à 1880, sa longue "Histoire des Etats Généraux et des Libertés Publiques en Franche-Comté". Enfin surtout, de 1871 à 1876, Prost présente sans discontinuer ses "Documents inédits Relatifs à l'Histoire de la Franche-Comté" qui sont d'ailleurs uniquement relatifs au Jura, mais semblent indiquer un désir de contribuer à "construire" une histoire de la province. De semblables motivations existent sans doute chez Delacroix (1888, pp. 201-261) qui rassemble des notes bibliographiques"... Sur divers ouvrages concernant la Franche-Comté et plus particulièrement le Jura", et chez Perraud, auteur d'articles sur "Les Emeutes en Franche-Comté en 1668" (1868-70, pp. 203-230) ou sur "Une mission franc-comtoise à Paris en 1668" (1871-72, pp. 133-156). Mais c'est chez Girard que se trouvent le mieux synthétisés les divers caractères de cette ouverture sur la province, lorsqu'il apporte ses "Eclaircissements Géographiques" sur "La Franche-Comté ancienne". Ses articles (1887-1894) regroupés sous ce titre général, portent sur la localisation des agglomérations et des voies de communications mentionnées dans les textes de l'antiquité et ils embrassent non seulement la Franche-Comté (ex. : *Loposagium* = Luxiol ; *Velatudurum* = Chasot, 1891, pp. 129-156) mais débordent même largement sur la Bourgogne (*Vidubia* = Vievy ; *Filema* = Velars 1889, pp. 69-103) dans le but de reconstituer le réseau des routes et des étapes en Séquanie. Mais sa démarche est orientée par la constatation que la Table de Peutinger et l'Itinéraire d'Antonin "laissent en dehors de leur immense réseau toute la Séquanie méridionale malgré l'importance évidente de cette contrée au point de vue géographique" (1894, p. 196). Aussi tente-t-il de combler ce vide en faisant de Lavans près d'Orchamps (= *Olino* 1887, pp. 61-101) la résidence du chef militaire de la Séquanie (*dux sequanici*) et en reconstituant à Lemuy (= *Ariarica* 1892, pp. 397-407) un "point de croisement absolument remarquable des routes qui, sous la domination romaine, rayonnaient en tout sens sur nos montagnes jurassiennes" (1892, p. 413), tandis qu'Orgelet (= *Filo Musiaco*, 1894, pp. 191-225) devient "une forteresse, un camp retranché, un établissement important" ainsi que le noeud "d'un nombre prodigieux de routes" (1894, p. 215). Et s'il manquait encore au Jura un champ de bataille illustre, celui-ci est trouvé à Aumur (= *Admagetobrie* 1890, pp. 321-343), lieu désormais magnifié par la célébrité d'Arioviste. Même si ces identifications n'ont pas toutes résisté aux progrès des sciences historiques, l'oeuvre de Girard n'en reste pas moins très instructive par son désir de déplacer vers le sud, le centre de gravité de la Séquanie, traditionnellement placé plus au nord (*Vesontio* et *limes*) et de le localiser dans le Jura, ainsi promu au rang de plaque tournante des échanges entre la Méditerranée, l'Italie, le monde rhénan et le reste de la Gaule.

En fin de compte, un sentiment d'appartenance historique à la province franc-comtoise se dessine donc à partir des années 70, bien que la SEJ hésite encore visiblement à sortir du cadre départemental, peut-être par souci de ne pas empiéter sur les terrains de recherche d'autres Sociétés Savantes, mais sans doute aussi parce que beaucoup de sociétaires partagent le point de vue de Girard et ne se réfèrent à la Franche-Comté que pour mieux affirmer l'individualité du Jura, ainsi que l'éminence du rôle de celui-ci dans l'histoire de la Province antérieurement à son annexion.

Quoi qu'il en soit, le Jura se particularise au sein de la Franche-Comté et demeure un champ d'étude privilégié. Evidemment, les préoccupations de la Société s'étant modifiées par rapport à celles du début du siècle, la géographie des sujets qui suscitent de l'intérêt n'est plus la même. Si le département est uniformément connu quant à sa topographie (Clos *op. cit.*), à sa climatologie et à la répartition de certains terrains (Ogérien, *op. cit.*), la région de Lons est un terrain de prédilection pour les recherches détaillées en géologie (Girardot *op. cit.*) et en botanique (Thévenot 1878, pp.

405-465). Mais la découverte du département se fait surtout par le biais de l'histoire et de l'archéologie. Pour ces deux matières, une carte de la fréquence des études portant sur les localités jurassiennes ferait apparaître le goût pour l'histoire médiévale et certains phénomènes parasites tels que la répartition et la richesse des bibliothèques, des fonds d'archives ou encore tels que le domicile des chercheurs ou leur influence dans la Société. Il est évident que Lons est la ville la plus étudiée suivie par Baume-les-Messieurs qui cumule l'histoire médiévale et l'archéologie. Viennent ensuite presqu'à égalité Salins et Saint-Claude et très loin derrière, Poligny et Saint-Amour, puis château-Chalon, Cernans, Arlay, Chaussin, Dole, Arbois et Morez. Cette liste est évidemment bien banale puisque toute localité ayant eu un rôle ou un intérêt historique, ce qui est le cas de la quasi totalité des villes, est assurée de s'y trouver. Elle montre cependant, par rapport au début du siècle, un singulier élargissement de l'horizon perçu, en particulier en direction de l'ouest (Chaussin, Dole) et surtout de l'est puisque Morez, et plus encore Saint-Claude, font une apparition spectaculaire. En même temps, on constate que la zone d'intérêt privilégié s'est déplacée du massif jurassien vers sa bordure (Vignoble, Revermont) qui est étudiée de Salins à Saint-Amour, avec un maximum d'attention pour la proche région de Lons, ce que les raisons exposées ci-dessus expliquent assez bien.

Mais tous les sociétaires ne pratiquent pas la monographie d'histoire locale, et des recherches comme celles de Toubin révèlent de nouveaux découpages régionaux du département. Entreprises en 1863 (pp. 125-133) et poursuivies en 1868 (pp. 377-453) ses études toponymiques (Sur les Communes du cadastre du Jura) insistent sur l'indépendance du milieu physique et des phénomènes humains. "Comme il existe des bassins hydrographiques, il existe des régions linguistiques" (1868, p. 382) et ainsi, l'arrondissement de Dole se rattache à la Haute-Saône, celui de Saint-Claude forme une entité originale, et surtout, de Vincelles aux Petites Chiettes, une frontière linguistique traverse le département, indépendemment du relief bien évidemment. En 1869-70 (pp. 33-39) une étude statistique "Sur la taille des Conscrits dans le Jura" fait apparaître que celle-ci s'organise selon une courbe bimodale et qu'il existe donc deux types de jurassiens : le type "petit" prédomine dans les cantons limitrophes de dole ainsi que ceux d'Arbois et Salins ; le type "grand" prédomine dans les cantons de Beaufort, Lons, Champagnole. Ailleurs les deux types se mélangent. La répartition des types, comme le souligne l'auteur, ne correspond donc donc ni au relief, ni aux zones agricoles. Même si l'allusion aux "bassins hydrographiques" évoque quelques réminiscences du système géographique de Buache, on est loin de la vision régionale acceptée quelques décennies auparavant et fondée sur la tyrannie des déterminismes physiques ainsi que sur l'opposition, conforme au sentiment populaire, entre l'homme de la plaine arriéré, et le montagnon cher à J.J. Rousseau et chargé de toutes les nostalgies du XVIIIe siècle. Evidemment, de telles études qui mettent en doute le bien fondé des limites départementales et celui du mythe, tant défendu par Monnier, de l'unité de la race jurassienne, restent rares à cette époque. Et beaucoup de membres de la SEJ n'ont pas encore oublié J.J. Rousseau.

Ceux-ci en effet ne sont pas de froids naturalistes ni de sévères fouilleurs d'archives, et leur sensibilité apparaît à l'occaion. Un fade et laborieux poème de Thuriet (1887, pp. 103-113), qui décrit "Saint-Claude et ses Environs" en accumulant, avec les précipices, les grottes et les gorges, tous les poncifs d'un romantisme éculé, a pour seul intérêt de montrer que la découverte de cette région n'est pas due seulement à l'érudition des médiévistes. Très instructive en revanche est une monographie sur "Champagnole et ses Environs" rédigée par Guillermet et Prost, et accompagnée de dessins de Clos (1879, pp. 149-228). Sa richesse interdit d'en présenter ici l'étude détaillée car à elle seule elle résume toute la période. Retenons en seulement qu'elle est rédigée dans une optique touristique. Champagnole, dont la population stagne depuis 1836, pourrait connaître un regain de prospérité en misant sur son récent rattachement au réseau ferroviaire national, et sur les attraits de la "Préface de la Suisse" et de "L'Ecosse de la France" (Charles Nodier est bien connu). En effet, six mois par an (tourisme estival typique de l'époque) le climat, vivifié par l'altitude (réminiscence explicitement avouée de Rousseau) est très sain et les possibilités d'excursion sont nombreuses. Citons seulement les plus caractéristiques : le Mont Rivel (panorama de montagne sauvage et ruines médiévales) ; la forêt de la Fresse (puissante et romantique futaie de conifères, à opposer aux plus classiques ramures de feuillus) ; les gorges de la Langouette (la difficulté d'accès et le manque d'aménagement touristique sont regrettés) ; la région de Chalain (un château "à tourelles gothiques" au bord d'un lac cerné de vertes prairies). Avec de telles qualités, nul doute que, si la station est bien lancée par une personnalité connue, les "anglais splénétiques" ne s'y précipitent. Evidemment, dans cet article, les allusions à Walter Scott, à Théophile Gautier ou à George Sand sont très fréquentes, et il est à regretter que la SEJ ne s'occupe plus d'économie car un schéma d'aménagement touristique du Jura, inspiré par un romantisme aussi pur, aurait été intéressant à connaître. Aux yeux de Prost et Guillermet, le bon site touristique associe une nature sauvage, des eaux courantes ou stagnantes, des curiosités naturelles et historiques, bref de quoi satisfaire (p. 192) "les littérateurs... les paysagistes... les archéologues... les historiens... les botanistes... et les géologues" : ce sont justement là les spécialités pratiquées par la SEJ. Ainsi le Jura, pulvérisé en une multitude de lieux, objets d'études spécialisées diverses, se trouve-t-il reconstitué en certains endroits privilégiés, susceptibles de voir converger tous les faisceaux de connaissance : la région est devenue une *collection de sites* plus ou moins attractifs. En 1886, en réunion, la Société propose un projet d'aménagement des grottes de Baume : la vallée de Baume-les-Messieurs, déjà très étudiée par la SEJ, est effectivement bien conforme au cahier des charges du site touristique et scientifique "idéal". Désormais les préoccupations de la SEJ deviennent donc ponctuelles et locales, et les actions régionales en matière d'économie ou autre, sont bel et bien du domaine du passé.

CONCLUSION

La division de la Franche-Comté en départements, la réorganisation de l'infrastructure administrative ont réveillé ou engendré des rivalités, et surtout ont révélé l'existence de particularismes locaux ainsi que celle de forces économiques centrifuges. Le sentiment d'appartenance à une communauté comtoise, forgé au cours des siècles sous la pression des épreuves, et maintenu par la nécessité politique et administrative de coexister dans un cadre provincial, trouve difficilement à s'exprimer lorsqu'un pouvoir politique fortement centralisateur impose la réorganisation des activités régionales dans le cadre d'un découpage administratif plus étroit qui juxtapose des cellules départementales très indépendantes et à forte cohésion interne. Et quand bien même subsisterait-il un sentiment provincial vivant, qu'une Société d'Emulation de l'époque, par son recrutement, par la tutelle et la surveillance du pouvoir, par ses objectifs, ne saurait être à même de l'exprimer. En revanche, un sentiment départemental ou local si l'on préfère, dont l'historique resterait à faire, semble exister au moment où apparaît la SEJ, ou sinon, celle-ci contribue efficacement à le créer. Il repose sur le mythe de l'unité de la population jurassienne, unité perdue mais reconstituable grâce à la mise en application des préceptes vulgarisés par l'Encyclopédie. Même si elle se réfère à des théories dépassées, la SEJ est tournée vers l'avenir et elle a foi dans le progrès engendré par l'action. Il existe, bien ancré dans l'ensemble du département, et issu du passé le plus reculé, un peuple jurassien, défini par les qualités éminentes des montagnons et des hommes illustres, mais localement dégénéré et corrompu par une nature ou trop lénifiante, ou trop malsaine. L'action de la Société vise à neutraliser ces disparités locales, à uniformiser la population dans la jouissance d'un bien-être généralisé. L'effort intensif en matière de scolarisation, la mise en application des principes de Quesnay dans le domaine de l'économie, ont pour objectif d'arracher l'homme aux effets néfastes des déterminismes physiques. La correction ou l'exploitation judicieuse des données d'un milieu perçu au départ comme hétérogène, doivent gommer les disparités physiques régionales et uniformiser leurs effets. La variété des solutions suggérées par la croyance au progrès peut égaliser les chances et rétablir, avec le nivellement des niveaux de vie, l'unité de la population jurassienne. Ainsi s'estompent ou se fondent les particularismes locaux et le département devient une région lisse, continue, homogène, structurée par la spécificité de sa population aux vertus préservées ou rétablies. Le Jura est (= doit devenir) un bloc de cohésion, une individualité qui tourne son économie, et surtout ses espoirs vers la région lyonnaise : il échappe à la province.

Lorsque la SEJ renaît sous le Second Empire, ses membres sont touchés par le courant scientifique et romantique, et ils se tournent vers le passé ou vers la nature. Par le biais de l'histoire, et peut-être aussi, mais ceci est difficile à apprécier, grâce au désenclavement en cours du Jura, ils découvrent leur appartenance à la Franche-Comté, bien qu'ils n'en persistent pas moins à raisonner dans le cadre du département. Celui-ci n'est plus un lieu d'action dont on exploite richesses et ressources, mais un champ d'études où l'on inventorie pièce à pièce un patrimoine. Les richesses sont dès lors historiques ou naturelles et, dûment répertoriées, analysées et classées, elles viennent prendre la place qui leur est assignée par la sensibilité ou par la science, dans un espace régional désormais réduit aux fonctions neutres et amorphes de support ou de présentoir. Le département est donc devenu un musée, une collection de lieux disjoints, de sites ou de curiosités, entre lesquels rien ne retient l'attention. Le tableau aux couleurs lissées et fondues fait place maintenant à une mosaïque dont les éléments juxtaposés ont tous en commun d'être spécifiquement jurassiens par leur localisation, par leur rôle historique ou par l'unicité de leur particularité. L'unité départementale reste donc vivante et elle est désormais fondée sur une histoire ainsi que sur une couleur locales, nettement affirmées et définies par rapport au contexte provincial comtois qui sert en quelque sorte de faire-valoir. Les membres de la SEJ ne deviennent comtois que pour mieux s'affirmer jurassiens, et leur département démembré et disjoint se restructure, s'assemble et enfin s'individualise dans le cadre de la province. Muni d'un label ("préface de la Suisse") et d'une image de marque (hommes illustres, intérêt scientifique, etc) jugée enviable, le Jura est devenu lui-même un lieu d'intérêt privilégié, un "site" au sein de l'espace comtois désormais perçu comme un référentiel imposé par l'histoire.

Besançon, le 30 septembre 1979

Documents : Mémoires de la Société d'Emulation du Jura 1820-1898 - Lons-le-Saunier 1821-1898.

André ROBERT

L'IDEE REGIONALE, A TRAVERS LES PREOCCUPATIONS DE LA SOCIETE D'AGRICULTURE DE HAUTE SAONE AU XIXe SIECLE

Issue des idées des "agromanes" du début du siècle, tournée principalement vers l'amélioration de l'agriculture, cette Société Savante départementale débute avec le XIXe siècle. Mais elle connaît bien des vicissitudes, des périodes de déclin et de sommeil, comme aussi des périodes d'essor. Ces fortunes diverses tout au long du siècle sont liées à la fois à la position de la Société vis à vis du pouvoir politique en place, au contexte social et économique du moment, au dynamisme de l'équipe de notables qui a en mains la direction de la Société.

1 - *Le dynamisme de la société d'agriculture de la Haute-Saône*

Créée par arrêté du Préfet le 24 germinal an X, approuvée par le Ministre de l'Intérieur le 7 Floréal suivant, la "Société d'Agriculture" ajouta par la suite à son nom et à ses activités le commerce et les arts (15 Prairial an IX), puis les Sciences (1er Fructidor an XII), pour prendre son titre de "Société d'Agriculture, Sciences, Commerce et Arts du département de la Haute-Saône".

Son règlement, datant de la séance de Prairial an IX, distingue des "membres résidants" dont le domicile principal est le chef-lieu du département, des "membres non-résidants", hauts-saônois non vésuliens, et des "correspondants" étrangers au département.

En 1806, les membres résidants étaient 45, les non résidants 98, et les correspondants 26.

Les premiers travaux, presque entièrement consacrés à l'agriculture, n'ont pas été imprimés, et ce n'est qu'en 1806 qu'apparaît le premier volume des "Mémoires de la Société d'Agriculture, Sciences, Commerce et Arts du département de la Haute-Saône" (cf. Rec. Agr. tome 8 n° 4-1860, p. 378).

Cependant les événements politiques, les guerres puis l'invasion étrangère peu à peu anéantissent la vitalité de la Société. Dès 1813, "ses travaux se ralentissent, la salle de ses séances restera silencieuse, et le mouvement se retira peu à peu de ce corps sans énergie" (discours Président Dey - cité Rec. Agr. tome 8 n° 4, 1860, p. 378).

Depuis sa création, elle a alors publié 3 volumes de "Mémoires", pendant son existence de douze années.

En 1819, grâce au préfet d'alors, De Villeneuve, la Société reprend vie sur des bases nouvelles (arrêté du 14 mai 1819, approuvé par le Ministre de l'Intérieur le 9 juin). Des sociétés analogues s'étant créées dans les deux chefs-lieux d'arrondissement Gray et Lure, celle de Vesoul prend le nom de "Société Centrale d'Agriculture, Commerce et Arts du département de la

Haute-Saône". Son règlement et les buts proposés, oeuvre du préfet, reflètent l'ambiance de l'époque :

> "Monsieur le Préfet a terminé son discours par les avis les plus sages sur la direction à donner aux travaux de la Société afin de la rendre vraiment utile à l'Agriculture" (Compte rendu de la séance du 31 août 1820. Rec. Agr. 1824 n° 1, p. 3).

Aucune cotisation n'est exigée. Les membres : 20 "résidants" (40 à partir de 1820) et 40 "non-résidants" sont choisis par le Ministre. Par la suite, la cooptation des nouveaux membres est la règle. Le candidat, ayant fait la preuve de son mérite dans un mémoire adressé à la Société, doit être présenté par deux membres de celle-ci.

La publication des travaux témoigne de la vitalité de la nouvelle Société, durant cette période, marquée en 1823 par la création d'une Commission permanente d'archéologie (Commission des Antiquités du Département de la Haute-Saône).

En 1821, le Docteur Pratbernon propose "la publication d'un Almanach du département de la Haute-Saône", destiné à signaler les découvertes et les méthodes utiles à l'agriculture, aux arts et à l'économie rurale et domestique. Il n'est pas suivi. Un "Recueil Agronomique" qui publie les comptes-rendus des séances et travaux de la Société et des extraits de revues étrangères, voit le jour en 1824, le second volume en 1827 ; un troisième en 1829.

Cependant, dès la fin de cette période, la Société connaît un nouvel essoufflement. La création d'un "Conseil départemental d'agriculture", par ordonnance royale du 30 novembre 1828, lui apporte une concurrence dangereuse. Ses travaux se ralentissent, et "le 26 février 1831, sur la proposition de M. Pratbernon, la société "décide que le recueil qu'elle publiait cessera de paraître et qu'il sera remplacé par un Annuaire agronomique, à paraître à la fin de la même année" (Rec. Agr. tome 8, n° 4, p. 380).

C'est le triomphe de l'almanach. Mais, peu secondé, le docteur Pratbernon ne peut distribuer qu'en juin 1832 son "Annuaire agronomique, publié pour 1832 et 1833 par la Société Centrale d'Agriculture du Département de la Haute-Saône". La formule a peu de suite, et l'annuaire sort le 31 décembre 1833 pour la dernière fois. La Société elle-même est très réduite et vivotante.

Avec les années 1840... la Société reprend cependant vie, fractionnée en plusieurs sections permanentes - agriculture, archéologie, sciences, commerces et arts -. En 1842, elle organise une exposition des produits de l'agriculture, horticulture, industrie et arts du 1er au 15 octobre. En 1843, elle revise son règlement, approuvé par le Préfet le 7 décembre : les membres (40 résidants, 60 non-résidants) sont dorénavant répartis en deux sections (agriculture et commerce, sciences et arts), ayant chacune son président et son secrétaire-rapporteur.

L'institution des Congrès agricoles départementaux (premier Congrès le 30 Novembre 1845) change cependant profondément la fonction et les travaux de la Société en lui adjoignant des représentants des divers Comices agricoles du département. Le

"Recueil Agronomique, industriel et scientifique", sous l'impulsion du Président Fachard, retrouve un certain élan, mais son contenu va se trouver bientôt à peu près totalement formé par les "Procès Verbaux des séances du Congrès agricole annuel, et les mémoires ordinaires reçus par la Société n'ont plus, faute de fonds, qu'une place très réduite.

En 1850, les statuts sont une nouvelle fois révisés, puis de nouveau en 1860. La société est alors divisée en 3 classes - et 6 sections :

.agriculture   -2 sections : agriculture proprement dite ; horticulture
.science   -2 sections : sciences physiques et naturelles ; sciences historiques
.art   -2 sections : beaux arts ; arts industriels.

Le commerce disparaît du titre et des préoccupations de la Société. Celle-ci connaît d'ailleurs peu à peu un nouveau déclin, sous le Second Empire avec la suppression en 1863, comme institution inutile, des Assises du Congrès Agricole Départemental (Bull. S. Agr. 3e série n° 1-1869, p. 87), et de ce fait la disparition de toute publication de la Société d'Agriculture.

En 1869, premier numéro d'une série qui se prolongera sur le 20ème siècle, paraît un "Bulletin de la Société d'Agriculture, Sciences et Arts de la Haute-Saône", à l'initiative de L. Suchaux :

"Dans ces dernières années, Messieurs, vous avez voté l'impression de plusieurs mémoires soumis à votre appréciation par quelques uns de vos collègues les plus compétents. Ces mémoires, recueillis probablement dans nos archives, y sont restés enterrés faute de fonds pour les publier. Les mettre ainsi sous le boisseau après les avoir vous-même jugés dignes du grand jour de la publicité, était-ce encourager leurs auteurs à en écrire d'autres ?... C'était au contraire leur ôter toute envie de recommencer" (discours du Président Suchaux. Bullt. Sic. Agr. 1869, n° 1, p. 87).

Le voeu du Président Suchaux sera suivi, et les publications vont se suivre régulièrement jusqu'à la fin du siècle.

Une tentative, déjà amorcée en 1869 lors de la restauration de la publication, sera faite en 1882 pour étendre largement la publicité des travaux de la société en rendant le bulletin mensuel, en fascicules distribués comme suppléments de journaux locaux (dont le "Journal de la Haute-Saône"). Le tirage du Bulletin est alors porté à 450 exemplaires.

Cette formule cependant ne dure que 3 ans. "Depuis sa création, le bulletin mensuel a été l'objet de nombreuses critiques : les dépenses que l'impression des fascicules dont il se compose entraîne sont hors de proportion avec les avantages qu'il peut présenter ; d'autre part, il n'arrive que tardivement aux membres de la Société qui ne sont point abonnés à l'un ou à l'autre des journaux qui le donnent en supplément" (M. Félix Galmiche, président, en séance du 13 février 1886. Bull. Soc. Agr. 1886., n° 17, p. XIX).

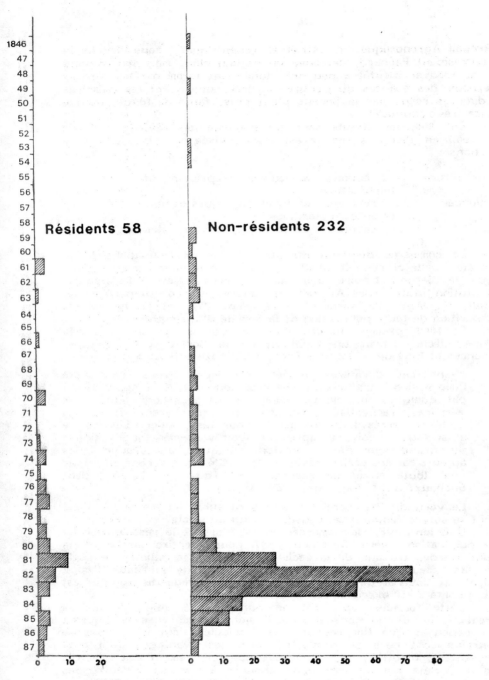

Fig 1. Composition de la Société d'Agriculture au 1/1/1888 selon la date de première adhésion.

(Bull.Soc.Agr.1888-n 19)

Aussi revient-on définitivement à l'ancienne formule annuelle. Les volumes seront dès lors nettement séparés en deux parties : en début de volume, paginé en chiffres romains seront publiés les comptes-rendus des séances de la Société ; dans l'autre partie, paginée en chiffres arabes, figureront les mémoires présentés par les adhérents.

La tentative du début des années 1880 pour faire connaître la société (et sans doute aussi son attitude d'opposition à la politique économique libre-échangiste du gouvernement) aura pour effet une expansion considérable et un très fort renouvellement. Les demandes d'adhésion affluent. A la séance du 11 janvier 1883 sont présentées en une seule fois 12 candidatures (3 résidants, 9 non résidants). En 1882, plus de 80 membres nouveaux se sont fait admettre (Bull. Soc. Agr. 1883 - n° 14, p. 64). En 1886, le nombre des résidants atteint 60, les non résidants sont 239. C'est un énorme accroissement particulièrement pour les non résidants depuis le 1er janvier 1881 (56 résidants, 64 non-résidants alors).

Cependant, vers le milieu de la décennie, la tendance va s'inverser, et apparaît une baisse nette de recrutement, qui se prolongera et s'accentuera jusqu'à la fin du siècle. L'effectif des membres de la Société va peu à peu diminuer, faute d'apport substantiel. En 1899, la liste publiée au début du Bulletin donne, non compris les membres de droit, les noms de 39 membres résidants et 137 non-résidants.

L'influence de la politique d'adhésions des années 1882-83 se fera sentir longtemps (cf. Fig. 1 et 2). Dans l'effectif de 1899, il reste encore 59 non-résidants ayant adhéré durant les années 1881-82-83 (43% du total des non-résidants). Le phénomène, quoique sensible, est moins important en ce qui concerne les membres résidants.

Cette expansion toutefois n'a pas entraîné une assiduité nettement plus forte aux réunions périodiques. L'étude du nombre de sociétaires présents à chaque séance de décembre, où se renouvelle le bureau de la Société, ne montre pas de situation particulière durant cette période : l'assistance y oscille entre 12 personnes (10 décembre 1887) et 29 personnes (12 décembre 1885). La période 1881-1885 marque toutefois une phase où les réunions sont très nombreuses. 1886 est la dernière année durant laquelle sont programmées au moins 10 réunions. A partir de 1889, il ne reste plus que 4 ou 5 séances par an, souvent moins suivies (4 participants seulement en mai 1893). On s'achemine ainsi vers une mise en veilleuse progressive de la société (tabl. 1).

Dans la réunion de création en 1819, le Préfet de Villeneuve fixe lui-même *les buts précis de la Société* :
"se rendre vraiment utile à l'agriculture".

Aussi durant ses premières années, "la Société s'est moins préoccupée à rédiger des mémoires qu'à fonder des établissements utiles... et à appeler l'attention des agriculteurs sur les instruments aratoires qui peuvent servir à perfectionner ceux qui sont en usage dans le département ou suppléer à leur insuffisance". (Rec. Agr. 1824 n° 1, p. 12).

L'adjonction des mots commerce, sciences, et arts au nom primitif de la Société étend vers les Sciences physiques, l'analyse

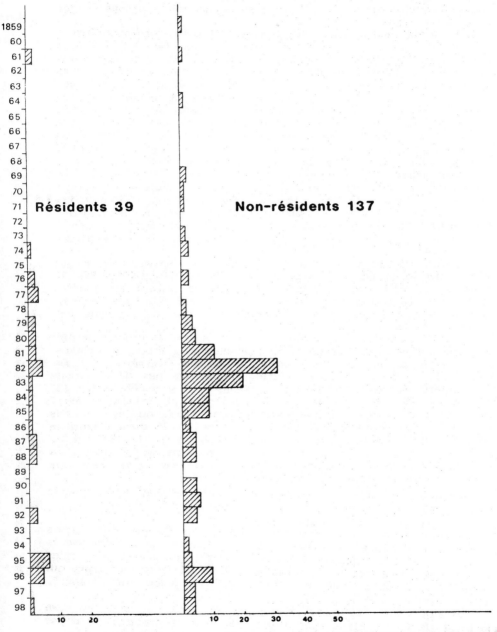

Fig 2. Composition de la Société d'Agriculture au 1/1/1899 selon la date de première adhésion.

(Bull.Soc.Agr.1899-n 30)

Année	Janv.	Fév.	Mars	Avril	Mai	Juin	Juil.	Août	Sept.	Oct.	Nov.	Déc.	Fréquentation moyenne
1876	20	14	9	14	16	17	12		8	17	16	24	15,2
1877	17	20	15	25	19	16	12	7		14	16	15	16,0
1878	15	17	19	10	12	19	13	9		14	13	22	14,8
1879	22	21	10	12	17	21	12	6		17	24	32	17,6
1880	14	12	8	15	7	11	9	9		11	23	15	10,8
1881	27	10	9	16	10	16	24			14	10	20	15,6
1882													
1883	13	10	8	12			7			10		23	11,9
1884	7	13	8	12	12	10	11		8	9		18	10,8
1885	10	9	8	11	16	10	18	7			10	29	12,8
1886	16	13	14	11	9	18	9	6			15	15	12,6
1887		11	9	9	10	9	6				12	12	9,8
1888		9	8	9	21	8	16				15	14	12,5
1889	11	12	10									18	12,7
1890	8		11		12			7			11	24	12,2
1891		16		10			10				17	18	14,2
1892	9			8							11	19	11,7
1893		13			4						10	22	12,2
1894			13		11						6	15	11,2
1895	?		?			?						13	?
1896	?		?			?					?		?
1897													
1898			?		?						?	23	?
1899		?		?		?						16	?

Tableau 1 - **Fréquentation des séances ordinaires de la Société d'Agriculture de la Haute-Saône, de 1876 à 1899.**
(d'après les comptes rendus parus dans Bulletin Société Agriculture).

A partir de 1895, les comptes rendus ne donnent plus la liste des membres présents, sauf en ce qui concerne la réunion de décembre.

historique et les "arts industriels" les préoccupations de la Société qui demeurent le plus souvent pratiques, tournées surtout vers le monde rural et les "propriétaires", notables lettrés villageois (nombreuses références en latin dans le cours du texte).

L'article 1 des statuts révisés de 1859 stipule à nouveau que la Société "a pour but les progrès de l'Agriculture, des Sciences et des Arts dans le département de la Haute-Saône, la partie commerciale étant écartée" (Rec. Agr. 1860, tome 8, n° 4, p. 421).

Lors d'une réponse à une enquête sur les "associations agricoles de Haute-Saône" faite à la demande du Ministère de l'Agriculture en 1892, la Société définit ainsi son rôle :

"Conformément au programme indiqué par son titre et tracé par les Statuts, les travaux de la Société embrassent :

1) l'agriculture et ses dérivées : la viticulture, l'horticulture (arboriculture fruitière et floriculture), la sylviculture, l'apiculture et l'économie rurale et domestique ;

2) les sciences, dont la géologie, la minéralogie, l'ornithologie, ainsi que les photographie et phototypie pour lesquelles une section spéciale a été créée au sein de la Société en 1888 ;

3) les arts, comprenant : oeuvres littéraires, mémoires, notices se rapportant exclusivement à l'histoire civile, religieuse, administrative et militaire de la Franche-Comté, à ses monuments, usages, coutumes, instruction, etc, à l'archéologie, aux biographies des illustrations du département, aux armoiries des villes de la province et aux questions d'économie politique traitées au point de vue de l'agriculture et de l'industrie" (Bull. Soc. Agr. 192-n° 23, p. XXXVI).

Ces préoccupations s'expriment à travers *des actions très diverses* menées par la société, notamment par l'institution de prix et récompenses pour inciter au progrès dans le sens souhaité :

. prix d'honneur aux exploitations les mieux tenues, dans leur catégorie

. prime à l'étable la mieux aménagée, contenant au moins dix têtes de gros bétail

. prime au fumier le mieux soigné, avec fosse à purin, et meilleur emploi des engrais

. prime de reboisement, "pour les travaux de reboisement les mieux entendus"

. prime pour favoriser la culture des plantes sarclées

. prime aux serviteurs ruraux, pour garçons et filles de fermes, en raison de leur bonne conduite et de leurs longs services, pour "contribuer à la moralisation des serviteurs. La plus noble ambition d'un serviteur doit être de se rendre digne, par un long et persévérant dévouement à son maître, d'être considéré comme une partie intégrante de la famille, comme un de ses membres" (discours du président Bossey, au comice agricole de Jussey, 20 septembre 1855).

Cette politique de récompenses pour promouvoir une émulation parmi les agriculteurs est une idée constante de la Société, qui a débuté ses travaux en 1819 par la création de deux prix "l'un à l'agriculteur qui aura supprimé la plus grande quantité de jachères, l'autre à l'élevage du plus beau taureau" (discours président Dey - cité Bull. Soc. Agr. 1860 - tome 8 - n° 4 p. 379).

Notons également parmi les actions de la Société :

. les démonstrations de nouvelles techniques et établissement de concours entre machines nouvelles (concours de charrues, concours de moissonneuses...)

. l'achat de matériels nouveaux (telle la machine à fabriquer les drains en poterie, qui sera installée un temps à Rioz), mis à la disposition des agriculteurs ; l'achat de bétail reproducteur ; la distribution de graines étrangères, dont les possibilités d'acclimatation en Haute-Saône sont à tester

. les expositions - comme l'exposition de machines à Vesoul, ou l'exposition photographique en fin de siècle...

. la création du jardin horticole ("Jardin de la société" sur les flancs de la Motte), de musées : musée archéologique, regroupant des objets préhistoriques et poteries, musée minéralogique - fossiles et roches, dont le recollement en 1879 a donné lieu à la publication de deux fascicules annexes en 1880.

. surtout l'action de la Société se reflète dans l'information par l'intermédiaire de ses publications, à périodicité annuelle, considérées comme indispensables, où apparaît le dynamisme de la Société et de ses membres.

. Toutes ces actions traduisent une prise en compte d'un monde rural très inégalitaire et hiérarchisé. Elles s'adressent aux seuls "propriétaires", notables aisés et cultivés, considérés comme les promoteurs nécessaires du progrès dans l'agriculture. Leur conversion à des techniques et à des matériels nouveaux ne peut que servir de modèle et être imitée de place en place, par les membres de catégories inférieures... La rénovation agricole recherchée doit d'abord être le fait de ces grands propriétaires lettrés, même s'ils n'exploitent pas eux-mêmes leurs terres. Il faut les convertir, en montrant et démontrant les améliorations possibles, les profits réalisés grâce à la modification des techniques.

Cette vue, qui sera à peu près soutenue tout au long du siècle, reflète *la composition sociale de la Société Agricole*.

Ses premiers membres, en 1819, furent choisis parmi les notables, a la discrétion du gouvernement. Par la suite, la cooptation fut la règle, avec parrainage d'au moins deux membres anciens. Aussi est-ce à dire que se retrouvent alors dans la Société une partie de l'intelligentsia vésulienne et haut-saônoise, unie dans une même vision économique et politique. Les agriculteurs y sont rares, les fonctionnaires nombreux. Les plus proches de la terre sont les propriétaires, notables agromanes, souvent à particules, dissertant sur l'évolution et la rénovation du monde rural en contrôlant et dirigeant leurs fermiers.

La masse des membres non-résidants ne joue pas un rôle majeur, se contentant pour quelques uns d'apparaître de-ci de-là à une réunion, ou signant un mémoire. Même dans les moments où leur nombre devient très important (années 1880...) ils ne participent jamais que très marginalement à la vie de la Société.

Durant la période des Congrès agricoles départementaux (1846-1863), où les comices agricoles sont associés à la Société d'Agriculture et envoient des délégués débattre des grandes questions rurales et économiques à l'ordre du jour, les représentants vésuliens, notables urbains, anciens fonctionnaires, notaires, avocats, médecins, sont toujours prédominants.

Sur les 139 personnes qui ont participé à l'un au moins des Congrès organisés de 1851 à 1859 inclus, 64 appartiennent à la Société d'Agriculture, et totalisent 60% des présences.

La première liste des membres, publiée dans le Recueil Agronomique de 1860, renseigne excellemment sur la composition sociale de la Société d'Agriculture (fig. 3). Parmi les *50 membres résidants* (non membres de droit), 31 appartiennent à la fonction publique au niveau le plus élevé du département, chefs des diverses administrations, membres de la justice et de l'enseignement. En dehors des fonctionnaires et des professions libérales, bien représentées (3 docteurs en médecine, 2 architectes, 2 vétérinaires, 1 banquier, 1 notaire), on ne trouve guère que 5 "propriétaires", dont le député marquis d'Andelarre, un imprimeur (L. Suchaux) et 4 retraités (pharmacien, juge, officiers...).

Parmi les *44 membres non résidants* de cette année 1860, les "propriétaires" occupent une place plus grande (16 noms, auxquels viennent s'ajouter 2 présidents de comices agricoles), les retraités sont nombreux (8 noms), ainsi que les médecins (6). On ne trouve que quelques fonctionnaires en activité. Mais ces membres non résidants, dispersés dans le département, ne prennent que rarement part aux séances. La Société est ainsi menée par un groupe de hauts fonctionnaires et de notables libéraux qui dissertent de manière académique sur les problèmes de l'agriculture.

Dans les années suivantes, on assiste à une modification dans la composition de la Société, avec la diminution du poids des fonctionnaires après 1876. Cet effacement est lié pour partie au moins aux prises de position très vives de la Société sur la politique douanière, en opposition avec le gouvernement, l'administration départementale, le Conseil Général et la ville de Vesoul. Cette attitude aboutira à la suppression de diverses subventions et même à l'expulsion des locaux administratifs qu'occupait la Société depuis sa création.

Les "propriétaires" vont du fait du retrait des fonctionnaires, prendre une place plus importante, au moins pour quelques temps, de même que les membres des professions libérales (banquiers, docteurs, pharmaciens) et, vers la fin du siècle, les négociants.

Les retraités représentent toujours une part importante, surtout à partir des années 1880, avec plus du quart des membres résidants. Il s'agit en majorité d'anciens fonctionnaires.

Parmi les "non-résidants", les "propriétaires", notables ruraux souvent nobles occupent tout au long de la période une place importante, aux alentours de 40% du nombre total des membres de cette catégorie. Il convient cependant de noter que vers la fin du siècle, les hobereaux nobles ne se signalent plus comme "propriétaires", mais font seulement état de leurs titres et de leur château. Ainsi en est-il pour 19 d'entre eux dans la liste de 1899 (Bull. Soc. Agr. 1899 - n° 30, pp. III-VII). Les professions libérales prennent une importance croissante jusqu'au début des

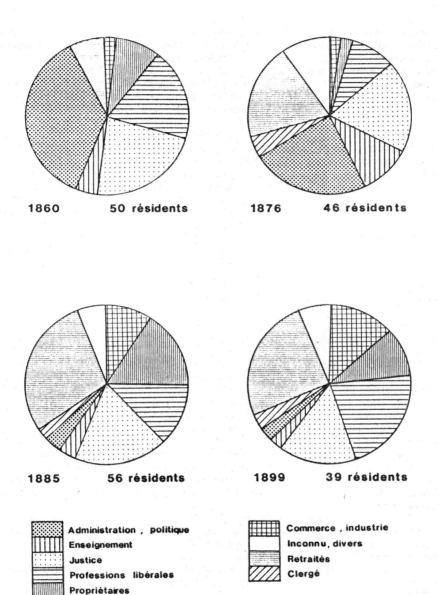

Fig 3. Composition sociale de la Société d'Agriculture 1860-1899

membres résidents (membres de droit exclus)

(d'après liste publiée 1860 Rec.Agron. 1876,1885,1899, Bull.Soc. Agr.)

années 1880, pour diminuer ensuite relativement avec l'arrivée massive d'autres catégories sociales en 1882 et 1883. Les professions du commerce et de l'industrie (manufacturiers, maîtres de forges) font une entrée remarquée entre 1876 et 1885, passant de 3 à 32 "non-résidants". L'enseignement est toujours faiblement représenté, de même que l'ensemble des fonctionnaires. Le poids des retraités parmi les "non-résidants" demeure stable, aux alentours de 13%.

Les collaborateurs actifs sont assez peu nombreux : participants aux réunions et porte-parole des commissions, rapporteurs de communications, auteurs d'études publiées dans la revue, ils sont au plus six ou sept, souvent moins (cf. fig. 4).

Ainsi durant la première période, des années 1820 aux alentours des années 1840, où les fonctionnaires départementaux forment l'essentiel des membres résidants de la Société, dominent les noms de Boisson, secrétaire perpétuel, Pratbernon, Thirria, L. Suchaux, dont l'influence se prolongera longtemps.

Lorsque le "Recueil Agronomique" devient surtout le reflet des Congrès Agricoles annuels et de leurs débats souvent passionnés, sur tous les problèmes ruraux, la Société d'Agriculture fournit la plupart des présidents et rapporteurs de commissions, ainsi que les principaux intervenants. Durant cette période, se distinguent, à côté de M. du Bouvot, du comice de Jussey, le Marquis d'Andelarre, Eugène Galmiche, Bailly, De Dalmassy, de la Martinière, Chaudot de Corre, Gauvain, De Coucy et L. Suchaux, secrétaire.

Depuis la reprise de l'impression des travaux en 1869, on ne compte en tout, jusqu'à la fin du siècle qu'une bonne quinzaine de participants actifs, en dehors de collaborateurs occasionnels, dont on n'aperçoit que très passagèrement les travaux.

Ce sera Jules Finot, archiviste départemental, qui collabore à la revue, même après son départ de Haute-Saône, Reboul de Neyrol, longtemps président, auteur de nombreux rapports et communications de 1874 à 1887 ; plus tardivement Poly, de Breuches, président de la "Jeune Université", Cardot de la Burthe et Chavane, animateurs de commissions et rapporteurs, Emile Longin, très prolifique, propriétaire et avocat, secrétaire perpétuel de la Société.

Ce sera Paul Petitclerc, géologue, auteur de nombreux mémoires et notes scientifiques, plus tardivement Jules Gauthier, archiviste départemental à Besançon, qui participe durant de nombreuses années, aux publications du bulletin haut-saônois.

Ce sera enfin Octave Chevassu, conservateur des hypothèques en retraite, vice-président puis président de la Société à la fin du siècle.

2. *Les sujets d'intérêt*

La revue de la Société d'Agriculture de la Haute-Saône (Recueil Agronomique, puis après 1869, Bulletin) ne fournit que partiellement un constat, un bilan de toutes les activités de la Société. Sa publication régulière n'est qu'une des multiples tâches

Fig 4. Les principaux collaborateurs actifs de la Société d'Agriculture de 1870 à 1899
(Bull.Soc.Agr. n 3 à 1)

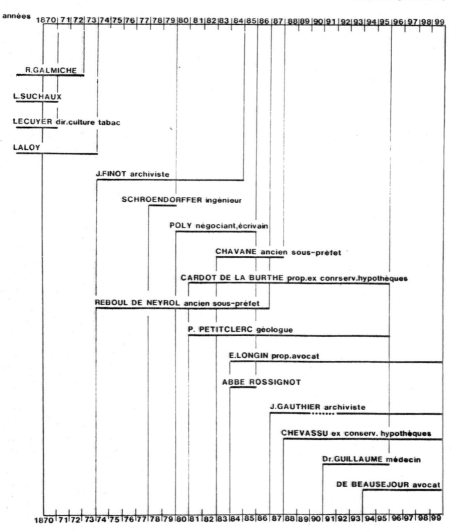

entreprises. A maintes reprises, dans des périodes où la Société, peu dynamique, réserve ses forces pour les activités jugées prioritaires, la revue même disparaît, pour renaître heureusement quelques années après. Cependant, malgré ses aléas et ses manques, elle donne, à travers les oeuvres publiées, dans les comptes-rendus des séances, par les questions abordées, les relations des rapports et des lectures de mémoires, une idée des grands débats et des centres d'intérêt, voire des opinions de la Société.

Notamment à ses débuts, la revue n'a qu'un rôle secondaire de témoin, au mieux de porte-parole des actions extérieures, tournées presque exclusivement vers des travaux pratiques dans le monde agricole.

"La Société s'est moins préoccupée de rédiger des mémoires qu'à fonder des établissements utiles, à appeler l'attention des agriculteurs sur les instruments aratoires qui peuvent servir à perfectionner ceux qui sont en usage dans ce département ou suppléer à leur insuffisance... à introduire de nouvelles espèces d'arbres à fruits... à améliorer le bétail" (Rec. Agron. n° 1-1824- p. 12).

Au mieux la revue sert-elle alors de support à une vulgarisation par les textes, à une mise à disposition des connaissances utiles aux agriculteurs.

Par la suite, avec le temps et grâce à de nouvelles équipes, la revue se diversifie, fait entrer dans ses pages une gamme de matières plus vaste, de l'histoire aux sciences de la nature, à la poésie, à l'architecture... Mais elle demeure toujours marquée par les statuts, ceux de 1820 comme ceux issus de la révision des années 1850, qui privilégient les questions agricoles et le monde rural. L'idée maîtresse : servir les intérêts de l'agriculture, donner des exemples, promouvoir la nouveauté, est une constante de la Société et un but de la revue, repris d'ailleurs par Louis Suchaux en 1838 :

"Recueillir pour les publier les expériences et les observations propres à développer l'agriculture et les arts en les perfectionnant" (Rec. Agr. 1839 n°   , p. 172).

Les communications sont de divers types : comptes-rendus, mémoires, rapports, extraits de revues extérieures. L'importance de chacun dans la revue varie selon les périodes et le dynamisme de la Société.

Très largement répandus sont les comptes-rendus des séances, de la Société d'Agriculture elle-même, du Congrès Agricole de 1846 à 1863, plus rarement et surtout à la fin du siècle, de sociétés d'Emulation voisines (Doubs, Montbéliard) auxquelles la Société d'Agriculture de Haute-Saône délègue un ou plusieurs membres.

Le poids de ces comptes rendus dans chaque revue diffère selon les époques. Il s'avère très important durant la période 1846-1863, où le "Recueil Agronomique" est progressivement tout entier consacré aux débats sur les questions proposées au Congrès

Agricole Départemental, plus modestement aux séances de la Société d'Agriculture.

Ainsi de 1847 à 1848 (tome 5, n° 3 à 7), sur plus de 320 pages, mémoires et rapports sur des manuels utiles n'occupent que un peu plus du quart de la revue (26%) tandis que les débats du Congrès Agricole utilisent 90 pages (28%) et les comptes rendus des séances de la Société d'Agriculture plus de 150 pages (46%).

De 1850 à 1852 (tome 6 - n° 1-2-3), sur 510 pages, les rapports sur mémoires et ouvrages divers occupent une place à peu près égale aux comptes-rendus des séances de la Société d'Agriculture et se partagent 160 pages (un peu plus de 15% chacun) alors que le Congrès Agricole départemental est relaté sur plus de 340 pages (plus des 2/3 du texte publié).

Dans le tome 8, de 1857 à 1860 (n° 1-2-3-4), sur 439 pages, les mémoires n'occupent que 30 pages (moins de 7 % du total), la publication des statuts et la liste des membres 18 pages, les comptes-rendus des Séances de la Société 30 pages. Le reste, soit 360 pages - 82% du texte - est consacré aux débats du Congrès Agricole.

Durant d'autres périodes, les comptes-rendus des séances de la Société d'Agriculture seront prédominants, notamment durant les périodes où les Sociétaires ne manifestent pas un zèle important à rédiger des mémoires. Il faudra le dynamisme de certains présidents pour inciter les membres à fournir des études et modifier ainsi le contenu de la revue.

> "Les méditations, les lumières et l'expérience des membres de la Société vous fourniront toujours assez de matériaux pour la suite de ces utiles publications. A défaut de mémoires originaux, notre recueil trouverait encore une alimentation suffisante dans les productions nouvelles qui sont offertes à la Société et dans les brochures qu'elle reçoit par souscription" (L. Suchaux, Rec. Agr. 1839, p. 172).

Ces exhortations sont reprises par le président Dey, en 1869, avec la renaissance de la revue.

> "Parmi nous Messieurs, on compte des hommes de sciences, des agriculteurs, des agronomes, des jurisconsultes, des économistes qui pourraient tous produire de très intéressants mémoires. Dans les nombreuses brochures qui arrivent chaque mois se trouvent des articles à étudier pour les approprier à notre climat, à la nature de nos terres, à nos différents usages agricoles. De tout cela, si l'on voulait s'en servir à propos, on formerait un second fonds de publications toujours instructives et souvent fort utiles" (Bull. Soc. Agr. 1869 - n° 1, p. 87).

Ainsi se trouvent proposées dans la revue, à côté de mémoires inédits produits par les Sociétaires et agréés par une Commission de Lecture, la publication de rapports sur des manuels utiles, et de notes tirées de diverses brochures reçues.

Selon la vigueur de la Société d'Agriculture, ces emprunts extérieurs seront plus ou moins nombreux. Les premières années de la revue sont particulièrement significatives. Le tome 3 de 1829 est presque entièrement formé de textes de vulgarisation extraits de revues étrangères. Sur 176 pages, on ne compte que 21 pages de rapports et comptes-rendus proprement locaux. Plus de 150 pages sont consacrées à des communications très diverses, souvent traduites de l'anglais, y compris un "tableau de réduction des poids et mesures d'Angleterre..."

Ce type de publication se retrouve dans les années suivant la reparution de la revue en 1869. Les années 1877, 1878, 1879 comptent encore, à un degré moindre certes, de nombreux rapports et extraits d'articles extérieurs. Cette attitude va de pair avec une désaffection pour les travaux de la Société. Le nouveau président de 1877, M. Reboul de Neyrol note que les délibérations y sont peu suivies et que les membres manifestent peu d'empressement à répondre aux convocations.

"Il m'a semblé en outre que les communications écrites adressées à la Société par les membres correspondants étaient fort rares... Mais il est une observation qui à mon avis est la plus significative et explique tous les autres : c'est le petit nombre de mémoires spéciaux lus à la Société et inserrés dans son Bulletin, c'est-à-dire le faible travail produit par nous..." (Bull. Soc. Agr. 1877 - n° 7, p. 33).

L'appel sera entendu et au moins jusqu'à la fin du siècle voit on paraître des mémoires nombreux (dûs cependant à un petit groupe de membres seulement). Si bien même qu'il faudra certaines fois, comme en 1899, refuser l'impression de mémoires qui n'"intéressent" pas" directement l'histoire de la Franche-Comté".

La coupure majeure dans la présentation comme dans le contenu de la revue se situe dans la deuxième moitié de la décennie 1860-70, dans le hiatus qui sépare la "Revue Agronomique" à bout de souffle de sa renaissance en 1869 sous le nom de "Bulletin de la Société d'Agriculture". Il y a entre les deux périodes ainsi définies une différence dans la composition de chaque volume entre les divers types d'articles (comptes-rendus, mémoires, extraits...) dans la part respective de chaque centre d'intérêt, dans les travaux eux-mêmes de la Société, pour autant que l'on puisse en juger par les textes.

Ce tournant des années 1865-70 atteste un changement dans les mentalités, dans l'appréhension des phénomènes économiques et sociaux, dans l'attitude vis à vis du pouvoir, dans la conception des finalités de la Société d'Agriculture et de ses moyens d'action.

Chaque grande période n'est cependant pas figée et unique. Au cours des années se manifestent des remodelages dans la composition de la revue, des choix différents entre les diverses matières d'études, selon la composition de l'équipe dirigeante.

- *Le Recueil Agronomique - 1824-1865*

Jusqu'à sa disparition, le "Recueil Agronomique" a accordé une place prépondérante à l'agriculture, en conformité avec les statuts de la Société et les buts, clairement précisés en 1849, des Congrès agricoles : pratique agricole, théorie agricole, économie agricole.

Tout au long de la période, *tout ce qui touche à l'agriculture forme l'essentiel des travaux* et occupe les trois quarts du total des pages publiées. Toutes les oeuvres convergent vers un but bien défini : servir au développement de l'agriculture et du monde rural.

Aussi les textes cherchent-ils préférentiellement à présenter des découvertes et innovations jugées intéressantes, et à recommander leur adoption. Chaque pratique est jaugée au regard des rendements obtenus, et condamnée ou promue. Le monde extérieur s'ouvre pour proposer ses techniques et ses réalisations, qui seront l'objet d'expérimentations minutieuses et de tentatives d'acclimatation. La Société d'Agriculture apparaît comme un laboratoire d'idées neuves, avec une volonté impressionnante de changement. L'agronomie est à son apogée chez les notables bourgeois et fonctionnaires urbains, propriétaires fonciers de domaines ruraux, où se tentent toutes les expériences.

Les propositions foisonnent ; les recherches de nouvelles plantes cultivables sont poussées activement, particulièrement autour des années 1830.

La revue recommande ainsi la culture de la vesce (1820), des trèfles (1831), du chou-arbre de Laponie (1829). On propose de nouvelles espèces de blés - froments chinois, kalmouk, boukaro (1820), tangarock (1829)- d'orge (orge nue à 6 rangs), de sorgho (1858) voire de riz de Cochinchine (1820). Le sarrasin est recommandé comme fourrage vert. La pomme de terre fait l'objet de plusieurs articles, à la fois sur ses modes de culture, et sur ses diverses utilités (1829). On tente d'acclimater l'arracacha, originaire de Colombie, qui se cultive comme la pomme de terre (1829). Le melon (1820), l'asperge (1829) font l'objet d'études. Des arbres nouveaux sont présentés : noyer noir de Virginie, orme de Sibérie. La recherche de nouvelles espèces se retrouve dans le monde animal, où l'acclimatation du yack et de l'hémione est proposée en 1855, sans grand succès d'ailleurs.

La technique fournit également son lot d'innovations : houe à cheval, extirpateur, sillonneur en 1820 ; charrue Tisserand Jacobus, de Chargey-lès-Port en 1829, charrue à deux versoirs, semoir à brouette en 1840. Un "essai théorique et pratique sur les instruments de grande culture" occupe vingt pages du "Recueil Agronomique" en 1839. Un article de 1853 (Rec. Agr. vol. 7 n° 1) s'étend sur l'"utilité de la machine dite moissonneuse présentée à Poligny".

L'accroissement des productions agricoles est recherché à travers une extension des cultures fourragères et un développement de l'élevage, notamment bovin. Si les maladies des céréales donnent lieu à quelques développements (1852, 1859), si un voeu du Congrès agricole demande le rétablissement du privilège de culture du tabac (1856), si l'élevage du ver à soie a quelques adeptes et mobilise quelques articles de temps en temps (1852, 1855), l'amélioration et le développement des races bovines restent une constante sur toute la période, tant en ce qui concerne la prévention et le traitement des épizooties (1827, 1838 ; 1847, 1850) que les dissertations sur les mérites et les défauts des diverses races locales et les tentatives d'amélioration par croisements.

La Société s'intéresse également à la rénovation des pratiques culturales. Les remarques sur les assolements sont nombreuses, avec la condamnation de l'assolement triennal traditionnel, et de la vaine pâture, dénoncée durant toute la période (notamment par le Docteur Pratbernon en 1840). Pour les membres de la Société, le développement des cultures fourragères, l'abandon préconisé de la vaine pâture et de la jachère morte doit aboutir à une méthode plus efficace d'élevage bovin basée sur la suppression des pratiques de pacage et la stabulation des animaux (1856, tome 7, n° 4).

. Pour des rendements plus élevés est recommandée l'utilisation des amendements et engrais, et préconisé l'épandage du purin systématiquement recueilli. Aussi durant toute la période y aura-t-il une prime aux meilleures installations avec fosse à purin. De la même façon, l'amélioration des terres passe par une maîtrise des eaux dans les prairies. Si l'irrigation reste assez marginale, par contre le drainage des zones basses se retrouve dans la plupart des "Recueils Agronomiques", particulièrement sous l'Empire, et les travaux effectués par les propriétaires donnent lieu à des descriptions élogieuses (1840-1843).

Pour toutes les questions agricoles, il s'agit moins durant cette période d'une description d'une situation existante, d'un état, que d'une relation minutieuse de secteurs dynamiques mais souvent sans doute très marginaux, relation assortie de considérations sur l'agriculture souhaitée. Ces exploitations "d'avant-garde" doivent être les modèles pour transformer progressivement, par diffusion, tout le monde rural.

Les questions agricoles, si elles sont très prédominantes, ne sont pas les seules évoquées. Les forêts, leur utilisation, leur extension sont assez largement étudiées. La nécessité du reboisement est soulignée par des primes, tout au long de la période depuis 1827, avec rapports annuels de l'Inspecteur des Forêts. Au contraire, 1849 verra la proposition d'un congressiste demandant un défrichement forestier "pour occuper les ouvriers des villes", proposition d'ailleurs très mal accueillie. Les discussions sur le reboisement des terrains communaux occuperont certaines séances des congrès durant les années de 1855 à 1860.

L'étude sociale des campagnes ne tient qu'une place très passagère dans quelques volumes. Cependant, à partir de 1846, les questions sociales seront obligatoirement évoquées dans les débats des Congrès. Mais les mémoires sur la société rurale sont rares. Citons cependant un travail remarquable du docteur Pratbernon

(Rec. Agr. 1831 - tome 3), où la vie à la campagne est décrite, avec cependant peu de références purement locales. L'habitation, les vêtements, la nourriture, les travaux, les moeurs et les passions, l'éducation physique des enfants sont analysés au long de cet article de 21 pages, dont les conclusions, assez peu favorables au petit cultivateur, sont reprises par le même en 1840, dans un réquisitoire contre la vaine pâture :

> "les villageois ne connaissent pas le prix du temps, du travail et de l'industrie, et il faut que pour eux la terre soit bien prodigue et que les hautes classes et les bourgeois soient bien maladroits pour leur avoir vendu ou abandonné les 9/10e du sol de la France" (Rec. Agr. 1840 - p. 237-251).

Le jugement est plus brutal encore lorsqu'il s'agit des pratiques de l'élevage :

> "Il y a longtemps qu'on a dit que la vaine pâture était l'école du vice et du brigandage".
> "Tous les peuples pasteurs sont pillards" (Rec. Agr. 1840, p. 244).

Devant le danger moral que représenterait la garde des troupeaux, la meilleure prévention est le développement de la stabulation des animaux voire l'interdiction pure et simple des pacages. En 1857, un pas est fait en ce sens avec une demande pour interdire l'emploi des jeunes filles pour la garde des bestiaux, école de dévergondage (Rec. Agr. 1857, tome 8, n° 1, p. 98).

Un autre sujet de préoccupation, qui apparaît vers le milieu du siècle, est la prise de conscience des mouvements de la population qui renchérit le prix de la main d'oeuvre agricole. Plusieurs analyses du phénomène et de ses conséquences seront menées depuis 1847.

L'amélioration de l'état sanitaire et du système médical dans les campagnes fait l'objet de diverses notes et remarques (1847), de même que l'épidémie dévastatrice de choléra en 1854 (1854 - tome 7 - n° 2). D'autres considérations sociales peuvent apparaître, touchant l'instruction primaire gratuite, les caisses de secours mutuels, les caisses de retraites (1849), les assurances sur les bestiaux (1850). Ces diverses propositions sont alors fortement contestées par les milieux bourgeois traumatisés depuis 1848.

> "Une pareille institution (assurance pour les bestiaux), ne pourrait avoir lieu qu'avec un système complet d'assurances soumis au contrôle de l'Etat. Ce serait un commencement de communisme et il serait peu sage, dans les circonstances actuelles, de donner la main à ces idées" (M. du Bouvot - Rec. Agr. 1850 - tome 6, n° 1).

Le maintien de l'ordre dans les campagnes et la protection des propriétés occupent bien des débats des Congrès agricoles de 1846 à 1863.

Inconnue pendant le début du siècle, la relation des vertus et des inconvénients respectifs du libre échange et du protectionnisme, va se développer lors des travaux des Congrès Agricoles, dans des débats fort animés en 1847 et les années suivantes. M. du Bouvot, le marquis d'Andelarre, M. De Dalmassy prennent fermement position pour un renforcement des droits de douane, suivis par la majorité des membres du Congrès, (1852, tome 6, n° 3).

Cette tendance à la prise de position sur la politique économique générale est voulue par le gouvernement, qui utilise les Congrès Agricoles départementaux, où siègent de nombreux fonctionnaires, comme chambres de propositions, et qui organise partiellement le débat en inscrivant à l'ordre du jour des questions économiques et de gestion rurale (impôt sur le sel ; impôt sur les chiens, taxation de la boulangerie, amélioration de la police rurale...) ... Elle annonce les débats passionnés et les critiques virulentes de la politique douanière française, qui vont marquer le renouveau de la Société d'Agriculture dans les années 1870-1880.

Le développement des relations d'échanges est évoqué tout au long de la période : chemins départementaux (1827, 1837), chemins vicinaux, chemins ruraux fourniront tour à tour sujets à discussions et à rapports, notamment lors des Congrès Agricoles. Moins bien représentées sont les études sur les voies fluviales et le commerce par bateaux. Tout au plus trouve-t-on quelques allusions au rôle de la Saône et de Gray (1827 ; 1850). Les chemins de fer, par contre, qui suscitent souvent l'enthousiasme, apparaissent comme un des facteurs privilégiés de l'essor industriel et agricole et donnent lieu à de nombreuses communications. Des analyses plus spéciales nous renseignent sur les tiraillements à propos du tracé (Rec. Agr. 1850, tome 6, n° 1), sur des propositions de rachat par l'Etat (Rec. Agr. 1849 -tome 7, n° 5), sur les difficultés des arrêts dans les campagnes (Rec. Agr. 1859 -tome 8, n° 3)...

"L'industrie" n'apparaît guère que durant une courte période, de 1835 à 1840, et de manière assez marginale, puisqu'il s'agit de relations d'essais et analyses du laboratoire de chimie de Vesoul, animé par l'Ingénieur des Mines Thirria. Elle ne concerne jamais plus d'un dixième des volumes. Quelques hauts-fourneaux locaux sont cités... En dehors de ces catalogues d'analyses de minerais divers, n'existent guère que de menus articles, assez généraux (notes sur un nouveau moyen d'améliorer les fers, en 1836 ; recherches sur la composition des gaz des hauts fourneaux, en 1840 ; mémoire sur les fours des tuileries, en 1830). Des remarques ou brèves notations d'activités industrielles émaillent parfois les discussions des congrès, ou s'insèrent dans un thème économique plus général, comme en 1847 à propos des besoins en bois, en 1849 dans une discussion sur les assurances et caisses sociales, où est évoqué le cas de diverses initiatives patronales dans des usines des Vosges Saônoises.

Des considérations écologiques sur la lutte contre la pollution (déjà !) apparaissent dès 1820, dans un article sur les "lavoirs des mines de fer" dans "les eaux des ruisseaux" et en 1850 où 16 pages sont consacrées à l'étude des "eaux sortant des houillères en exploitation".

Les "Sciences" ne sont présentes que par des extraits d'articles de botanique (1851) et des résumés des vues de Geoffroy St Hilaire en 1851, sur la fixité et la mutabilité des espèces. M. D'Arbaumont présente en 1859 une "méthode pratique pour la résolution des équations du 3e degré (Rec. Agr. 1859 -tome 8- n° 3, p. 361).

La place de l'histoire est très mince, comparée à celle des travaux économiques et agricoles. Un mémoire sur une chapelle de Pesmes, quelques comptes-rendus et communications sont publiés, avec de minces rapports sur les fouilles et découvertes récentes (Luxeuil, Membrey). L'analyse des travaux du Congrès interrompt très vite cette volonté de diversification, qui se résoud le plus souvent d'ailleurs dans le Recueil Agronomique, à publier un titre et quelques commentaires. Pourtant en 1846, a été établi un concours sur la meilleure notice historique ayant un intérêt local,

"sur une commune, une famille, une abbaye, un château ou un monument quelconque du département" (Rec. Agr. 1847 - tome 5 - n° 3).

Peu d'études seront publiées. L'histoire apparaît ici surtout comme une analyse de monuments et de vestiges plus qu'une reconstitution d'évènements et d'actions.

Ainsi durant toute la période d'existence de la "Revue Agronomique", de 1820 au milieu des années 1860, la publication est dominée de manière écrasante par les considérations sur l'économie agricole et rurale. Toutefois trois phases successives peuvent être décelées durant cette quarantaine d'années :

.Jusqu'en 1836, le "Recueil Agronomique" sorti de l'imprimerie de Cl. Ferd. Bobillier s'intéresse uniquement à l'agriculture et la sylviculture, avec seulement un article du Docteur Pratbernon en 1831 sur la vie dans les campagnes, et quelques notices nécrologiques assez réduites. Il est dominé par un souci de vulgarisation. C'est un instrument de promotion de l'économie agricole, par la vertu de l'exemple, notamment par la présentation comme modèles de techniques étrangères, surtout britanniques : les traductions de revues anglaises occupent 100 des 176 pages du "Recueil Agronomique" de 1829. Des textes divers veulent donner des recettes pratiques, à la manière des almanachs : "Sur une boisson fermentée économique", "sur la colle d'escargot", "sur la greffe du rosier", "sur la conservation des oeufs par l'eau de chaux"... Les articles restent généraux, universels, avec très peu de liens précis avec le milieu local, sauf lorsqu'il s'agit de comptes rendus sur la vie de la société.

. *A partir de 1836*, la présentation s'améliore (imprimerie L. Suchaux), le titre s'agrandit en intégrant l'industrie et les sciences ("Recueil Agronomique, industriel et scientifique"). Ce fait annonce une ouverture de la revue à d'autres préoccupations que les pratiques agricoles. Ainsi voit-on apparaître, en dehors des questions agricoles, qui restent prédominantes (69 pages sur

108 en 1836), des articles d'économie forestière. Les sciences et "arts industriels" y trouveront cependant peu de place en dehors des études de l'ingénieur Thirria sur l'analyse des minerais, terres et fontes. La rubrique "variétés" continue la présentation de courts articles généraux, de préférence tournés vers la vie rurale pratique : "Du parti qu'on peut tirer des débris d'animaux morts", "De la marne employée comme litière", etc... Après celle du "Comité archéologique", dont quelques travaux seront cités ou publiés, la création d'une "commission de statistique" en 1839, pour recenser "les études particulières à entreprendre, les renseignements à faire venir de tous les points du département (Rec. Agr. 1839, p. 174), ouvre de nouvelles perspectives et annonce un nouvel esprit, qui aura cependant peu d'échos dans la revue.

. *Avec la tenue annuelle du Congrès agricole départemental*, le "Recueil Agronomique" change de contenu, sinon d'esprit. Les sujets ruraux traités intéressent toutes les facettes de la vie à la campagne et tous les problèmes agricoles. Les mémoires disparaissent presque entièrement au profit des comptes-rendus détaillés des séances de discussions, avec les remarques de chaque intervenant. Si les questions débattues sont pour une bonne part proposées par le Ministère de l'Agriculture et ne relèvent pas du libre choix des membres du Congrès, la façon de les aborder, le rapport de la commission d'étude et surtout les interventions des participants renseignent sur l'impact de chacune dans le département. Les discussions donnent souvent lieu à des considérations adjointes et révèlent les pensées de leurs auteurs sur la situation économique et sociale du moment, et sont de ce fait très précieuses.

.*Le Bulletin de la Société d'Agriculture... 1869-1899*

Lorsqu'en 1869, la Société d'Agriculture reprend la publication d'une revue, intitulée "Bulletin de la Société d'Agriculture, Sciences et Arts du département de la Haute-Saône, elle le fait, malgré un titre différent, dans la suite de ses publications antérieures. Ce sera la troisième série.

A la séance du 29 février 1868 de la Société d'Agriculture, le président L. Suchaux définit les thèmes à aborder dans les publications futures :
- des articles "du cru", "oeuvres propres des membres de la Société locale", quelle que soit leur spécialité, hommes de sciences, agriculteurs, agronomes, jurisconsultes, économistes (Bull. Soc. Agr. 1869, n° 1, p. 88) ;
mais aussi
- des opuscules ou des articles puisés en entier ou par extrait dans les cahiers des sociétés correspondantes
- "une partie des procès-verbaux de séances"
- des observations météorologiques, (qui ne seront jamais publiées.)

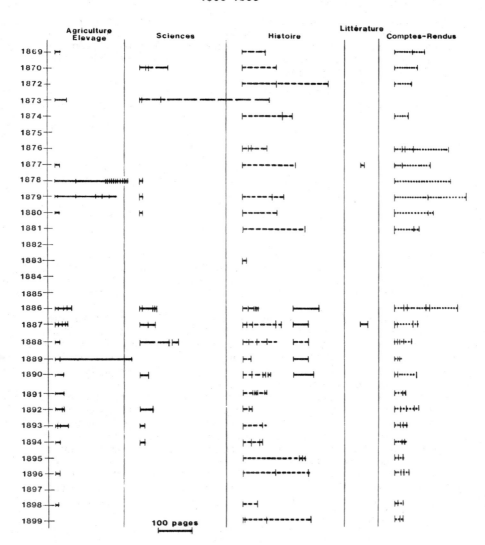

Fig 5. Les centres d'intérêt dans le bulletin de la Société d'Agriculture de Hte-Saône 1869-1899

En 1877, pourtant, le président Reboul de Neyrol déplore encore le manque de dynamisme des membres de la Société et propose des axes de recherche précis, qui débordent largement les seuls problèmes agricoles :

> "Les questions à traiter abondent : il n'y a que l'embarras du choix. Tout pays a son histoire, sa faune, sa flore, sa géologie, ses cours d'eau et ses méthodes d'irrigation, son sol forestier, ses terrains vagues, sa vaine pâture" (Bull. Soc. Agr. 1877, n° 7, p. 35).

Ces divers sujets fourniront des contributions très variables durant la période postérieure (cf. fig. 5). En règle générale, durant les trente années qui séparent la création du "Bulletin" de la fin du siècle, l'agriculture et les problèmes qui lui sont liés utiliseront moins de 15% du total des pages publiées, mémoires et rapports compris, à l'exclusion de brèves notes dans les comptes-rendus des séances, touchant particulièrement les problèmes économiques généraux (droits de douane). Les sciences naturelles et physiques occupent également une place réduite (environ 10 % du texte), très variable selon les recueils. La littérature (poésie, légendes) fait une timide apparition, tandis que l'histoire prend largement la première place, en occupant près de 4 pages sur 10 sur l'ensemble de la période.

Pourtant l'agriculture reste, comme durant la période précédente, au centre des préoccupations de la Société. En 1890, le vice président Chevassu écrit : "l'agriculture doit être surtout l'objet de notre sollicitude et de nos constantes préoccupations..." (Bull. Soc. Agr. 1890 - n° 21).

Cette "sollicitude" ne se traduit plus toutefois dans le volume des textes publiés, souvent très courts : malgré la place réduite occupée par les questions agricoles dans les Bulletins, le nombre de notes, articles, rapports et mémoires sur le sujet (plus de 200 références en moins de 30 volumes annuels) témoigne encore de l'importance qui lui est accordée.

De nombreuses notes, souvent de taille réduite, traduisent l'attention de la Société pour la pratique agricole et l'élevage. Plus de vingt textes concernent la viticulture et ses déboires (phylloxera, mildiou, black-rot), surtout à partir de 1883. La destruction des insectes et animaux nuisibles aux cultures fournit le sujet de plusieurs communications : lutte contre les animaux nuisibles (1879), contre les hannetons (1883), contre les chenilles (1883). Un "catalogue des insectes nuisibles à l'agriculture et à l'horticulture dans le département de la Haute-Saône" occupe 56 pages en 1870.

Des plantes prennent une importance particulière : la pomme de terre, ses cultures, ses variétés (1879 ; et 26 pages en 1889), son ennemi le doryphore ou colorado (1878) ; le houblon, objet de plusieurs articles à la fin du siècle ; la betterave à sucre (1886), le potiron... On note également un rapport sur une éducation de vers à soie à Rosey (1869).

Contrairement au début du siècle, l'accent n'est pas mis sur l'acclimatation de plantes étrangères. Seuls peuvent être signalés le panais en 1879, et comme plante fourragère, la consoude rugueuse du Caucase, en 1880. Ce qui est recherché est davantage la protection d'un acquis (lutte contre les maladies) ou l'amélioration des pratiques culturales (comparaison de la valeur ajoutée pour des semis de céréales en ligne ou à la volée en 1879, amélioration des prairies par la chaux, en 1879 ; de l'entretien d'un poulailler pour la ponte des oeufs en 1892). On note également au fil des pages la rareté des présentations de matériels et techniques nouvelles, bien que la Société s'efforce de promouvoir la mécanisation de l'agriculture. Ce but est rappelé aux sociétaires dans le rapport de M. Hild en juillet 1876 :

> "Provoquer par tous les moyens dont vous disposez les expériences au grand jour, y convier par toutes les voies de la publicité, les agriculteurs de notre département, les prendre pour juges entre leur pratique routinière et les procédés nouveaux, telle est notre tâche" (Bull. Soc. Agr. 1877 - n° 7, p. 230).

Mais outre la relation sur une quinzaine de pages d'un concours de moissonneuses à Gray en 1876, seules sont signalées quelques rares nouveautés, comme les machines agricoles vendues à prix réduit par les établissements Japy de Beaucourt en 1884 ; le joug brisé, et la charrue fouilleuse de Garnier en 1879... C'est vraiment très peu.

L'amélioration des façons culturales dans les vergers retient également l'attention : étude sur les maladies des pommiers et poiriers (1881) et surtout guide pour le choix des variétés (20 pages en 1891), la conduite et la taille des arbres fruitiers (1888 ; 1893). Le rosier fait l'objet d'un très long article de 211 pages en 1889 - qui traite d'ailleurs de bien d'autres questions d'ordre très général : pédologie, engrais, végétation et nutrition des plantes...

L'élevage du gros bétail est à l'origine d'une vingtaine de textes, certains très courts, dont plusieurs sont repris de revues agricoles diverses. L'amélioration du bétail par sélection ou croisement (Bull. Soc. Agr. 1881, 1883, 1884, 1885) comme les maladies (Bull. Soc. Agr. 1883, 1884, 1888, 1898) constituent la plupart des sujets traités.

Mais ce qui apparaît comme un changement net par rapport à la période précédente, c'est à la fois le faible rôle joué par les problèmes de structures agraires (à peine quelques articles signalent-ils le morcellement de la propriété et la nécessité de chemins ruraux) et *l'importance accordée aux questions douanières*.

Le protectionnisme est vigoureusement réclamé, dans une quarantaine de textes, particulièrement nombreux et vifs durant les années 1880-85, qui ne perdront de leur virulence que progressivement, après l'adoption de la loi protectionniste Méline... La Société d'Agriculture s'élève contre la politique gouvernementale et se dresse contre la Préfecture et la majorité du Conseil Général, dans toute une série d'articles polémiques : les tarifs douaniers et l'agriculture (41 pages - 1880). Les besoins du protectionnisme (13 pages - 1880), les prix comparatifs du blé de 1868 à 1882 (Bull. Soc. Agr. 1883). La Turquie protectionniste (Bull. Soc. Agr. 1883). Influence des tarifs douaniers sur l'industrie en général et sur l'industrie agricole en particulier (Bull. Soc. Agr. 1885). Le pain à bon marché (Bull. Soc. Agr. 1885) ; la nouvelle enquête officielle devant les agriculteurs sérieux et indépendants (Bull. Soc. Agr. 1884)... Ces aspects économiques généraux constituent près du quart des sujets traités sur l'agriculture.

L'industrie se signale assez peu, bien qu'à certains moments, on souligne également sa dépendance aux lois générales du marché, et ses difficultés. Citons cependant une courte étude sur "l'industrie de la Meunerie en France (Bull. Soc. Agr. 1884) et quelques considérations sur les distilleries, dans la notice sur l'agriculture du département (Bull. Soc. Agr. 1879).

Les problèmes sociaux ne sont abordés que par le biais d'études sur les assurances agricoles, les offices de crédit ou lors d'une discussion sur l'impôt.

En 1886, une étude du mouvement de population de 1836 à 1881 donne l'évolution des principales villes et bourgs, analyse chaque canton et recherche les causes de son déclin. En annexe figure un tableau précieux de la population par commune de 1836 à 1881 (Bull. Soc. Agr. 1886 n° 17, 58 pages).

Rares sont les notations sociales.

La présentation d'un état de l'économie de la Haute-Saône, dans un compte-rendu de séance en 1872, est accompagnée de considérations sociales et psychologiques sur les habitants des campagnes. Le cultivateur y est présenté "laborieux, sobre, économe", mais "peu progressif par nature, il n'est pas entreprenant" (Bull. Soc. Agr 1873 n° 5, p. 46). M. Hild en 1877 fustige dans le même sens le monde agricole qui "s'obstine... à ne pas être de son temps, à continuer par la plus étrange des routines, les méthodes des siècles passés, dont elle a par contagion délaissé les moeurs simples et les habitudes économiques" (Bull. Soc. Agr. 1877, n° 7, p. 2281). Signalons également : le sombre et curieux bilan que nous livre un extrait publié des "annales de l'Académie de Macon" sur l'"inconvénient de l'allaitement mercenaire", où il est affirmé que "au point de vue moral, le lait étranger peut transmettre des vices de caractère " ! "L'auteur termine son exposé en traçant le tableau de la dégénérescence française, dégénérescence qu'il attribue au luxe effréné, à l'égoïsme, à la démoralisation de la classe ouvrière, au libertinage" (Bull. Soc. Agr 1877, n° 7, p. 257). M. Reboul de Neyrol utilise sa connaissance de l'Alsace où il fut magistrat sous l'Empire pour comparer les systèmes scolaires en Allemagne et en France. L'étude du Socialisme d'Etat en Allemagne lui fournit une occasion de combattre le projet de loi sur les assurances proposé en France par Félix Faure (Bull. Soc. Agr. 1884, pp. 222-229). La tendance générale des pensées de cette assemblée de notables qu'est encore la société d'Agriculture est également illustrée par la discussion d'un projet d'impôt sur le revenu, considéré "comme une oeuvre néfaste, antisociale et funeste au bien-être et à la prospérité du pays" (Bull. Soc. Agr. 1896- p. 27).

Les infrastructures de communication ne sont qu'assez peu mentionnées, en dehors d'un paragraphe particulier dans la "Notice sur l'agriculture du Département de la Haute-Saône" en 1879 (Bull. Soc. Agr. 1879, p. 246-257). Seuls les chemins de fer font l'objet de quelques études, de caractère économique. La Société en 1885 émet une protestation contre l'établissement de tarifs "aller et retour" qui avantagent les longs trajets, élèvent le prix des petits parcours et abaissent celui des grands, au détriment des "habitants des campagnes qui portent leurs denrées aux foires et marchés... dans les centres de population rapprochés..." (Bull. Soc. Agr. 1885 n° 16). En deux articles parus en 1879, P. Schoendoerfer analyse l'utilité des chemins de fer au point de vue de l'économie des frais de transport (Bull. Soc. Agr. 1879, n° 9, pp. 12-16 et 147-150).

Les sciences sont présentes dans la plupart des volumes de la période. Les Sciences naturelles, l'étude de la faune et de la flore occupent en 1870 et 1873 une place très importante. Le numéro 4 du "Bulletin", en 1873 est d'ailleurs en totalité composé de 3 articles : un "aperçu phytostatique sur le département de la Haute-Saône, avec étude du relief et de la lithologie, un tableau comparatif des régions botaniques et culturales, et surtout un "catalogue des plantes signalées dans le département", qui compte 330 pages à lui seul. Les grandes questions sur l'origine des espèces animent deux rapports à partir de 2 livres "De la diversité originelle des espèces animales" et "l'Homme et les animaux", où les auteurs - et les rapporteurs - s'élèvent contre les théories de l'école de Darwin". "L'odoration différente dans les espèces créées en démontre l'originalité primitive et l'indépendance lors de leur création ".(Bull. Soc. Agr. 1878, n° 8, p. 607) ; "Entre l'homme et les animaux, la différence n'est pas seulement en degré, mais en nature" (Bull. Soc. Agr. 1880, n° 10, p. 571-578).

Les études géologiques apparaissent avec les travaux de Paul Petitclerc en 1883 dans de courts articles décrivant le plus souvent une station. Elles se poursuivront plus ou moins régulièrement jusqu'en 1888. C'est à cette date que commence la publication, par le même auteur, de grands travaux sur les oiseaux (Bull. Soc. Agr. 1888, 1890) : "Contribution à l'histoire naturelle de la Haute-Saône" ; "Notes d'ornithologie", suivis d'une "liste des oiseaux observés dans le département de la Haute-Saône" (oeuvre collective). Une étude des "lehms alsaciens" par M. Gasser en 1893 précède dans le numéro suivant le premier mémoire de spéléologie, par le même auteur : "Notice sur la grotte dite "la Baume Noire à Fretigney" (Bull. Soc. Agr. 1894, n° 25).

Les Sciences physiques et les techniques sont peu représentées. Signalons toutefois une notice sur "le Téléphone de Graham Bell", en 1879 dans les comptes-rendus de séance, et une brève communication sur "la lumière Roentgen" - en 1896.

La littérature, sans être totalement absente comme précédemment n'occupe qu'une place très réduite. La poésie est illustrée par quelques poèmes de l'abbé Garnier et trois sonnets d'Emile Longin publiés dans les fascicules mensuels en 1883 et 1884... A peine peut-on citer en outre la relation d'une légende en 1879 : "Ernest le Fort, roi de Belfort" (Bull. Soc. Agr. n° 9, p. 345) et en 1887 l'analyse d'un vieux Noël de Nozeroy (du XVIIe siècle). Les oeuvres littéraires ne sont manifestement pas le fait dominant des préoccupations de la Société.

Par contre l'*histoire apparaît* durant les 30 dernières années du siècle *comme le thème majeur des recherches.* Elle occupe à elle seule près de 40% du total des pages publiées à ce moment. (plus de 2800 pages pour 87 communications). Les articles sont en général assez longs. La moitié des articles comptent plus de quinze pages. Une dizaine avoisinent ou dépassent la centaine de pages. Les sujets sont très variés, traitant tantôt d'évènements locaux, tantôt de problèmes de droit, tantôt d'économie.

Préhistoire et période romaine sont assez délaissées. La première fait l'objet de publications de 1883 à 1885, notamment avec une étude de M. Poly sur "l'Homme Quaternaire" en 1885. Des stations de l'âge de la Pierre seront durant ces années reconnues et analysées (Fedry, Argillières). La période romaine ne sera dévoilée dans la revue que par les fouilles en cours et les découvertes : cimetière antique (Bull. Soc. Agr. 1869), ruines (Bull. Soc. Agr. 1869, 1890), voie romaine (Bull. Soc. Agr. 1884), monnaies (Bull. Soc. Agr. 1884), bronzes gallo-romains (bull. Soc. Agr. 1895). Chacune ne donne lieu qu'à quelques pages de notes tout au plus.

Le Moyen-Age est, de même que le XVIIe siècle, une des périodes qui suscitent le plus d'intérêt. Plus d'une vingtaine de communications se rapportent à la période médiévale. Entre autres, citons la très longue "Etude historique sur la Condition du Peuple du Comté de Bourgogne pendant le Moyen Age" : 348 pages, réparties sur deux numéros, par Aristide Dey (Bull. Soc. Agr. 1870 et 1872). Un "Vocabulaire pour servir à l'intelligence des chartes communales du Comté de Bourgogne au Moyen Age", du même auteur, occupe 120 pages en 1883. La plupart des articles traitent des fiefs (Bull. Soc. Agr. 1869, 1895, 1899), des statuts des habitants (Bull. Soc. Agr. 1869) ou de monuments (Bull. Soc. Agr. 1889, 1894). Peu s'intéressent à des événements historiques précis.

Au contraire, dans la vingtaine d'articles *sur le XVIIe et ses guerres* trouve-t-on de nombreuses relations de faits d'armes (Bull. Soc. Agr. 1877, 1883, 1885, 1887, 1888, 1891, 1899). L'histoire est diplomatique et militaire. On y trouve cependant une étude de "la nation flamande à l'université de Dole (1651-1671) dans le "Bulletin" de 1891, et un "Journal d'un bourgeois de Dole" (1637) dans celui de 1899. Notons que l'importance de cette période de l'histoire comtoise dans les publications de la Société d'Agriculture, très nette à partir de 1884, correspond à la prééminence d'Emile Longin parmi les chercheurs-historiens de la Société : il signe plus d'une douzaine d'articles, et parfois plusieurs dans le même numéro (ainsi en 1888).

La Comté française inspire moins les historiens haut-saônois de la Société d'Agriculture : 8 articles seulement en 30 ans, surtout écrits en fin de siècle (1886-1896)... Et encore comprennent-ils quelques articles sur la période immédiatement postérieure à la conquête, dus à la plume d'Emile Longin (Bull. Soc. Agr. 1886, 1894...). Une étude du bailliage présidial de Vesoul de 1696 à 1790, par Eugène Beauséjour est la seule oeuvre de quelque importance sur la Franche-Comté française d'ancien régime (Bull. Soc. Agr. 1896, 98 pages), avec une communication sur "un Franc-Comtois à Paris sous Louis XIV" - qui compte 77 pages publiées en 1894.

La période contemporaine n'est vue qu'à travers les biographies. En dehors de Pierre-François Piercy, 1754-1825 (Bull. Soc. Agr. 1885), seuls d'anciens collaborateurs de la Société ont droit à une analyse biographique : L. Suchaux en 1884, Mgr Besson de Nîmes en 1888, le Marquis d'Andelarre ancien député, et le Marquis de Raincourt en 1885, Reboul de la Juillière en 1894, le Marquis de Saint Mauris en 1894 ; Roger Galmiche en 1894, Cardot de la Burthe en 1896.

Avec le dernier quart du siècle, *l'histoire s'ouvre à des considérations sociales et économiques*. Déjà en 1869, paraît une très précieuse "Note historique sur l'Etat de la Franche-Comté en 1776, d'après l'Almanach du Solitaire" où sont évoqués la transports réguliers dans la province à cette époque, ainsi que la naissance des foires et marchés, avec une esquisse d'évolution depuis lors. Des articles analysent la situation agricole au XVIIIe siècle (Bull. Soc. Agr. 1887) et au début du siècle (Bull. Soc. Agr. 1875), de même que les industries, les mines et la métallurgie en Franche-Comté au XVIIIe siècle (Bull. Soc. Agr. 1884).

Des études sont entreprises : "Notes sur l'instruction primaire et la condition des instituteurs au siècle dernier" (Bull. Soc. Agr. 1889, 1891) "le Passé Pestilenciel de Vesoul" - histoire et médecine (Bull. Soc. Agr. 1893).

Le problème des frontières naturelles, et notamment de la Saône frontière est évoqué dans un long article de 151 pages, pour dénier tout rôle important à cette rivière dans la limitation des territoires et répondre à une propagande allemande d'alors (Bull. Soc. Agr. 1879).

L'histoire ainsi prend durant toute cette période, à partir du renouveau de la revue, un rôle dominant dans les publications, en liaison avec la renaissance de l'idée de province qui s'affirme alors...

Durant les trente dernières années du siècle, trois phases successives peuvent se déceler, qui ont vu se modifier la forme, la composition et le contenu du "Bulletin de la Société d'Agriculture".

. *Jusqu'en 1881*, les numéros du Bulletin font une large part aux comptes-rendus de séances (sauf exception en 1873), et accueillent un petit nombre d'articles, surtout historiques, mais parfois axés sur la flore et la faune (1870-1873). Avec 1879, se produit cependant une modification progressive, avec l'insertion dans le volume d'un nombre important de petits articles, extraits de publications reçues par la Société et traitant de sujets divers sur les pratiques culturales, et des informations générales de "vulgarisation". Cette tentative assez éphémère (n° 9 et 10 de 1879 et 1880) préfigure cependant le contenu des bulletins de la phase suivante.

. *de 1883 à 1885*, la revue se scinde en publications mensuelles livrées avec les journaux locaux. Aussi la tendance à suivre l'actualité sur les questions agricoles débattues, à fournir des "recettes" d'économie agricole voire ménagère va-t-elle se développer à plein. Certains fascicules signalent même les conditions climatiques de la récolte en cours. Le Bulletin mensuel est alors marqué par une attitude très critique vis-à-vis de la politique douanière gouvernementale. De vigoureuses condamnations sont publiées, contre les dépenses sociales de l'Etat (1883), contre les trop bas tarifs douaniers (1884). La polémique contenue en 1885 avec prise à partie de M. Grandeau, chef de la Station Agronomique de l'Est, jugé trop "libre-échangiste". Presque chaque fascicule mensuel est ainsi partisan. A la fin du volume annuel persistent des communications plus étoffées où voisinent les sciences naturelles, la géologie, la préhistoire, à côté de l'histoire proprement dite. C'est durant cette période que la poésie fait une apparition éphémère dans la revue.

. *A partir de 1886*, le "Bulletin" redevient annuel. Les Comptes-rendus perdent peu à peu de leur importance, alors que s'estompe la passion, de même que les problèmes strictement agricoles. Le nombre de titres retenus diminue tandis que l'importance de chaque communication croît. L'histoire occupe une place de plus en plus grande. Jusqu'en 1893, les sciences naturelles (ornithologie) sont assez bien représentées, pour cesser ensuite totalement d'apparaître. Vers la fin du siècle, les communications historiques occupent près des 2/3 des volumes, en trois ou quatre gros articles d'une centaine de pages. La vivacité de la revue et de la société en est bien diminuée, et se résout parfois en de longues monographies, comme en 1898, où près de la moitié de la revue étudie la Vallée de Guebviller et les Ballons...

Durant ces trente dernières années, on assiste ainsi à une montée et à un bouillonnement de la Société, dans un cadre oppositionnel, qui s'enfle autour des années 1880-1890, où fourmillent les apports des diverses disciplines, pour perdre peu à peu de son souffle et se cantonner dans quelques longues dissertations historiques qui forment l'essentiel des volumes annuels de la fin du siècle...

3. L'espace d'intérêt

De par ses statuts, la Société doit se "rendre vraiment utile à l'agriculture" (discours du Préfet - 31 août 1820). Tout ce qui peut promouvoir le progrès, appeler l'attention des agriculteurs sur les améliorations culturales est son domaine prioritaire. Si son assise territoriale est le département, ses travaux essentiellement pratiques, reflètent longtemps peu de spécificité régionale. Les premières publications, composées d'articles extraits de diverses revues extérieures, ne sont pas axées sur le milieu local, traitent de problèmes agricoles généraux ou rapportent des expériences et pratiques données comme modèles, sans références spatiales particulières. L'assise territoriale, la spécificité du milieu haut-saônois, voire la simple allusion à un cadre local sont absentes de la plupart des communications et comptes-rendus, dans toute la première partie de la vie de la Société...

Le modèle d'économie agricole en ce sens apparaît a-spatial, presque universel, ne dépendant que peu des conditions du milieu local, ou s'adaptant sans problème aucun au cadre haut-saônois jugé réceptif.

Ainsi en 1829, sur 176 pages, seules 18, de manière incidente encore, traitent de faits locaux (procès verbaux d'expérimentations, rapport sur une maladie charbonneuse dans un village...). Sur les 79 pages du Recueil Agronomique de 1830, plus de 50 pages fournissent des instructions, communications et rapports d'ordre très général.

Cette vision "universaliste" de l'évolution vers le progrès se retrouve dans la plupart des "Recueils agronomiques" dans la première moitié du siècle. La Haute-Saône est automatiquement et nécessairement incluse dans l'évolution en cours, qui ne saurait devoir son succès qu'à la volonté de ses élites agricoles - au premier chef les propriétaires agronomes - de combattre l'obscurantisme lié à la tradition paysanne, et de mettre en pratique des méthodes scientifiques hardies. Le progrès ne peut venir que de la connaissance générale, non de la recherche des besoins et de la prise en compte des aptitudes des milieux locaux.

Aussi voit-on fleurir les conseils pour la culture de nouvelles espèces, issues de climats et de milieux très divers, et recommander l'introduction d'animaux étrangers.

Les articles reproduits extraits de revues extérieures traduisent cet aspect non localisé des visées agricoles. Tout peut être tenté. L'agriculture anglaise est considérée par la Société d'Agriculture comme un modèle et fortement citée. Les deux-tiers du tome 3 du "Recueil agronomique" en 1829, sont composés d'extraits de brochures anglaises... Et toutes les grandes revues agricoles régionales françaises sont mises à contribution, de quelque coin de France qu'elles proviennent...

La vision universaliste des possibilités agricoles, pour laquelle l'effort des hommes prime la nature, diminuera cependant peu à peu, en même temps d'ailleurs que l'agriculture perdra de l'importance dans le contenu du "Recueil agronomique", au profit des discussions des séances du Conseil agricole d'abord, de communications scientifiques et historiques d'érudits locaux ensuite.

Au contraire de ses premiers numéros, le "Recueil Agronomique" dans ses dernières années, puis le "Bulletin de la Société" à partir de 1869 seront ainsi davantage des revues centrées sur des sujets spécifiques, locaux et régionaux.

La vision générale n'existe pas seulement dans des sujets purement agricoles et économiques. Le Docteur Pratbernon, un des plus féconds auteurs de la période 1830-1840 analyse une société rurale (Rec. Agr. 1831, 1840), sans références précises à un cadre local particulier, avec à peine quelques allusions régionales. Les recettes de pratique culturale et ménagère abondent, jusque dans les fascicules mensuels de 1885. L'histoire même et les Sciences fournissent leur contribution : "Rapport sur l'origine des Fleurs de Lys royaux (Rec. Agr. 1830), la lumière Roentgen (Bull. Soc. Agr. 1896), le téléphone de Graham Bell (bull. Soc. Agr. 1879). L'homme préhistorique (Bull. Soc. Agr. 1881). De l'utilité du chemin de fer au point de vue de l'économie des frais de transport (Bull. Soc. Agr. 1879). Méthode pratique pour la résolution des équations du 3e degré (Rec. Agr. 1859) pour ne citer que quelques uns des articles qui auraient pu figurer dans une revue d'une quelconque autre région française...

Toutefois les références spatiales ne sont jamais totalement absentes des publications. Certains sujets traités révèlent une vision du cadre d'intérêt de la Société. Les références à des expériences locales précises, à des situations particulières fournissent la trame de l'assise régionale de la revue et de l'espace d'intérêt des membres de la Société, qui varient d'ailleurs selon les époques.

Le cadre départemental étroit est par les statuts de 1820, renouvelés en 1850 et 1860, la base d'action de la Société d'Agriculture, et les nouveaux découpages administratifs, arrondissements, cantons, permettent des études et des opérations plus localisées. Les recherches statistiques, les bilans se conforment à la nouvelle géographie politique. Déjà en 1811, dans la première série des publications de la Société d'Agriculture, paraît un "Essai historique et statistique sur l'Agriculture dans le département de la Haute-Saône", de M. Marc. En 1827, le même cadre départemental fournit à M. Boisson l'aire d'étude d'un "Rapport sur l'Etat de l'Agriculture dans le département de la Haute-Saône". Les primes proposées à ses débuts par la Société sont à base départementale. La commission de statistique, créée en 1839-40 envisage des "études particulières à entreprendre, des renseignements à faire venir de tous les points du département" (Rec. Agr. 1839, p. 174). La statistique générale de l'agriculture (Rec. Agr. 1849, 1852) la carte géologique et agronomique (Rec. Agr. 1851, 1852), la statistique minéralogique et géologique (Rec. Agr. 1852) sont également toutes prévues sur une base départementale stricte.

Les divisions départementales fournissent les échelons d'études plus localisées. En 1819 sont créées des Sociétés d'Agriculture à Lure et à Gray. Les analyses des questions forestières (reboisement, primes...) se font à l'échelon des arrondissements (Rec. Agr. 1827, 1829, 1847...) tandis que les Comices agricoles regroupent deux, trois ou quatre cantons. Ce niveau administratif local fournira à certains moments la base d'études plus précises ("Situation de l'agriculture à Noroy-le-Bourg, dans une étude du Docteur Pasteur, en 1837), et de discussions sur le ressort territorial du pouvoir des gardes champêtres (Rec. Agr. 1847)...

A partir de 1845, le "Recueil Agronomique" devient l'organe du Congrès Agricole, en session annuelle officielle en présence du Préfet, et débat sur des questions très diverses, dont certaines transmises par le Ministère de l'Agriculture et du Commerce. La prise en compte de la base administrative officielle s'accentue. Les débats sont menés pour fournir des réponses, au nom de l'agriculture du département. De nombreuses notes traduisent l'importance prise par cette nouvelle structure spatiale issue de la Révolution. Chaque analyse est toujours basée sur la situation locale et faite au nom du département, considéré comme l'unité fondamentale. Chaque intervention se fait dans le cadre haut-saônois. Ainsi sont les discours des préfets, les considérations à l'appui des requêtes (demande de rétablissement du privilège de la culture du tabac en 1856, 1857, demande pour la création d'un dépôt de remonte à Faverney en 1851), les justifications des réponses aux questionnaires ministériels (en 1852, 1853 sur la falsification des vins, sur les besoins de sel pour les animaux... sur le morcellement de la propriété rurale, 1857 sur le reboisement...). Le niveau départemental apparaît comme le niveau administratif et spatial pour la plupart des préoccupations.

Ce recours systématique à l'entité administrative officielle et ses subdivisions se comprend aisément à une période où la Société d'Agriculture est nettement sous la tutelle préfectorale et compte en son sein la plupart des chefs de services départementaux (cf. fig. 3). Outre les membres de droit que sont le Préfet, le général commandant la subdivision militaire de Haute-Saône, le Secrétaire Général de la Préfecture, se retrouvent comme membres résidants l'ingénieur en chef des Ponts-et-Chaussées, l'architecte départemental, l'Inspecteur de l'Académie, le Directeur des Contributions indirectes, le Directeur des Contributions directes, le Payeur du département, le Conservateur des Hypothèques, le Receveur Général des Finances...

Les études pour cerner une assise et un sentiment d'appartenance à une unité spatiale départementale se retrouvent dans les recherches sur le passé local. Ces recherches ne prennent corps que peu à peu et sont surtout axées sur un lieu précis, un monument, une trouvaille... Sont citées dans le "Recueil Agronomique" une notice sur les antiquités trouvées à Luxeuil, des analyses sur un tombeau antique de Mantoche, sur des pièces et médailles de l'Eglise de Flagy. Seule est publiée une étude sur la chapelle de Résie à Pesmes.

Cette tendance à la monographie d'un aspect local du département est confirmée par l'institution en 1846 du "Concours de la meilleure notice historique", "sur une commune, une famille, une abbaye, un château ou un monument quelconque du département". L'histoire est ainsi éclatée en parcelles locales et le département veut se créer un passé en rassemblant tous ces menus morceaux...

La Haute-Saône apparaît toujours comme une unité fondamentale qui se distingue et se compare aux autres départements (avec le Nord, la Somme, la Seine inférieure en 1856). L'opposition est très nette avec Besançon et le Doubs en 1850 (Rec. Agr. tome 6 n° 1), à propos de l'installation des lignes de chemins de fer. La Haute-Saône, propice à toute agriculture, est comparée au Doubs déshérité :

"On a parlé de ce qui se fait dans le département du Doubs, mais il n'y a pas de comparaison à faire entre des situations dissemblables. Dans les montagnes du Doubs, les terrains communaux sont amodiés pour le pâturage, pourquoi ? parce qu'on ne peut en user que par le pâturage. Là le pâturage est l'indispensable mode de jouissance, tandis que chez nous les propriétés communales sont presque partout susceptibles de cultures (Rec. Agr. 1856, tome 7 n° 4).

"Là", "chez nous", ces termes traduisent l'absence d'un sentiment d'appartenance à une même entité régionale qu'est l'ancienne province de Franche-Comté. Jusqu'en 1865, les termes Comté, Comtois apparaissent très peu, supplantés par les cadres départementaux et la tutelle administrative pesant sur la Société d'Agriculture haut-saônoise.

A peine peut-on noter quelques références à l'ancienne province dans quelques titres : un extrait d'une notice, due à la plume du doyen du Conseil de Préfecture du Jura, sur "quelques points d'amélioration de l'agriculture dans la Province de Franche-Comté (Rec. Agr. 1827, pp. 303-333), un rapport sur un "Précis d'histoire de Franche-Comté", dont "la Société ordonne l'impression" comme "intéressant travail" en 1847. Une étude des boeufs exportés de Franche-Comté en 1853 et 1854 analyse, malgré son titre, le bilan des ventes dans la seule Haute-Saône et l'arrondissement de Baume-les-Dames (1853 - tome 7, n° 1 et 1854 tome 7 n° 2). Ces trois notes pèsent peu au regard des nombreux rapports établis dans un cadre départemental... La Franche-Comté n'existe pas dans les préoccupations de la Société d'Agriculture...

A la reprise des publications en 1869 s'élabore un nouvel esprit. Avec la diminution d'influence des Congrès agricoles - dont les comptes-rendus de loin en loin n'occuperont plus que quelques pages, et en accompagnement de la montée d'un engouement pour les études historiques, apparaît *le sentiment d'une appartenance à une région plus vaste identifiée à l'ancienne Franche-Comté.*

La Haute-Saône demeure pourtant présente dans de nombreuses études. Les statistiques demeurent dans un cadre départemental strict : état de l'économie de la Haute-Saône en 1872, statistiques de l'espèce bovine en Haute-Saône - avec distinctions par arrondissements - en 1874 ; notice sur l'agriculture du département, en 1879, et surtout l'imposant "Mouvement de la population de la Haute-Saône de 1836 à 1881", paru en 1886, avec analyse aux niveaux des arrondissements, des cantons, des communes.

Viennent s'y ajouter des articles plus réduits, examinant à l'échelon départemental un secteur précis d'activités : les possibilités de reboisements en chênes truffiers (en 1877), un bilan de la peste bovine qui sévit de 1870 à 1871 dans le département (en 1879) ; l'amélioration de l'espèce bovine (en 1883), l'industrie laitière (en 1885) ; la pomme de terre en Haute-Saône (en 1889).

Surtout des publications scientifiques, particulièrement d'histoire naturelle prennent comme aire d'étude le département : "les insectes nuisibles dans le département de la Haute-Saône (Bull. Soc. Agr. 1870) ; "Aperçu phytostatique sur le département de la Haute-Saône (Bull. Soc. Agr. 1873) où sont distinguées les 3 zones vosgienne, sous-vosgienne et jurassique, "catalogue des plantes signalées dans le département" (Bull. Soc. Agr. 1873) ; "Notes d'Ornithologie - Contribution à l'histoire naturelle de la Haute-Saône" (Bull. Soc. Agr. 1888, 1890, 1892) ; "Liste des oiseaux observés dans le département de la Haute-Saône (Bull. Soc. Agr. 1888).

Les études historiques qui se développent alors, axées sur le moyen-âge et l'époque moderne, dédaignent la période contemporaine. Jusqu'à la fin du siècle, aucune, en dehors d'une analyse démographique, ne s'intéresse au XIXe siècle, et de ce fait ne s'inscrit dans un cadre global proprement départemental. Par contre, se fait jour l'attrait du passé franc-comtois : recherches des grands moments de l'histoire provinciale, surtout en opposition avec la puissance royale française. C'est ainsi que sera évoquée la résistance aux envahisseurs français. Dans le Bulletin de 1883, le président Reboul de Neyrol exalte le pur patriotisme du poème du Docteur Bouvier d'Héricourt sur la défense et l'incendie d'Arcey en 1674, et l'héroïque résistance que les habitants de ce village opposèrent aux troupes du Grand Roi...

En 1870, en préface à une étude historique sur la "Condition du Peuple au Comté de Bourgogne pendant le Moyen-Age", qui occupera 350 pages (Bull. Soc. Agr. 1870 et 1871 n° 3 et 3), Aristide Dey annonce "L'histoire de France ne pourra se faire, croyons-nous, qu'après celle des provinces", et prélude à un grand nombre d'oeuvres traitant du passé comtois.

Du niveau départemental des études annoncé par les statuts de 1820 et 1850, on passe progressivement au plan régional comtois. En 1899, l'Assemblée justifie un refus de publication d'un "manuscrit de grande valeur" sur l'Algérie, par le fait qu'elle "n'accueille dans ses publications que les documents qui intéressent directement l'histoire de la Franche-Comté" (bull. Soc. Agr. 1899 - n°3, page XXVI).

Par les souvenirs communs d'une période faste et de la lutte de résistance à la conquête, la Franche-Comté prend une réalité de plus en plus grande. Les "Bulletins de la société d'Agriculture" abondent jusqu'à la fin du siècle en travaux directement axés sur l'histoire de la province, même si dans certains cas (Bull. Soc. Agr. 1877, 1880, 1881) seul est évoqué le "bailliage d'Amont en Franche-Comté", plus proche du cadre départemental.

L'histoire comtoise ne se limite pas à traiter de ce qui peut intéresser par quelque côté la Haute-Saône. En 1891, paraît une étude sur "la nation flamande à l'Université de Dole" (bull. Soc. Agr. 1891 n° 22) et en 1899, la relation du "Journal d'un bourgeois de Dole" (Bull. Soc. Agr. 1899 n° 30). A priori, tout ce qui est franc-comtois concerne la Haute-Saône. Ainsi est relatée une "sommation du château de Montsaugeon par Guébriant", lors de la guerre de Dix ans (Bull. Soc. Agr. 1891 n° 22). Montsaugeon, dans le Jura, entre Crotenay et Champagnole...

Les analyses historiques ne sont pas seulement liées à des événements précis et des faits d'armes du passé comtois. Elles reconstituent parfois certains aspects de la vie de la Province au siècle précédent, au travers d'une approche économique. Un "Etat de la Franche-Comté en 1776 (Bull. Soc. Agr. 1869 n° 1) analyse, d'après "l'Almanach du Solitaire" les conditions de transports, les foires, les mesures en vigueur, à la fin du XVIIIe siècle, et donne un reflet de la Province, axé sur Besançon, Vesoul, Gray, Salins, où la montagne est absente. En 1884, un article sur "l'industrie des Mines et la métallurgie en Franche-Comté au XVIIIe siècle" recense les mines en activité", leurs produits et leur situation" économique" (Bull. Soc. Agr. 1884 n° 15, pp. 194-210). Une communication plus succinte et moins précise sur "l'Agriculture en Franche-Comté au XVIIIe siècle" est publiée en 1887 (Bull. Soc. Agr. 1887 n° 18, pp. 14-33).

Les quelques pages littéraires publiées entre 1883 et 1887 dans le Bulletin de la Société d'Agriculture témoignent également du souci de rassembler autour de l'idée provinciale. C'est le "Paysan franc-comtois" en 1883. Ce sont, en 1884, les "Sonnets francs-comtois", où le "Bûcheron du Lomont" et le "Vigneron d'Arbois" voisinent avec le "Mineur de Ronchamp", traduisant ainsi un aspect de chacun des trois départements issus de l'ancienne province. En 1884 paraissent également les "Tupes francs-comtois" de l'Abbé Garnier, et en 1887 "Un Noël franc-comtois" donne le récit commenté d'un poème de Noël en patois de la région de Nozeroy...

Dans le même sens va la parution durant une dizaine d'années, à la fin de chaque volume, sous la signature d'Emile Longin, de "Notes pour servir à la Bibliographie franc-comtoise", "dont l'unique but est de glorifier la fécondité de la patrie franc-comtoise, en plaçant chaque année sous les yeux de ses enfants le tableau des écrits qu'elle voit éclore ou qu'elle inspire (Bull. Soc. Agr. 1883, n° 14, p. 401).

Cet essor de l'esprit régional s'exprime par les relations soutenues entre sociétés savantes, par la participation aux réunions de la Société d'Agriculture de Montbéliard, de la Société d'Emulation du Doubs, par la publication des discours et voeux prononcés à cette occasion et l'établissement d'un rapport détaillé sur la vie de ces sociétés-soeurs. Dans un discours du 4 mars 1883, le Président Reboul de Neyrol exalte ces journées "appelées à resserrer les liens de sympathique confraternité qui unissent" sa "Compagnie aux autres associations de la Province" (Bull. Soc. Agr. 1883, n° 14, p. 58). Dans le même numéro, Emile Longin affirme qu' "en présence de l'absorption des forces vives de la France par la ville qui prétend lui dicter la loi, il est nécessaire que la Province affirme hautement son existence" (Bull. Soc. Agr. 1883, n° 14, p. 324). Propos de provincial et de Comtois qui invite ses collègues à "célébrer ensemble les grands souvenirs de leur patrie", propos de membre d'une société en opposition ouverte avec le pouvoir central sur la politique économique, et qui exalte le patriotisme provincial face au centralisme parisien.

En 1891, la Société affirme une conscience régionale et manifeste sa solidarité avec l'Académie bisontine pour demander l'établissement d'une Faculté de Droit et d'une Université dans la capitale comtoise (Bull. Soc. Agr. 1891 n° 22).

"Nos sociétés comtoises témoignent chaque année par l'envoi de leurs délégués que leur coeur bat à l'unisson du nôtre quand il s'agit d'affirmer une amitié dont la source profonde est notre amour commun de notre cher pays... Le vieux sang comtois coule toujours dans nos veines, l'âme des aïeux vivants dans nos monuments et nos souvenirs respire encore dans notre esprit d'indépendance et dans notre attachement au sol natal". (C.R. du discours du délégué de la Haute-Saône à la Société d'Emulation du Doubs, Bull. Soc. Agr. 1896, n° 17, p. XLII).

Ainsi peu à peu, sans se désintéresser totalement de la vie du département, vu à travers des études sur les conditions naturelles, la flore, la faune, les statistiques économiques, la société retrouve dans le dernier tiers du siècle, ses racines franc-comtoises, avec l'importance accordée à l'étude historique. Les sujets traités, la solidarité avec les sociétés voisines, le vocabulaire employé témoignent clairement en ce sens.

L'aire d'intérêt de la Société, au début du siècle limitée aux frontières départementales va peu à peu englober tous les pays comtois, voire s'étendre dans une certaine mesure à *nombre de pays étrangers* épars dans le monde.

Jusque vers 1860, l'agriculture et les problèmes du monde rural ont été les thèmes majeurs des débats et des préoccupations de la Société. Dans sa quête des facteurs du progrès, elle a recherché partout les faits pouvant servir d'exemples pour les agriculteurs du département : modèles considérés souvent comme universels et universellement applicables. C'est le travail des hommes qui fournit la base première de l'essor agricole, les conditions naturelles et sociales du milieu n'ayant qu'une incidence réduite, dans un pays bien doué comme la Haute-Saône.

De ce fait, la référence à un milieu naturel spécifique ou à un contexte social particulier a peu d'importance, et les passages reproduits de revues étrangères au département doivent fournir des exemples à suivre, quel que soit le cadre régional dont ils proviennent. L'agriculture anglaise, savante, rationalisée, devient le meilleur modèle, et durant toute la première moitié du siècle, le "Recueil Agronomique" puisera abondamment dans les revues anglaises des articles pour l'amélioration des pratiques culturales.

Avec la rupture des années 1865-1869, une autre optique va apparaître : puiser dans les brochures extérieures peut être une solution utile et fournir des exemples, à condition de les "approprier à notre climat, à la nature de nos terres, à nos différents usages agricoles" (programme Bull. Soc. Agr. 1869 n° 1, p. 87). Surtout l'analyse des pratiques et des résultats à l'étranger se fait dans un but didactique, et pas nécessairement pour fournir un modèle. L'ouverture des horizons de la recherche se révèle après 1870 pour livrer à la connaissance des pratiques et bilans agricoles inconnus. Une série d'articles en 1880 traite de l'agriculture successivement en Hongrie, en Italie, en Belgique, en Ecosse, en Irlande. Des analyses des questions sanitaires s'intéressent à la Saxe et la Silésie (épidémie de Trichinose 1883), les Etats-Unis (fièvre aphteuse 1884), la Hollande (police sanitaire 1884).

En 1877, paraissent simultanément une "Etude géographique et climatologique de la Norwège" (sic), ainsi qu'une brève analyse de l'"Instruction publique en Egypte", où "la gratuité existe à tous les niveaux" (Bull. Soc. Agr. 1877 n° 7). La curiosité s'étend à l'Asie et l'Océanie : le reboisement en Australie est évoqué dans un extrait d'article en 1879, la Turquie protectionniste en 1883, les "dolmens du Japon", traduction de l'anglais, en 1881. A la fin du siècle, avec l'expansion coloniale en Afrique Noire, les récits d'une campagne au Soudan en 1891-1892 par le Commandant Peroz occuperont plusieurs séances de la Société d'Agriculture (Bull. Soc. Agr. 1895 n° 26), de même qu'une "Conférence géographique et historique sur Madagascar, où successivement, sur 27 pages, du Bulletin de 1895, seront évoqués "l'orographie, l'hydrographie, les peuples et peuplades, la culture du sol et les productions, les origines et les phases diverses de la prépondérance française à Madagascar".

La perte de l'Alsace-Lorraine en 1870 ne donnera pas lieu à une attaque très marquée contre l'Allemagne. Cependant, dans l'analyse d'une "tradition légendaire franc-comtoise : Ernest le Fort, roi de Belfort", apparaît comme refrain et mise en garde nette : "Dieu, mes enfants, vous garde des hommes de l'autre côté du Rhin !" (Bull. Soc. Agr. 1879-n° 9, p. 345-380). L'Alsace sera le sujet d'un certain nombre d'articles signés du Président Reboul de Neyrol, qui fut haut fonctionnaire à Strasbourg sous le second Empire. Il y étudiera successivement l'enseignement (1878), le socialisme d'Etat (1884), la culture du houblon (1886), la culture de la Vigne (1887). Pourtant en 1884, Emile Longin avait demandé de refuser la publication d'une communication de M. Reboul de Neyrol, sur "l'hygiène des écoles en Alsace Lorraine" comme "absolument étranger à la mission qu'une société savante de province doit remplir" (Bull. Soc. Agr. 1884-n°15, p.. 144-149). En fin de siècle, l'Alsace occupera une place importante dans les publications avec deux volumineux mémoires : "Contribution à l'étude du Lehm de la vallée rhénane - par Auguste Gasser, à propos de la découverte d'une station préhistorique à Soultz (Bull. Soc. Agr. 1893-n°24) et surtout une "monographie de la vallée de Guebviller et du massif du Grand Ballon, qui occupe près des 2/3 du Bulletin de 1898 (Bull. Soc. Agr. n°29, pp. 85-231).

Ainsi donc la fin de l'empire apparaît comme une coupure essentielle dans les préoccupations de la société d'agriculture. Sa doctrine concernant l'évolution vers le progrès s'est peu à peu modifiée dans le sens d'une plus grande prise en compte des conditions du milieu. Ses travaux, d'abord tournés presque exclusivement vers l'agriculture et l'économie rurale, se sont ouverts largement aux sciences naturelles et à l'histoire. Son espace d'intérêt d'abord surtout départemental s'est élargi à la Franche-comté, que retrouve la prise de conscience d'un passé commun de grandeur. Sa curiosité s'est étendue à relater des faits épars sur tous les continents.

Cependant, *la Haute-Saône cernée par les études*, comme la Franche-Comté postérieurement, *ne se moule pas exactement dans les frontières administratives*. Durant toute la première période, la Haute-Saône pratiquée comme une unité, se résoud souvent aux plateaux calcaires et aux grandes vallées de la Saône et de l'Ognon. Elle n'englobe que rarement les cantons marginaux, très différenciés, des Vosges haut-saônoises. La liste des noms cités pour les participations aux divers concours agricoles de la Société sont très clairs à ce niveau. Les trois cantons des Vosges comtoises (Faucogney, Melisey, Champagney) ne sont presque jamais notés. Seule une ferme de la commune d'Amont (le Charme), près de Faucogney, sera une année visitée, pour être aussitôt rejetée comme non satisfaisante. La Haute-Saône des prix agricoles, des améliorations structurelles et culturales, c'est les arrondissements de Vesoul et de Gray. L'arrondissement de Lure se limite à la dépression sous-vosgienne, aux environs de Villersexel, de Lure, de Luxeuil, de Saint Loup.

Le repérage des localités lors des rapports d'analyses de minerais par le laboratoire départemental de chimie de Vesoul, est également significatif. Sur une centaine d'études entreprises entre 1836 et 1840 par M. Thirria, ingénieur des Mines, guère plus d'une dizaine intéressent l'arrondissement de Lure (surtout en bordure du département du Doubs). La région où ont été recueillis la plupart des échantillons s'étale de Pesmes à Vesoul et Faverney, sur les plateaux calcaires. Quelques prélèvements intéressent des localités du Doubs : environs de Cendrey, Rougemontot, la Bretenière pour les fourneaux hauts-saônois de Loulans ; fontes de Clerval et d'Audincourt. D'autres proviennent de communes proches dans le département des Vosges (Fontenoy le Château) et la Haute-Marne (Cirey, Louvemont, Rochvilliers). Par contre, les Vosges Comtoises sont totalement ignorés, de même que la dépression sous-vosgienne. Seul est cité Ronchamp, pour des analyses de pierre à chaux, de minerai de fer et de fonte.

Les Vosges comtoises ne seront que très rarement prises en compte dans la Haute-Saône, et citées comme "plus industrielles qu'agricoles" (Rec. Agron. 1849-p. 438). En 1847, lors de l'attribution des primes pour l'amélioration des forêts, il est pour la première fois fait état des forêts vosgiennes, et du reboisement en épicéas de la vallée de Saint-Antoine au pied du Ballon de Servance. Dans une discussion sur les Caisses Mutuelles seront signalées la papeterie Desgranges à Saint-Bresson, la quincaillerie Laurent à Plancher-les-Mines, et l'industrie textile d'Héricourt.

Il faudra attendre le dernier tiers du siècle pour voir apparaître dans les études agricoles, industrielles et démographiques une prise en compte exhaustive de toutes les régions du département qui n'apparaît plus alors comme un tout homogène. "L'aperçu phytostatique sur le Département de la Haute-Saône" (Bull. Soc. Agr. 1873-n° 4), comme le tableau qui lui fait suite, insistent sur les différences entre les diverses régions botaniques et culturales du département. De même, la "Statistique des Animaux de l'Espèce bovine de la Haute-Saône" (1874-n°5, p. 33-67) fournit l'occasion de noter les nuances régionales, y compris dans les usages alimentaires. La "Notice sur l'agriculture du département", établie par le président Reboul de Neyrol pour l'exposition universelle de 1878 établit un bilan qui n'exclut pas ses marges montagneuses. "L'étude sur le Mouvement de la population de 1836 à 1881" (Bull. Soc. Agr. 1886-n°17) fournit un tableau de la population par communes pour tous les recensements entre ces deux dates, et commente l'évolution des cantons, des bourgs, des villes, des arrondissements. Travail statistique où le département tout entier est analysé. En 1886, A. Depierres publie même une analyse de la zone marginale du département dans sa Communication sur "le Terrain glaciaire dans l'Est de la Haute-Saône, avec étude successive des anciens glaciers du Rahin, de l'Ognon, du Breuchin et de la Combeauté (Bull. Soc. Agr. 1886, n° 17, p. 123-156).

Ainsi durant toute cette période, même si parfois on note un retour à une vue très simplificatrice, comme en 1877 sous la signature de M. Hild (Bull. Soc. Agr. 1877, p. 229), l'étude géographique devient précise, étayée, avec mention des disparités locales.

Pourtant même dans ce dernier tiers de siècle, la Société d'Agriculture demeure fortement marquée dans son recrutement. Les membres non-résidants de 1869 sont même plus étroitement localisés dans les environs de Vesoul que ceux de 1860 (cf. cartes n° 6 et 7). Certains cantons sont totalement absents : Champagney, Héricourt, Villersexel, Faucogney, St Loup dans l'arrondissement de Lure ; Champlitte, Dampierre, Pesmes, Marnay, dans celui de Gray, Montbozon dans celui de Vesoul.

En 1885, avec le triplement des effectifs des membres non-résidants, la répartition spatiale est meilleure sur l'ensemble du département (cf. carte 8). Cependant, on retrouve un fort contingent de sociétaires dans une zone aux abords de Vesoul, de Scey-sur-Saône à Amance et Luxeuil. La haute vallée de la Saône à l'amont de Jussey, les abords de Gray comme la vallée du Rahin

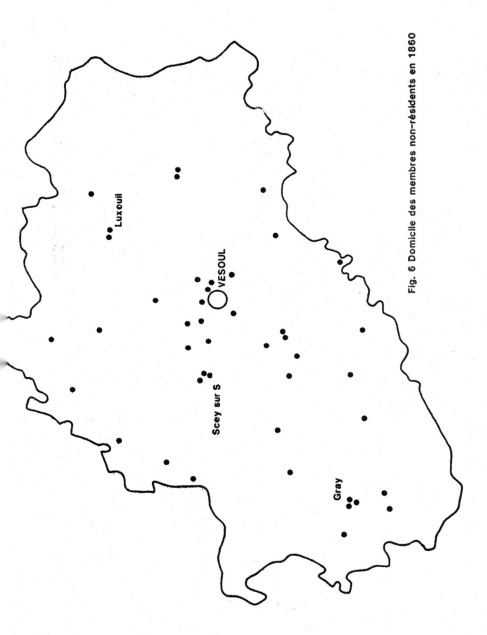
Fig. 6 Domicile des membres non-résidents en 1860

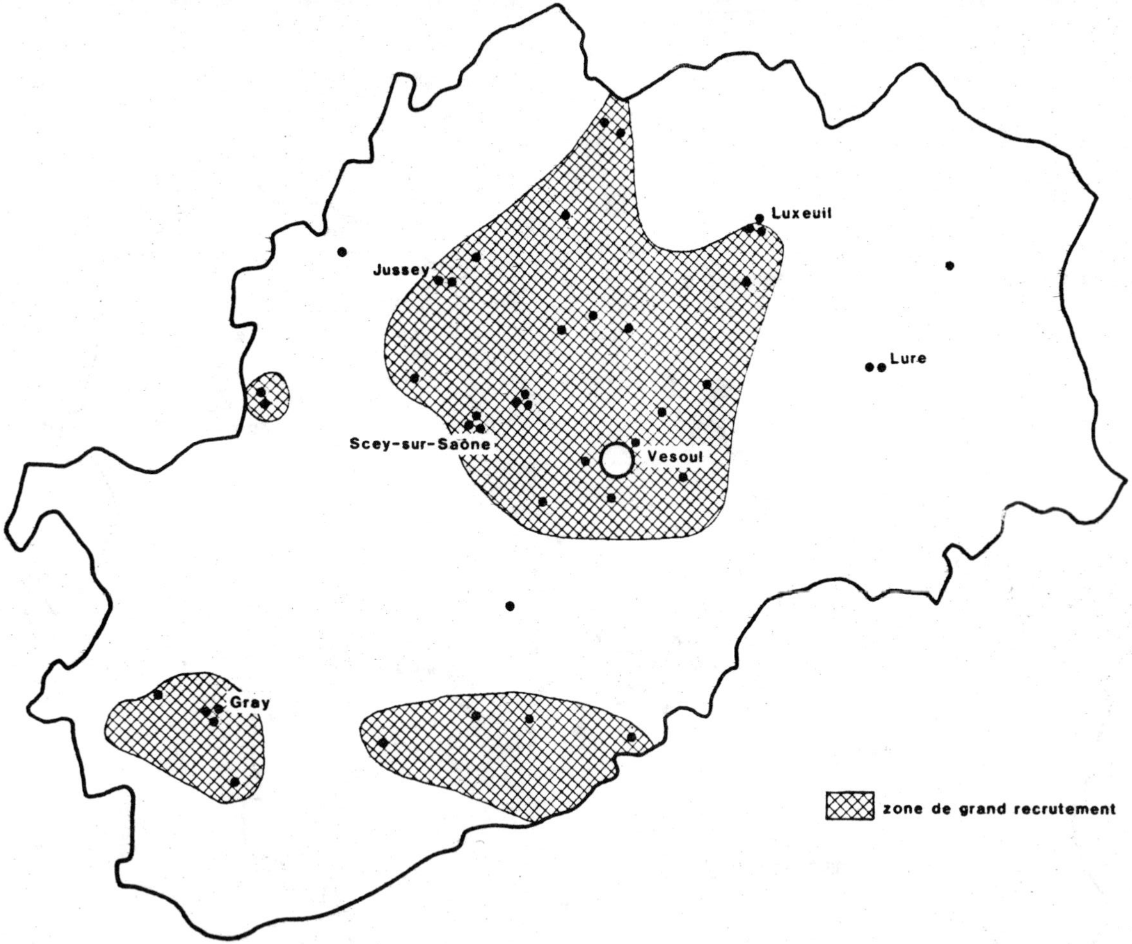

Fig 7. Les membres non résidents de la Société d'Agriculture de Haute Saône en 1869

(d'après la liste publiée par Bull. Soc. Agr. n 1 1869)

zone de grand recrutement

à l'est de Lure sont bien représentés, alors que les vallées vosgiennes de l'Ognon et du Breuchin, la Vôge, la région d'Héricourt sont à peu près vides, de même que la moyenne vallée de la Saône et les plateaux voisins, de Champlitte à Gy et Fretigney... Une tendance au repli sur la région vésulienne marque la fin du siècle (cf. carte 9) avec un développement sur les plateaux au Sud Ouest de Vesoul. La région de Villersexel prend plus d'importance relative. Malgré ses manques (Dampierre, Champlitte, Faucogney, Melisey, Héricourt), l'essaimage sur l'ensemble du département reste cependant meilleur que dans la première partie du siècle. La connaissance profonde des diverses parties de la Haute-Saône ne peut qu'en être facilitée.

4. *La vision du département*
à travers les revues de la Société d'Agriculture.

A travers les revues successives, Recueil Agronomique puis Bulletin, par les articles publiés tantôt sur un sujet précis touchant l'ensemble du département, tantôt plus rarement sur une région particulière de la Haute-Saône, par les notations brèves éparses dans les textes, apparaît une vision du cadre local. Certes la découverte n'est jamais que très partielle et ne fournit nullement une description exhaustive de toute la géographie du département... En certaines périodes, les notations précises seront plus nombreuses et variées, et de ce fait la vision du cadre départemental facilitée.

Par les statuts de la Société, par l'orientation générale de la revue - variable cependant au fil des ans -, les problèmes ruraux et la situation agricole du département seront les mieux perçus et les plus souvent abordés. Avec la période des Congrès départementaux vers le milieu du siècle, et l'ouverture de la revue à d'autres sujets que "la science et la pratique agricoles", on verra poindre une image plus diversifiée de la Haute-Saône.

L'importance accordée, dans les comptes-rendus de séances et les mémoires publiés, aux notations de géographie locale est variable selon les périodes. Les premiers numéros de la Revue Agronomique, essentiellement pratiques et composés d'articles extraits de diverses revues extérieures, ne fournissent guère que des vues, très partielles quant aux sujets abordés, et générales quant à l'espace départemental. Le milieu local est nettement mieux perçu à travers les comptes-rendus exhaustifs des Congrès, publiés vers le milieu du siècle. Les différentes remarques lors des discussions, les réponses aux questionnaires ministériels prennent en compte largement les conditions particulières du département, même si elles ne s'embarrassent pas de nuances locales... Il est possible alors de se faire une idée de la situation d'alors dans le département, sur les questions touchant le monde rural seul abordé.

Après 1869, la revue recréée sous le nom de "Bulletin" fournit au long des trente dernières années du siècle, toute une série de remarques précieuses, suffisant pour étayer une vision du cadre local par les membres de la Société d'Agriculture.

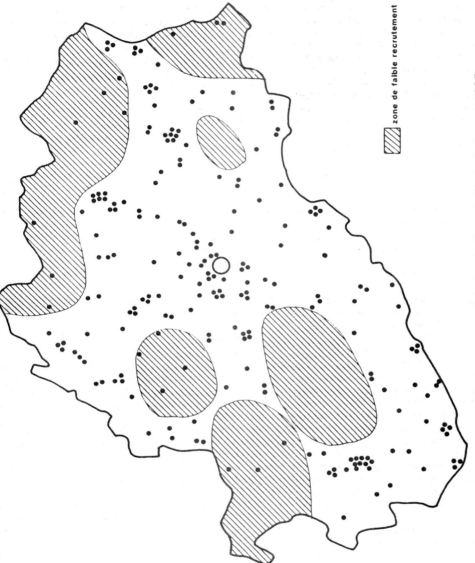

Fig 8. Les membres non résidents de la Société d'Agriculture de Haute Saône en 1885

zone de faible recrutement

La Haute-Saône du début du siècle

Jusqu'en 1845, la lecture des publications de la Société d'Agriculture révèle une vision globale et unitaire du département. Les nuances locales ne sont pas perçues. La Haute-Saône est un cadre unique indifférencié. Les problèmes ou les solutions sont considérés sur l'ensemble de cette nouvelle unité administrative qui remplace la Franche-comté partagée et disparue. Les notations précises restent très éparses, peu nombreuses et disparates. L'analyse en 1827 de l'"Etat actuel de l'Agriculture dans le département de la Haute-Saône" par M. Boisson (Rec. Agr. 1827- tome 2) ne fournit que quelques données, malgré son titre. Elle traite surtout des opérations de la Société d'Agriculture. On y décèle, les moyens d'améliorer l'agriculture départementale, très florissante et exportatrice. Pour accroître les échanges sont demandées la création de chemins vicinaux et l'ouverture de travaux pour rendre la Saône navigable jusqu'à Port-sur-Saône. Gray apparaît alors comme le grand centre du commerce haut-saônois.

Dans l'article du Docteur Pratbernon qui analyse successivement sur une vingtaine de pages (Rec. Agr. 1831- tome 3), l'habitation, les vêtements, la nourriture, les travaux, les moeurs et les passions, l'éducation physique des enfants, se dessine une vie rurale assez fruste, proche de la misère. Mais la société décrite n'est pas cependant nommément désignée comme particulière au département, et l'article reste bien général, comme le réquisitoire contre la vaine pâture, du même auteur en 1840 (Rec. Agr. 1840, p. 237-251). Dans ce dernier texte se révèlent les oppositions de classes, et les sentiments pleins de dédain de l'auteur pour la masse paysanne pauvre :

"Les villageois ne connaissent pas le prix du temps, du travail et de l'industrie".

Les précisions sur les activités agricoles sont très rares. Quelques notes sur des améliorations de prairies dans deux ou trois fermes importantes, la description des exploitations lors des visites du jury pour l'attribution de prix, de brèves considérations sur la situation de l'agriculture et les structures dans le canton de Noroy-le-Bourg en 1837 n'aboutissent qu'à fournir un schéma bien fragmentaire de la Haute-Saône sur une activité qui occupe pourtant la grande majorité de la population.

Les indications touchant l'industrie sont rudimentaires. L'importance de la métallurgie dans certaines régions se déduit des analyses pratiquées entre 1836 et 1840 (cf. fig. 10). Le minerai de fer existe au moins dans les localités citées, une bonne trentaine, situées surtout sur la rive gauche de la Saône à l'ouest d'une ligne Port-sur-Saône, Mailley, Pesmes. Mais des "ferrières" sont signalées également à Ronchamp, Saulnot, Courchaton, Oppenans, Noroy-le-Bourg, Pomoy, dans l'Est du département. Au Nord, Jussey est cité.

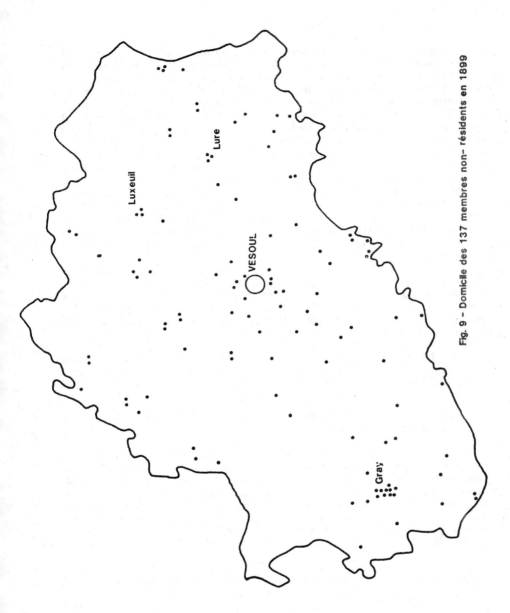

Fig. 9 – Domicile des 137 membres non-résidents en 1899

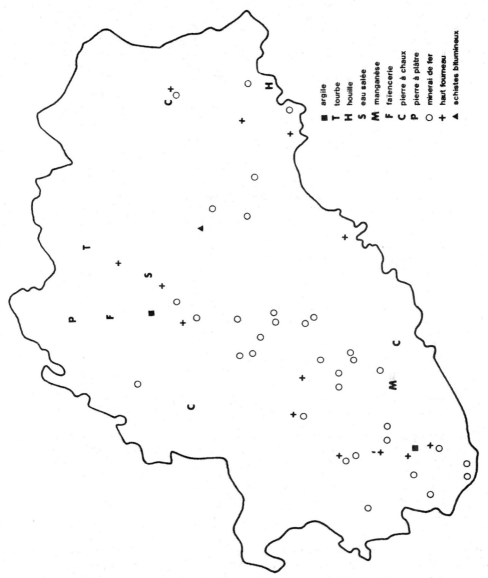

Fig 10. Industries et mines en Haute-Saône 1836-1840 (d'après les indications fournies par les analyses de M.Thirria)

Le minerai de fer extrait doit alimenter les hauts-fourneaux épars dans le département. Les articles de M. Thirria de 1836 à 1840 citent 14 localités haut-saônoises possédant de telles installations. Et la liste n'est sans doute pas complète : Valay, Noiron, Battrans, Montureux-lès-Gray, Seveux, Estravaux (près de Fresne St Mamès), dans l'arrondissement de Gray ; Conflandey, Breurey et Varigney au nord de Vesoul ; Loulans et Larians au bord de l'Ognon ; Fallon, St Georges (Athesans) et Ronchamp à l'Est. Sont également cités, hors du département les hauts fourneaux de Moncley, de Clerval et d'Audincourt dans le département du Doubs.

L'importance des industries métallurgiques est telle qu'elle suscite des problèmes quant à la pollution des cours d'eau. En 1827, est soulignée l'action néfaste des lavoirs des mines de fer dans les eaux des ruisseaux. Et la métallurgie consomme tant de bois que la nécessité du reboisement se pose, malgré la richesse des forêts du département (Rec. Agr. 1827, 1829, 1830, 1831).

La Haute-Saône n'apparaît pas seulement riche en mines de fer et en hauts fourneaux au bois. Les analyses de M. Thirria nous renseignent sur des possibilités d'extraction de pierres à chaux (Melin, Ronchamp, Montboillon), de pierres à plâtre (Montdoré), d'argiles réfractaires (Amance) pour la faïencerie de Clairefontaine (près de Polaincourt). De la tourbe est exploitée dans la vallée de la Semouse près de Saint-Loup ; la houille de Corcelles près Saulnot doit servir à une fabrique d'alun. Il y a du manganèse à Gy, de l'eau salée à Equevilley, des schistes bitumineux à Saulx.

Par ailleurs, en un autre article, est signalé le fonctionnement d'une fabrique de sucre de betteraves à Queutrey près Vellexon en 1827.

Ces listes, ces petites notations éparses ne traduisent toujours que très faiblement les activités du département durant les premières décennies du siècle. La réalité agricole est à peine ébauchée, les industries citées avec beaucoup de lacunes vraisemblablement. Le désir de donner une idée exacte de ce qui existe est à peu près nul dans l'esprit des membres de la Société, comparé à la volonté de montrer ce vers quoi on doit tendre. Aussi n'existe-t-il pas alors une vision bien nette du département, si ce n'est de vagues idées générales sur la richesse et les grandes possibilités dont est dotée la nature haut-saônoise.

La Haute-Saône du milieu du siècle

Les discussions souvent vives des questions abordées lors des Congrès Agricoles départementaux et rapportées par le "Recueil Agronomique" durant une vingtaine d'années fournissent un schéma plus complet de la Haute-Saône sous la Seconde République et l'Empire de Napoléon III.

Le tableau ainsi offert de la Haute-Saône autour des années 1850, est centré sur les problèmes agricoles et particulièrement l'élevage. La Haute-Saône est alors *un département "avant tout agricole"* (Rec. Agr. 1857). Les producteurs exportent "une certaine proportion de *céréales* excédent de la consommation locale" (Rec. Agr. 1853). Le marché de Gray, le principal du département "manipule annuellement plus de 36 000 hl de froment" (Rec. Agr. 1853). "Cependant la concurrence est vive avec les blés d'Egypte et de Sicile, et le marché moins favorable qu'auparavant. Les blés qui s'amoncelaient précédemment à Gray pour Avignon, Beaucaire et Marseille ne vont pas maintenant au delà de Lyon. Aussi les provenances sont-elles considérablement diminuées à Gray, et nos cultivateurs ont perdu en cela une partie de leurs principales ressources" (Rec. Agr. 1852 - tome 6, n° 3).

La culture de la *betterave à sucre* est réalisée en plusieurs endroits de la Haute-Saône, particulièrement dans la vallée de la Saône, autour de Vellexon, où se trouve une sucrerie. Les betteraves de Haute-Saône rivalisent avec les meilleures (Rec. Agr. 1856 - tome 7 n° 4). En 1855, plus de 500 ha sont emblavés en betteraves, avec de bons résultats.

La vigne croit en diverses régions. Les côteaux des environs de Vesoul, de la région de Gy et de la Mance sont cités.

Les pommes de terre connaissent, avec un temps humide, de graves maladies. En 1852, près de 70% de la récolte a été perdue (Rec. Agr. 1852, tome 6, n° 3).

Le Congrès de 1856 demande le rétablissement du privilège de la culture du tabac que la région possédait jusqu'en 1816, "de temps immémorial". La qualité des tabacs était telle alors qu'ils étaient très recherchés, non seulement en France, mais même à l'étranger. Des localités étaient renommées : Amance, Baulay, Vaivre (Rec. Agr. 1856). Ce privilège est rétabli en 1857, et sur les 213 communes de l'arrondissement de Vesoul, 174 fournissent des déclarations et 300 ha plantés "pour le premier essai" (Rec. Agr. 1857, tome 8, n°1).

L'élevage fait l'objet des plus grandes attentions de la Société d'Agriculture, car "chacun sait que c'est dans l'élevage et l'éducation du bétail qu'est la véritable source de prospérité et de progrès en agriculture" (Rec. Agr. 1860, tome 8, n° 4). Les bovins appartiennent à la race fémeline dans le centre et l'ouest du département, à la race croisée-suisse (taureaux de Neuchâtel x vache fémeline) surtout autour de Villersexel, Noroy et Montbozon (Rec. Agr. 1856, tome 7 n° 4). Dans le canton de Faucogney, on préfère "une petite race qui ressemble à celle des Vosges" (Rec. Agr. 1856).

Cet élevage n'est pas à destination laitière. Ce n'est qu'en 1850 que l'on voit apparaître la première fruitière haut-saônoise à Vernois sur Mance. En 1860, le département compte 10 fruitières surtout dans la région de Jussey.

L'élevage bovin, dont on regrette (Rec. Agr. 1856, tome 7, n° 4) qu'il ne se fasse pas davantage à l'étable, donne lieu à une exportation considérable : 7 à 8000 têtes partent tous les ans des foires de Vesoul, Port-sur-Saône, Montbozon, Villersexel et Lure (Rec. Agr. 1852, tome 6, n° 3).

Ce bétail maigre, est vendu à des marchands du Nord et de l'Aisne, qui l'engraissent à la pulpe de betteraves pour les marchés parisiens (Rec. Agr. tome 7, n° 1). Les "Flamands n'achètent point de race fémeline, et préfèrent les boeufs dits de l'Ognon, provenant des taureaux des montagnes du Doubs et des vaches du pays" (Rec. Agr. 1853). Cette exportation qui se développe d'année en année selon les tableaux comparatifs de M. Grappe (1853 - tome 7, n° 1 ; 1854, tome 7, n° 2) et rapporte environ 2,5 millions de francs porte sur du bétail de réforme. "Le petit cultivateur produit du bétail non pour la vente, mais comme instrument de culture nécessaire, dont il se défait quand il cesse de lui être utile" (Rec. Agr. 1853, tome 7, n° 1). En aucune façon il ne peut l'engraisser car "l'emplacement manque, la production fourragère est insuffisante, la stabulation pas assez répandue".

Cependant l'élevage connaît des difficultés vers 1855 :

"On s'est vivement préoccupé depuis quelque temps de l'abandon dans lequel semble être tombé l'élevage de la race bovine comtoise pure, dite fémeline... De toutes parts, au moment où le mal semble être imminent, de nombreuses voix s'élèvent pour signaler comme un dommage la dégénérescence de cette race" (Rec. Agr. 1855, tome 7, n° 3).

Les résultats de la politique suivie durant une vingtaine d'années concernant l'amélioration du bétail par croisement avec les races suisses sont fortement mis en doute :

"Le sang bernois ou fribourgeois répandu à profusion dans toutes nos campagnes a donné une plus grande taille mais n'a apporté aucune des qualités que l'on recherche aujourd'hui. La production laitière n'a pas augmenté, l'aptitude au travail et la qualité de la viande ont diminué, l'engraissement n'est pas plus précoce mais plus dispendieux, le rendement en viande est moindre ; l'augmentation de taille et de poids coûte plus qu'elle ne rend." (Rec. Agr. 1855, tome 7, n° 3).

Cette position n'est cependant pas unanime dans la société quant au devenir des races bovines locales, puisqu'un article de 1860 exalte "notre département si riche en prairies naturelles, si approprié par la composition du sol à la culture de toutes les prairies artificielles, fier a si juste titre de ses bestiaux de travail et surtout de sa race bovine..." (Rec. Agr. 1860, tome 8, n° 4).

La Haute-Saône est en outre un grand producteur de chevaux pour les besoins de l'artillerie (Rec. Agr. 1851, tome 6, n° 1). Cependant le transfert des haras de Jussey à Besançon et la concurrence vive des chevaux allemands (Rec. Agr. 1852, tome 6, n° 3) créent des problèmes importants à cet élevage.

Le morcellement des terres est très important et s'accroît de plus en plus, par suite des partages... Il existe un grand nombre de propriétaires ; et leurs terres sont composées de parcelles menues. Le Congrès voit un remède dans des échanges volontaires de parcelles, et l'interdiction de diviser en dessous d'une certaine superficie. Sur 100 domaines de plus de 5 ha, 90 ont entre 5 et 30 ha, 9 de 30 à 50 ha, un seul de plus de 50 ha

(Rec. Agr. 1853). Les prés sont nettement plus recherchés que les champs. Le prix moyen de ceux-ci est fixé aux alentours de 800 F l'hectare, alors que les prés atteignent 2500 F (Rec. Agr. 1852). L'amodiation, par baux de trois, six ou neuf ans est en général en nature, sauf de rares exceptions (Rec. Agr. 1852).

Pour pallier l'inconvénient du morcellement, "les cultivateurs, en immense majorité, s'entendent pour l'assolement soit triennal, soit tout autre selon les usages de chaque localité. Il y a même des communes qui offrent à cet égard une telle uniformité que l'on croirait, lorsqu'on parcourt les champs, qu'ils n'ont qu'un seul propriétaire". L'assolement triennal en usage quasi général en Haute-Saône est cependant contesté car il est lié "au système de la vaine pâture, il fait obstacle à la culture des plantes fourragères et sarclées et à l'élève et l'engraissement du bétail" (Rec. Agr. 1856). Il est cependant jugé nécessaire dans une région aussi morcelée, où la division parcellaire est extrême (Rec. Agr. 1851), et en 1858, il est même demandé de maintenir le ban des vendanges et le ban de fauchaison (Rec. Agr. 1858).

La volonté affirmée maintes fois de développer l'élevage dans le département conduit *à promouvoir les cultures fourragères et à améliorer la qualité des prairies*. Si en 1851, le drainage ne semble pas, pour les membres de la Société d'Agriculture, convenir à la nature haut-saônoise, où seul est retenu le contrôle des eaux dans les biefs des usines le long des ruisseaux et rivières, par contre en 1853, une étude affirme qu'à l'exception du Nord-Est du département, le drainage est bénéfique à une bonne part des prairies de toute la région : un tiers au moins de la surface totale pourrait être concerné (rec. Agr. 1853). Cependant malgré l'appui du gouvernement impérial, les travaux sont lents à se réaliser : 17 ha seulement sont drainés en 1853, et en 1858 la surface totale améliorée n'est que de 68 hectares sur l'ensemble de la Haute-Saône, 24 ha dans l'arrondissement de Vesoul, 39 ha dans celui de Gray, 5 ha dans l'arrondissement de Lure (Rec. Agr. 1858).

En 1852, au milieu du siècle, la Haute-Saône apparaît comme un département riche "par la fertilité de son sol", mais aussi "par ses productions métallurgiques de toute nature", et "par le *nombre et l'importance de ses industries*" (Rec. Agr. 1852, tome 6, n° 3). Ces industries sont florissantes, "n'ont pas connu le chômage" (Rec. Agr. 1857), mais le risque est grave et la situation précaire : le gouvernement paraît avoir une tendance à la diminution des taxes douanières sur les importations de houille et de fer, et "cette tendance amènerait, si elle était suivie d'effet, la ruine de plusieurs industries" (Rec. Agr. 1852).

Les notations concernant ces *productions minières et industrielles* sont rares. A peine trouve-t-on quelques mots épars dans les textes... L'Est du département apparaît comme "plus industriel qu'agricole" (Rec. Agr. 1849- p. 438) et quelques établissements sont précisés : papeteries Desgranges à Saint-Bresson, Quincaillerie Laurent à Plancher-les-Mines, textile à Héricourt, lors d'une discussion sur l'intérêt des Caisses Mutuelles... La région de Ronchamp-Champagney est citée pour ses mines de charbon, Saulnot pour ses mines de fer, Gouhenans pour ses salines qui approvisionnent toute la Haute-Saône (Rec. Agr. 1852). Mais l'entrée du sel de mer dans la région de Gray crée une concurrence active.

L'industrie métallurgique est très dépendante de la production de bois, qui commence à se faire rare, bien que le département "soit l'un des plus boisés de France" (Rec. Agr. 1858).

> "Dans un pays d'industrie métallurgique, comme l'ancienne Franche-Comté, le bois est arrivé à son extrême valeur, et les maîtres de forges se le disputent. Si l'on vendait la fûtaie au lieu de la distribuer (aux habitants des communes, "qui en jouissent en nature"), le marchand de bois et le maître de forges l'achèteraient pour la dépecer, et le propriétaire de maison serait obligé d'en payer deux fois la valeur, s'il fallait la racheter au maître de forges" (Rec. Agr. 1853, tome 7).

Aussi préconise-t-on, devant cette pénurie et cette cherté du bois, un reboisement massif de toutes les surfaces incultes (Rec. Agr. 1858)...

Des améliorations à la situation économique générale sont attendues de *la création de grandes lignes de chemins de fer* "en tous sens".

> "Le département dans quelques années sera traversé par plusieurs lignes de chemin de fer établies dans des conditions tellement favorables que toutes les parties du département seront en communication facile avec les quatre points cardinaux, plus particulièrement avec Paris et avec le midi".

> "Les relations avec le midi sont toutes créées et depuis longtemps les vins et les denrées coloniales remontent la Saône pour se répandre dans ce département et dans les Vosges, tandis que les produits métallurgiques suivent un courant contraire".

> "Les relations avec Paris ont été jusqu'ici d'une très minime importance, et le chemin de fer de Paris à Mulhouse n'a été concédé qu'en vue des points extrêmes de la ligne. Elle n'en est pas moins un bienfait pour ce pays-ci, dont les produits métallurgiques trouvent ainsi un nouveau débouché".

> "L'agriculture se ressentira-t-elle aussi de cette nouvelle création ? Votre commission n'hésite pas à répondre affirmativement" (Rec. Agr. 1853, tome 7, n° 1).

> "Nos blés, nos bestiaux, nos fruits, notre beurre, notre fromage, etc., trouveront un facile débouché non seulement dans les grands centres de consommation, c'est-à-dire les grandes villes françaises, mais encore à l'étranger" (Rec. Agr. 1855).

Cependant l'implantation du chemin de fer s'accompagne d'un renchérissement des denrées "dû à la présence de nombreux ouvriers étrangers" (Rec. Agr. 1858). Et l'ouverture du trafic n'amène pas nécessairement la diminution attendue des prix. "Ce n'est point au défaut des communications et des débouchés que l'on doit attribuer le renchérissement des denrées de première nécessité, puisque nous voyons les céréales moins chères à Vesoul qu'à Gray, d'où les communications avec le Nord et le Midi sont plus faciles".

La construction des chemins de fer, les "travaux urgents des villes" (Rec. Agr. 1856), amènent également une modification considérable dans la vie sociale des campagnes de la Haute-Saône, "département avant tout agricole, dont l'industrie principale, celle du fer, n'a point subi de chômage, où de grands travaux publics s'exécutent, mais où néanmoins la population a diminué de manière notable" (Rec. Agr. 1857).

La baisse considérable de la population du département (36000 habitants en 5 ou 6 ans), est un fait certain et grave, alors que la hausse avait été constante depuis le début du siècle. La Haute-Saône compte encore 312 397 habitants en 1856, mais elle avait cinq ans plus tôt 347 469 habitants. Les causes du déclin sont analysées dans le rapport de Cardot de Laburthe en 1857 :

. le choléra de 1854, qui fit au moins 10 000 victimes dans le département selon les dires du Préfet lors du Congrès agricole de 1854 (Rec. Agr. 1854, tome 7, n° 2)
. l'émigration pour l'Algérie et l'Amérique
. un plus grand nombre de jeunes soldats appelés sous les drapeaux (guerres du Second Empire)
. les travaux des chemins de fer et de diverses industries qui ont offert un prix élevé aux ouvriers.

"Nous pourrions ajouter une propension de plus en plus grande qui porte les campagnes vers le séjour de la ville, à raison de la commodité, de la facilité de vie, et aussi à cause d'un luxe qui séduit aisément la jeunesse" (Rec. Agr. 1857, tome 8, n° 1, p. 102).

Cet attrait de la ville est d'autant plus fort que les conditions de vie à la campagne sont difficiles. Les habitations sont basses, sombres, insalubres (Rec. Agr. 1855, tome 7, n° 3). La nourriture est pauvre, suite à une élévation considérable du prix de la viande (Rec. Agr. 1854, tome 6, n° 2, qui cite les prix atteints par le boeuf, le veau, le porc, le mouton).

"Depuis quelques années, ils (les paysans) ne boivent pas de vin, ils ne mangent pas de viande. Leur nourriture se compose de pain, où le seigle, l'orge et même l'avoine entrent pour la plus grande partie, et de pommes de terre. Encore n'en ont-ils pas toujours pour satisfaire leur appétit" (Rec. Agr. 1855, p. 382).

Ainsi, à travers les idées des notables de la Société d'Agriculture, apparaît la Haute-Saône du milieu du XIXe siècle, en pleine période d'instabilité, sinon de mutation. L'agriculture enregistre quelques progrès, notamment dans l'élevage, mais les structures très morcelées gênent toute évolution profonde. L'industrie métallurgique, longtemps très active, doit faire face à une raréfaction du bois et à une hausse consécutive de son prix.

La survie de cette activité, surtout rurale est liée à un maintien du protectionnisme et des taxes élevées aux frontières sur les importations de houilles et de fers.

Le chemin de fer, regardé comme la panacée à tous les maux, s'installe massivement. Il doit ouvrir le département, permettre sans doute un essor des exportations, mais aussi livrer les produits locaux à la concurrence étrangère. Ce fait n'est cependant pas jugé rédhibitoire.

La vie des campagnes est marquée par la pauvreté, voire la misère et l'attrait du salaire ouvrier et de la ville commence à s'exercer sur une population rurale pléthorique.

Ces années apparaissent, au regard des notations partielles éparses dans le Recueil Agronomique, comme une période charnière, où va basculer tout un mode de vie et se mettre en place progressivement un autre visage de la Haute-Saône pour la fin du siècle.

La Haute-Saône au début de la 3ème République

Avec les années 1870, se dégage une Haute-Saône différente, cernée surtout dans quelques vastes articles de bilan et de description : un "Etat de l'Economie de la Haute-Saône, à partir des réponses au questionnaire de l'enquête parlementaire" (Bull. Soc. Agr. 1872, n° 3, p. 122-142), une "Statistique des Animaux de l'Espèce bovine de la Haute-Saône", par N. Trebut (Bull. Soc. Agr. 1874, n° 5, p. 33-67), une "Notice sur l'Agriculture du département" par le président Reboul de Neyrol (Bull. Soc. Agr. 1879, p. 180-257). A partir de 1885, les notations précises se font plus rares et fragmentaires, pour disparaître à peu près totalement dans les sept dernières années du siècle.

Les nombreux éléments fournis au début de la période permettent de cerner le contour d'un département qui s'est profondément modifié en moins d'une vingtaine d'années.

Le morcellement de la propriété déjà dénoncé dans la première moitié du siècle "fait chaque jour de nouveaux progrès" (Bull. Soc. Agr. 1874, n° 5, p. 37). Il est particulièrement marqué dans l'arrondissement de Lure, où les petites propriétés de moins de 6 ha dominent très largement (60 % du nombre total). Une propriété sur 10 est considérée comme grande, atteignant ou dépassant 20 hectares. Le reste de la Haute-Saône manifeste une situation légèrement plus favorable : le quart des propriétés dépassent 15 ha. (Bull. Soc. Agr. 1874, n° 5).

Une analyse de la situation par M. Reboul de Neyrol pour l'exposition universelle de 1878 donne toutefois une vue différente. Les grands domaines (plus de 50 ha), "existent dans la proportion de 4 à 5% dans les arrondissements de Gray et Vesoul et de 1% dans celui de Lure, les domaines moyens, au nombre de 20% dans les arrondissements de Vesoul et de Gray, et de 30% dans l'arrondissement de Lure (Bull. Soc. Agr. 1879, n° 9, p. 231). Ce qui signifierait que les "petits domaines" -de moins de 15 hectares- représentent 69% du nombre total des propriétés dans l'arrondissement de Lure, et plus de 75% dans le reste de la Haute-Saône, qui serait ainsi plus morcelé. Il reste cependant à savoir ce que représente le "petit domaine" et à partir de quelle superficie minimale une propriété est prise en compte dans chacune des deux études...Là se trouve sans doute la solution aux contradictions apparentes.

L'extrême division des propriétés, constatée un peu partout, gêne la modernisation de l'agriculture, et en particulier "est un obstacle insurmontable au changement d'assolement" (Bull. Soc. Agr. 1874, n° 5, p. 36).

L'assolement presque exclusivement pratiqué reste l'assolement triennal :

. jachère morte, trèfle, pomme de terre, maïs, betteraves
. blé
. seigle, orge et avoine

La jachère morte diminue chaque année et n'occupe que le sixième au plus des terres labourables.

Dans la montagne, l'assolement est plus irrégulier, et le blé n'y entre pas. Il est remplacé par le seigle (Bull. Soc. Agr. 1874, p.36).

En 1879, M. Reboul de Neyrol écrit à ce sujet (Bull. Soc. Agr. 1879-n° 9, p. 186) : "Dans la zone montagneuse... à partir de 700m le sol ne se prête que difficilement à la culture du blé : il est plus favorable à celle du seigle, de l'orge, de l'avoine". La limite des 700m paraît bien élevée pour la culture et le murissement du blé dans les Vosges. Cela supposerait que sur le plateau d'Esmoulières et les hauts vallons de La Montagne et La Rosière on ait pu cultiver le froment. De même "à partir de l'altitude de 400 m on ne trouve presque plus de vignes.

La répartition des 515 000 hectares de la superficie totale du département fait une très large place aux terres labourables (262 000 ha, soit 50,8%), et aux bois (156 000 ha, soit 30%. Les prairies naturelles ne concernent que 63 000 ha (12,3%) et les vignes 13 000 ha (2,5%) (Bull. Soc. Agr. 1875, n° 6, p. 33).

En 1879, M. Reboul de Neyrol donne 277 000 ha de terres labourables et 164 700 ha de forêts (Bull. Soc. Agr. 1879, n° 9).

Sur les terres labourables, *les céréales* constituent la culture la plus répandue : 170 000 ha, où le blé occupe plus des quatre dizièmes (70 000 ha). Les statistiques fournies en 1874 (n°5, p. 35) apparaissent nettement chargées d'erreurs. 119 000 ha de blé et 96 000 ha de méteil et 11 900 ha de seigle. Une erreur de virgules semble s'être glissée dans les résultats publiés en 1874.

Le blé est la principale culture du département. Chaque année sont récoltés 1 057 000 hectolitres de blé (Bull. Soc. Agr. 1871, n° 3), qui alimentent un fort courant d'exportation de plus de 450 000 hectolitres, "d'une valeur de plus de 9 millions de francs".

Le marché s'est agrandi et "la facilité des transports permettant aux blés étrangers de remonter la vallée du Rhône a enlevé en partie à la Haute-Saône, les débouchés qu'elle trouvait dans cette région, mais elle lui en a ouvert de nouveaux vers l'Alsace et la Suisse, les montagnes du Doubs et du Jura" (Bull. Soc. Agr. 1871, n°3, p. 137).

Les avoines alimentent un courant d'échanges avec le midi et approvisionnent les "places de guerre" régionales.

La production globale de céréales a augmenté depuis vingt ans de 15 à 18% grâce à une amélioration des rendements. Le blé rend 15,5 hl à l'hectare, le seigle 15 hl, le maïs, qui est surtout cultivé dans l'arrondissement de Gray, 15 hl, l'avoine 20 hl. La qualité est en hausse, et l'industrie de la minoterie en développement rapide (Bull. Soc. Agr. 1871- n°3, p. 130).

La pomme de terre qui "occupe une place importante dans l'économie rurale... de la Haute-Saône, et en particulier de l'Est du département" où elle "y remplace plusieurs végétaux exclus par la rigueur du climat" (Bul. Soc. Agr. 1889, n° 20, p. 250) utilise 20 000 hectares de terres (Bull. Soc. Agr. 1875, n° 5).

La betterave à sucre a pris depuis quelque temps une assez large place (Bull. Soc. Agr. 1877, n° 7, p. 223). Il y avait seulement 1000 ha plantés, selon la statistique de 1874. Ces betteraves alimentent 3 sucreries : Vellexon et Beaujeu dans l'arrondissement de Gray, et Gevigney près de Jussey.

"*La vigne* est après le blé, la culture la plus importante du département" (Bull. Soc. Agr. 1871, n° 3). Elle a regagné ce que lui avait fait perdre une série de mauvaises récoltes précédentes (id. p. 132). Elle occupe, comme trente ans auparavant près de 13 000 ha, très inégalement répartis :
    5 800 ha dans l'arrondissement de Gray
    5 300 ha dans l'arrondissement de Vesoul
    1 600 ha dans celui de Lure (Bull. Soc. Agr. 1879, n° 9, p. 206).

En 1871, le produit des vignes, avec deux cépages principaux, Pineau et Gamay dépasse de 20% la consommation locale et donne lieu à un commerce actif en direction des contrées montagneuses voisines (Bull. Soc. Agr. 1871, n° 3). Quelques années plus tard, pour une même surface plantée, la production de 279 000 hl "ne répond nullement aux besoins des habitants" (Bull. Soc. Agr. 1879, n° 9, p. 213).

L'élevage bovin représente une part importante des activités rurales. Toutefois la Haute-Saône est "un pays de production et d'élevage, et non d'engraissement. Les cultivateurs reconnaissent qu'autant ils feront des bénéfices en produisant et élevant des bêtes à cornes, autant ils auraient de la perte en les engraissant" (Bull. Soc. Agr. 1874, n°5, p. 40).

L'engraissement n'est guère pratiqué qu'à Jussey et dans les villages voisins, dont les riches prairies fournissent un foin de première qualité. On y produit 250 à 300 boeufs par an, avec l'aide de pulpe de betteraves et de tourteaux de navette et colza. Quelques boeufs mi-gras sont également produits près de Noroy-le-Bourg (Pomoy, Mollans, Liévans, Montjustin, et grâce aux pulpes fournies par les sucreries locales, aux environs de Beaujeu et de Vellexon.

Toutefois, l'essentiel de l'élevage bovin est tourné vers la production de bétail apte aux travaux des champs. Les boeufs de travail et les vaches sont presque tous nourris à l'étable : on n'envoie au pâturage que les jeunes bêtes. La vaine pâture persiste, mais "tend à disparaître de jour en jour" (Bull. Soc. Agr. 1874, n°5, p. 40).

La race principale est la race fémeline. Elle règne en maître dans l'arrondissement de Gray, forme les 3/4 des sujets de l'arrondissement de Vesoul, 1/4 seulement dans celui de Lure.

Dans les Vosges saônoises (cantons de Faucogney, Melisey, Champagney) existe une "race de montagne" pie-noir, sobre et robuste. Les vaches en sont assez bonnes laitières, les boeufs servent en particulier au transport des charbons des houillères de Ronchamp et Champagney (Bull. Soc. Agr. n°5, p. 137).

Dans le Sud de l'arrondissement de Lure, et à Noroy-le-Bourg et Montbozon on élève les boeufs de la "race de l'Ognon" ou "croisée suisse", recherchés par les acheteurs flamands.

Le cheptel total, en augmentation régulière jusqu'en 1845, passant de 103 000 têtes en 1813 à 165 000 en 1845, a connu ensuite quelques difficultés : pénuries de récoltes en fourrage en 1854 et 1863.

Il compte 153 000 têtes en 1865, et seulement 136 000 têtes en 1871, après l'épidémie de peste bovine "apportée par l'armée allemande" (Bull. Soc. Agr. 1874, n°5, p. 63).

S'il est moins nombreux qu'autrefois, il a connu une amélioration qualitative sensible, liée à une politique de sélection et de croisement, et une alimentaiton plus abondante et plus substantielle : le trèfle a commencé à être sérieusement cultivé en 1826, la luzerne a fait son apparition en 1840-45, certaines prairies ont été améliorées par draînage.

> "Beurre, lait, fromage frais sont consommés par les besoins des ménages ou vendus sur les marchés voisins. Les ventes ont peu d'importance. Il s'est établi cependant un certain nombre de fruitières (18), qui fabriquent des fromages façon gruyère d'une qualité moyenne, mais dont la vente est assurée" (Bull. Soc. Agr. 1871, n°3, p. 129).

L'élevage haut-saônois alimente un fort courant d'exportation. Pour l'engraissement extérieur, beaucoup de boeufs partent vers les départements voisins, jusque dans la Meurthe, l'Aisne, le Nord. Les marchands de ces deux derniers départements achètent surtout les "boeufs de l'Ognon", à la fin de l'hiver ou après les semailles d'automne. Plus de 7000 têtes de bétail sont ainsi vendues chaque année, pour près de 2,4 millions de francs, sur les foires de Lure, Héricourt, Villersexel, Montbozon, Noroy, Montjustin, Vesoul.

Les boeufs gras sont généralement dirigés sur Paris, quelques uns vers Dijon et Nancy. Appartenant à la race fémeline, ils fréquentent les foires de Gray, Jussey, Amance, Faverney, Port-sur-Saône, Combeaufontaine.

La vie rurale surtout a bien changé, aux yeux des notables de la **Société d'Agriculture**. "Depuis 1846, il s'est fait une révolution complète dans la campagne. Leurs habitants n'ont jamais été aussi riches qu'aujourd'hui. Le cultivateur est à l'aise tant qu'il n'est pas obligé d'employer l'ouvrier " (Bull. Soc. Agr. n°8, p. 587).

Son habitation construite en pierres, est couverte en tuiles ou en "laves" ; les toits de chaume ont presque entièrement disparu (Bull. Soc. Agr. 1874, n°5, p. 47). Quelques maisons ont même un étage.

"La nourriture, suffisamment réparatrice, se compose de laitage, de légumes et de lard. Souvent on fait le pot au feu le dimanche. L'usage du vin est général dans les arrondissements de Gray et de Vesoul" (Bull. Soc. Agr. 1874, n°5, p. 47).

"Il s'est établi dans les villes et dans beaucoup de villages des marchands de vin ou des courtiers de marchands de vin, qui placent les vins du midi en grande quantité et avec assez de succès" (Bull. Soc. Agr. 1879, n°9, p. 213).

Dans l'arrondissement de Lure, du côté de la montagne des Vosges, le vin est en partie remplacé par le kirsch et l'eau de vie de marc de raisins.

Les salaires agricoles sont élevés et croissants. La main d'oeuvre est rare et recherchée. Cette situation s'accentue chaque jour davantage. Ses causes sont multiples :
- introduction de cultures qui demandent un plus grand nombre de bras
- transformation des salariés agricoles en petits cultivateurs par acquisition de quelque petite exploitation
- émigration
- nivellement entre salaires agricoles et salaires industriels
- attrait des grands travaux des villes (Bull. Soc. Agr. 1871, n°3, p. 122).

Les ouvriers agricoles ont beaucoup profité de cette conjoncture. Certains ont pu acheter à bon prix des terres. Les autres ont vu leur situation générale s'améliorer, au grand dam des gros propriétaires.

"Les ouvriers paraissent moins exacts et de moins bonne volonté. Les relations avec ceux qui les emploient sont moins faciles. Il y a moins d'attachement" (Bull. Soc. Agr. 1871, n°3, p. 125-126).

Les instruments perfectionnés ne sont venus que dans une mesure fort restreinte suppléer ce manque de main d'oeuvre. La modernisation est lente. L'emploi de machines reste très rare dans le département et est surtout le fait des grandes exploitations.

"Sauf les machines à battre et la faux qui s'est depuis peu d'années généralement substituée à la faucille pour la moisson des céréales, les autres machines qui peuvent diminuer la main d'oeuvre n'existent qu'à l'état d'exception" (Bull. Soc. Agr. 1871, n°3, p. 124).

"Le cultivateur se sert de machines à battre et du tarare, mais il préfère encore battre ses gerbes de menus grains au fléau, car la paille nourrit les bestiaux au jour le jour pendant une partie de l'hiver" (Bull. Soc. Agr. 1874, n°5, p. 76).

Quelques progrès sont cependant à noter "avec l'introduction de charrues en fer, herses à dents de fer, voire quoique encore restreints buttoir et houe à cheval" (Bull. Soc. Agr. 1871, n°3, p. 127).

Toutefois cette évolution technologique intéresse surtout les grands domaines, où le "mobilier" peut se composer de "rateau à cheval, herse articulée, concasseur, houe à cheval, coupe-racines, hache-pailles, arracheur de pommes de terre, batteuse". Là se trouvent aussi la plupart des 150 "machines à faucher et moissonner du parc haut-saônois (Bull. Soc. Agr. 1879;, n°9, p. 230).

La production de fumier demeure insuffisante. On ne compte que 2 têtes de gros bétail pour 3 hectares cultivés. "Le chaulage, le marnage, les amendements sont à peu près inconnus dans le département. On n'achète pas d'engrais ni naturel ni artificiel, du moins en quantités appréciables" (Bull. Soc. Agr. 1871, n°3, p.126). Vers la fin de la décennie, on commence à employer le phospho-guano et le sulfate de chaux comme supplément aux engrais d'étables (Bull. Soc. Agr. 1879, n°9, p. 231).

Malgré certains jugements pessimistes, ("L'agriculture s'obstine à ne pas être de son temps, à continuer par la plus étrange des routines les méthodes des siècles passés" - Bull. Soc. Agr. 1877, n°7, p. 228), l'agriculture en général et la vie paysanne ont connu depuis une vingtaine d'années une mutation importante vers une plus grande aisance :

"Nos marchés sont bien approvisionnés, nos bestiaux se vendent cher, tous nos produits agricoles ont un écoulement facile, l'aisance de nos campagnards va toujours en augmentant, de telle sorte que la propriété rurale sera entièrement entre leurs mains dans moins de vingt ans" (Bull. Soc. Agr. 1871, n°3, p.115).

Tableau idyllique d'une prospérité rurale, que vient cependant corrompre le désastre industriel.

Chacun reconnaît que *l'industrie haut-saônoise a beaucoup souffert* des traités de commerce de 1860, qui ouvrent la France à la concurrence anglaise. L'extinction à peu près totale en quelques années des "usines à fer", a rendu "subitement improductives les mines de fer qui sont assez étendues dans notre département. Il en est résulté des souffrances pour la classe ouvrière, que l'extraction et le lavage du minerai occupaient en toutes saisons, et pour les cultivateurs qui trouvaient à employer utilement leurs attelages pendant l'hiver en transportant le bois, le minerai, la fonte".

Le déclin des industries était cependant inscrit dans les conditions naturelles et l'ouverture des frontières n'a fait que précipiter le mouvement, ainsi que le signale le président Roger Galmiche, libre échangiste, en mars 1870. Des causes diverses expliquent pour lui l'extinction des hauts fourneaux hauts-saônois :

"- la position irrationnelle de presque toutes les usines, éloignées celles-ci du combustible, celles-là du minerai,
- l'augmentation des prix du bois
- la mise en oeuvre dans d'autres régions de minerais de fer beaucoup plus riches que ceux de la Haute-Saône
- le développement et la transformation des usines du Nord, de la Moselle, du Centre, de la Méditerranée qui amélioraient tous leurs moyens de productions, tandis que les nôtres conservaient leurs vieux procédés de fabrication
- l'emploi de fers nouveaux au combustible minéral
- les inventions qui permettent d'abaisser dans une proportion énorme le prix des aciers
- enfin la facilité toujours croissante des transports qui donne à nos fers jusque sur le marché local les fers de toute la France pour concurrents" (Bull. Soc. Agr. 1872, n°3, p. 117).

Outre les industries métallurgiques, dont les effectifs salariaux diminuent de 1/3 en 10 ans, passant de 3000 ouvriers en 1859 à 2000 ouvriers en 1869, les industries textiles souffrent également. La main d'oeuvre passe de 4500 ouvriers en 1859 à 2500 en 1869 dans ce secteur. Des "industries" se renforcent. La meunerie prend un développement important. Des féculeries, fromageries, horlogeries, ganteries, distilleries se créent.

Toutefois la compensation n'est pas totale, et la population haut-saônoise vivant de l'industrie passe en 5 ans de 42 402 personnes (1861) à 35 459 personnes (1866), soit une perte de 1/6.

Les "industries extractives" connaissent un essor certain, malgré la disparition des "ferrières", grâce aux puits "du bassin houiller de Ronchamp, l'une des plus grandes richesses de notre département" (Bull. Soc. Agr. 1879, n°9, p. 190).

"Dans l'arrondissement de Lure, l'industrie occupe un grand nombre de bras et y prospère à la faveur des chutes d'eau qu'elle a à sa disposition (Bull. Soc. Agr. 1879, n°9, p. 186). "Il s'est même formé sur certains points des agglomérations ouvrières d'une réelle importance. Dans plusieurs cantons de la montagne vosgienne, l'agriculture, loin d'être l'unique ressource des habitants, ne suffirait pas à les faire vivre s'il n'existait depuis longtemps sur leur territoire des établissements industriels, dont l'émigration alsacienne a encore augmenté le nombre (Bull. Soc. Agr. 1886, n°17).

La disparition de nombreux hauts fourneaux et fonderies en quelques années, a amené une moindre demande pour les bois locaux, soumis en plus à la concurrence des bois suisses arrivant par chemin de fer. De 1857 à 1867, l'importation des bois communs (merrain, charpentes, bois de feu et charbon) a plus que doublé de valeur.

"Le régime économique inauguré par les traités de commerce (de 1860) a déprécié assez sensiblement la propriété boisée à cause de la décadence de certaines industries qui consommaient une grande quantité de bois, surtout les verreries et les hauts fourneaux. Presque tous les particuliers possesseurs de forêts ne cherchaient à produire que la charbonnette pour les maîtres de forges. La brusque conclusion des traités de commerce, en amenant la rapide extinction des hauts-fourneaux, a avili la charbonnette" (Bull. Soc. Agr. 1872, n°3, p. 136).

"Le prix des coupes, dans les forêts communales et domaniales du département a diminué de 20 à 25% depuis quelques années" (Bull. Soc. Agr. 1872, n°3, p. 115).

Le sapin, très concurrencé par le bois venant de Suisse, a connu une baisse importante.

Par contre, ce qui fait défaut, c'est le bois d'oeuvre de chêne, car les forêts des particuliers n'en fournissent plus, tournées qu'elles ont été longtemps vers la production de petits bois pour l'industrie. Un gros effort est entrepris par l'administration des forêts, pour convertir progressivement en haute futaie tous les taillis appartenant à l'Etat et aux collectivités (Bull. Soc. Agr. 1872, n°3, p. 135), et étendre les forêts de chênes.

"En ce qui concerne l'écorce à tan (des chênes), il faut remarquer qu'autrefois, on ne produisait de l'écorce que dans certaines régions schisteuses, où elle était de très bonne qualité (ainsi dans la Haute-Saône, Champagney, Plancher-Bas, Faucogney, Melisey). Mais quand on a pu introduire librement en Suisse l'écorce de nos forêts, on a levé l'écorce dans toutes les coupes. La production de l'écorce à tan a pris un développement subit et excessif. On a abaissé la qualité" (Bull. Soc. Agr. 1872, n°3, p. 136).

Dans *l'ouverture générale de l'espace par les communications nouvelles*, la Haute-Saône s'estime bien placée par sa situation et son relief peu marqué. De nombreuses allusions en ce sens émaillent les rapports. Les chemins de fer comptent en 1879 plus de 300km de voies en exploitation dans le département. La Compagnie de l'Est contrôle à elle seule 244km. Plusieurs liaisons sont en outre annoncées : Aillevillers-Plombières est presque achevé, Aillevillers-Fougerolles-Val d'Ajol en construction ; Vitrey-Bourbonne à l'étude, Gray-Is sur Tille en projet (Bull. Soc. Agr. 1879, n°9, p. 254).

La canalisation de la Saône se poursuit. Les travaux, un moment arrêtés au début des années 1870 (Bull. Soc. Agr. 1872, n°3, p. 137), ont repris entre Corre et Broye lès Pesmes. En 1879, ils sont exécutés au tiers environ, et devraient durer encore quatre ans. Pour la liaison entre la Saône et la Moselle, le projet de canal latéral du Coney est très avancé, et l'exécution doit débuter en 1879.

Cet essor des communications, s'il est demandé et attendu pour développer l'exportation des produits hauts-saônois, est sujet à critiques vigoureuses dès qu'il permet l'arrivée de la concurrence extérieure, notamment étrangère :

"Nos bois sont sensiblement affectés dans leur valeur par l'insuffisance des droits d'importation qui frappent les bois étrangers. Ils baisseront encore lorsque seront terminées les nouvelles voies ferrées, entreprises par l'Etat, ce qui demandera encore à peu près une année (Bull. Soc. Agr. 1885, n°16, p. 67).

De plus l'établissement des chantiers de chemins de fer est accusé, conjointement avec l'attrait de la ville, d'être à l'origine de la raréfaction et de la cherté de la main d'oeuvre agricole, ainsi que de la baisse de population rurale :

"Il est de notoriété publique que le développement des voies de communications et en particulier l'établissement des voies ferrées a eu pour conséquence d'élever les tarifs des produits de la campagne et les prix des journées ; que du jour où la campagne n'a plus offert les avantages de la vie à bon marché, l'émigration de la campagne à la ville a commencé pour ne plus discontinuer" (Bull. Soc. Agr. 1879, n°9, p. 244).

"La population a notablement diminué depuis 1841, époque à laquelle remonte le point de départ des grandes voies ferrées" (Bull. Soc. Agr. 1879, n°9, p. 216).

"Les grandes villes, foyer d'industrie et de commerce absorbent non plus le superflu du travail agricole, mais ce qui est son nécessaire. En donnant un salaire plus fort et en exigeant un travail plus faible, l'usine et l'atelier font déserter la ferme" (Bull. Soc. Agr. 1877, n° 7, p. 229).

L'étude détaillée du mouvement de population de 1836 à 1881, par Emile Longin publiée en 1886, fournit des précisions intéressantes sur ce mouvement général de décroissance qui affecte toutes les zones rurales.

En 1836, existaient 63 centres de plus de 1000 habitants. En 1881, il n'en reste plus que 48. Seules les villes les plus importantes, Vesoul, Gray, Héricourt, Jussey, Lure et Luxeuil voient leur population augmenter. L'arrondissement de Gray, où les traités de commerce ont ruiné l'industrie métallurgique ancienne, a perdu en quelques années 1/5 de sa population. Celui de Vesoul est à peine moins touché (diminution de 1/6), mais certains cantons connaissent une hémorragie grave. Noroy le Bourg a perdu en 35 ans le tiers de sa population cantonale, Montbozon, Rioz, Scey sur Saône le quart. L'arrondissement de Lure a moins souffert. L'industrie y est prospère dans toutes les vallées vosgiennes, et l'exploitation des houillères est florissante.

Ronchamp passe de 1646 à 3516 habitants entre 1836 et 1881, Champagney dans le même temps, de 3032 à 4114 habitants, Plancher les Mines, de 1394 à 2348 habitants. (Bull. Soc. Agr. 1886, n° 17).

Malgré quelques centres de résistance, la baisse est quasi générale dans les communes rurales. Chaque année l'émigration entraîne plus d'un millier de personnes, surtout des femmes (600 femmes, 400 hommes) (Bull. Soc. Agr. 1872, n° 3, p. 124). La plupart se dirigent vers Paris. "La statistique évalue à 30 000 personnes le contingent de notre province dans les 2 millions d'habitants de la capitale (Bull. Soc. Agr. 1886, n°17).

Ainsi dans les années 1870-1880, apparaît une Haute-Saône bien différente de celle du milieu du siècle. Les industries rurales, surtout métallurgiques, ont déserté les plateaux de la Haute-Saône. Par contre les vallées des Vosges Comtoises connaissent un essor industriel lié à l'utilisation des cours d'eau, à l'extraction houillère et à l'apport de capitaux et de techniciens alsaciens.

La population rurale est en diminution notable. La surcharge agricole - près de 100 hab. au km2 dans certains cantons ruraux - s'atténue. Les cultivateurs prennent en mains leurs exploitations. Le monde rural, malgré une vie encore "bien dure" connaît une amélioration sensible de sa condition. Quoique la mécanisation soit encore bien timide et l'usage des engrais très parcimonieux, les rendements sont en hausse.

Cependant vers la fin du siècle apparaissent de nouveaux symptômes de crises. L'agriculture y traverse une phase difficile. Les revenus de la terre diminuent. Le prix de vente des productions agricoles ne suit pas la hausse des prix de revient. Des cultures spéciales anciennes comme le chanvre, le lin, les graines oléagineuses, tendant à disparaître. Le vignoble haut-saônois est à bout de souffle (Bull. Soc. Agr. 1890, n°21, p. XXXI).

La protection du marché national par des tarifs protecteurs, amorcée en 1885, n'est pas jugée assez complète et insuffisante. Le blé qui, 30 ans auparavant se vendait 25 à 26 F ne se vend plus que 22 à 23 F (et grâce au droit protecteur de 5 F). Il revient pourtant au producteur à 27 F. La concurrence américaine est très vive (Bull. Soc. Agr. 1884, n°14, p. 30). Les pommes de terre, dont le marché n'est pas protégé se vendent à moitié de leur prix de 1870. Le beurre soumis à la concurrence italienne et suisse, qui valait 1,20 F le demi-kilo "autrefois" est payé 0,75 F. Les moutons sont introduits en nombre énorme (Bull. Soc. Agr. 1888, n°19, p. XIX).

La production du bétail ne constitue pas un revenu rémunérateur : la viande de boeuf qui se vendait "autrefois" 90 F les 100 kg atteint péniblement les 60 F, parfois seulement 45 F. Le marché européen est envahi par le bétail arrivé, sur pied d'Amérique du Nord, ou abattu et "gelé" d'Amérique du Sud et d'Australie (Bull. Soc. Agr. 1888, n°19, p. XXVII).

L'élevage haut-saônois est handicapé également par les mauvaises performances de la race locale fémeline :

"Tandis que dans tous les départements limitrophes de la Haute-Saône, l'élevage des bestiaux a fait depuis 25 ans de très notables progrès, que les races s'y sont sensiblement améliorées, la race fémeline est restée stationnaire, si même elle ne s'est pas appauvrie (Bull. Soc. Agr. 1881, n°11). On retrouve nettement accentués tous les caractères de l'animal lent à croître, consommant beaucoup et s'assimilant mal la nourriture qui lui est donnée (Bull. Soc. Agr. 1884, n°14, p. 123). Il en résulte que les bestiaux de la Haute-Saône ne trouvent plus un débouché aussi facile qu'autrefois, beaucoup d'engraisseurs du Nord ont abandonné nos foires pour aller s'approvisionner ailleurs, dans le Nivernais notamment" (Bull. Soc. Agr. 1881, n°11, p. 473).

Aussi la race fémeline "tend chaque jour à perdre du terrain". Le vétérinaire Chavanne suggère une politique hardie de croisement avec la race anglaise "Durham", "race amélioratrice par excellence" (Bull. Soc. Agr. 1885, n°16, p. 145). Les foires de la vallée de la Saône sont abandonnées des acheteurs étrangers.

Par contre, "à côté des fémelines, on élève aujourd'hui en nombre assurément égal la race dite de l'Ognon ou de Montbéliard". Le terme apparaît dans les comptes-rendus de la Société pour la première fois (Bull. Soc. Agr. 1884, n°15). La race ne prendra sa dénomination officielle "Montbéliard" qu'en 1889.

"Répandue dans toute la partie sud-est du département, elle tend à se propager dans le reste. Race à croissance rapide, elle est toujours recherchée par les engraisseurs du Nord et de la Belgique sur les foires de Villersexel, Montbozon, Lure, Vesoul, Héricourt en Haute-Saône, et sur les plateaux du Doubs (M. Chavanne, Bull. Soc. Agr. 1884, n°15, p. 67).

Dans la dernière décennie du siècle, les notations géographiques et économiques sur le département se font très rares, et les seules qui existent soulignent le problème de l'élevage fémelin haut-saônois. (Bull. Soc. Agr. 1892, n°23), alors que subsiste encore "le départ chaque semaine de plusieurs wagons de bétail à destination soit de la Villette, soit de Reims, soit de Nancy, soit des sucreries et distilleries du Nord" (Bull. Soc. Agr. 1898, n°29, p. XXIV).

CONCLUSION

Créée sous le Premier Empire, la Société d'Agriculture de la Haute-Saône à traversé tout le XIXe siècle, non sans encombres, sans transformations, sans remaniements.

D'abord très liée au pouvoir politique et administratif et composé pour une bonne part de fonctionnaires départementaux, elle s'en est progressivement libérée pour entrer même, sous la Troisième République dans une opposition virulente aux principes économiques soutenus par le gouvernement.

Mais elle reste toujours émanation d'une classe politique de notables lettrés, membres vésuliens de professions libérales ayant des attaches et des propriétés à la campagne, fonctionnaires en retraite, hobereaux ruraux souvent titrés gérant les grands domaines autour de leurs châteaux.

Les statuts de la Société tournent celle-ci vers les problèmes ruraux et la promotion du progrès agricole doit être au premier plan de ses préoccupations. Cependant son optique générale a varié tout au long du siècle en fonction des théories économiques dominantes et des problèmes de l'heure rencontrés par l'agriculture et le monde rural en général.

Tout d'abord marqués par l'agronomie ambiante du début du siècle, les propriétaires ruraux de la Société d'Agriculture ont à coeur d'expérimenter de nouvelles méthodes, de nouveaux appareils, de nouveaux produits. Leurs essais, leurs succès doivent être sources de rayonnement et donc servir à propager de place en place la rénovation agricole. L'agriculture est alors la préoccupation dominante, voire unique, et le "Recueil Agronomique" un instrument privilégié de diffusion de l'innovation pratique.

L'institution des Congrès Agricoles départementaux avec la participation active de la Société d'Agriculture ouvre sur d'autres sujets et des réflexions plus générales les travaux des membres de la Société savante haut-saônoise. Ils se penchent sur tous les aspects de la vie rurale et abordent ainsi une analyse de la société, analyse marquée de conservatisme et de recherche du maintien de l'ordre et de la hiérarchie sociale.

Le bouleversement profond apporté par la politique douanière libre-échangiste établie sous le Second Empire, la ruine consécutive de l'industrie métallurgique rurale, le renchérissement et la fuite de la main d'oeuvre vers les grands travaux ferroviaires et urbains contribuent à modifier de façon radicale l'appréhension des problèmes et la composition de la Société d'Agriculture. En opposition avec le gouvernement républicain, séparée de tous les cadres administratifs locaux, elle recrute ses membres parmi la bourgeoisie vésulienne et la noblesse rurale très conservatrice. Elle prend position ferme sur les problèmes de politique économique générale, qui deviennent sujet principal de réflexion et de discussion. L'action pratique concrète et locale perd de l'importance. De ce fait, les préoccupations seront moins tournées vers l'agriculture, que vers l'économie en général et englobent désormais d'autres disciplines scientifiques et littéraires. Surtout l'histoire, et particulièrement l'histoire régionale prend peu à peu la première place parmi les travaux et dans le "Bulletin de la Société d'Agriculture".

Cette évolution des vues durant le siècle aboutit à un changement profond dans le support spatial des préoccupations. Durant la première période apparaît une attitude très localisée des actions, où les problèmes retenus sont au niveau des méthodes et des expérimentations dans les exploitations, où le cadre régional n'est perçu que comme assise territoriale somme de toutes les expériences locales, sans que l'on perçoive jamais une quelconque prise en compte des conditions particulières physiques ou humaines du milieu : la Haute-Saône est une bonne terre, où toutes les expériences peuvent se donner partout libre cours.

Peu à peu, et avec la prise en charge de questions sur l'économie et la société rurales, se substitue une vue plus globale de la région, avec distinction d'ensembles homogènes vus avec leurs caractères particuliers et leurs possibilités. La connaissance devient plus scientifique. L'analyse peut ainsi déboucher sur une vision assez nette du cadre régional, géographie descriptive, surtout économique, où l'étude physique se limite au répertoire des roches, des tracés des rivières, à l'énumération des plaines et des "chaînons montagneux" d'interfluves.

Dans le même temps, à l'oubli quasi-total des cadres régionaux anciens succède le sentiment d'une unité provinciale, recherchée dans le passé commun. L'Histoire n'est plus liée à un vestige localisé, mais concerne une période de grandeur ou de misère qui n'intéresse pas seulement les localités au nord de l'Ognon. Aussi la Franche-Comté prend dans les idées une place de plus en plus grande, d'autant que cette retrouvaille correspond à une volonté de se démarquer du pouvoir central dont on n'approuve pas la politique.

Avec la parcellisation des préoccupations de la Société à ses débuts, uniquement tournées vers des expériences agricoles ponctuelles, avec la recherche primordiale de l'unité comtoise dans l'histoire régionale, ce ne sera guère qu'à deux périodes intermédiaires qu'apparaîtront des éléments suffisants pour voir émerger une vue assez précise et détaillée du cadre géographique d'intérêt, toujours départemental. La Franche-Comté n'est pas en soi le fait d'études précises. Elle reste une entité, une vertu.

C'est l'idée franc-comtoise seule qui est promue, et on recherche sa réalité surtout dans l'histoire commune, plus que dans une solidarité économique ou des aspects physiques.

De toutes les discussions lors des Congrès agricoles départementaux sort une vision suffisamment précise de la Haute-Saône au milieu du siècle, comme quelque vingt cinq ans plus tard, à partir des rapports et mémoires publiés au début de la 3ème République.

Deux visages de la Haute-Saône, saisis non dans tous leurs aspects, mais dans ce qui intéresse les membres hauts fonctionnaires, bourgeois et hobereaux ruraux de la Société d'Agriculture. Deux visages, avec entre eux, la coupure majeure de la révolution douanière des années 1860 et de l'ouverture de l'espace par les chemins de fer. D'un côté une Haute-Saône industrielle et agricole, traditionnelle, aux populations rurales pléthoriques et misérables, de l'autre un département aux industries métallurgiques ruinées, à l'agriculture, en développement, avec l'amélioration des conditions de vie, avec l'exode des ouvriers ruraux vers les villes et les grands chantiers. Une Haute-Saône animée désormais du mouvement général des affaires, mais dont les dernières années du siècle annoncent la remise en cause, dans les rares annotations des derniers numéros du "Bulletin de la Société".

TABLE DES MATIERES

ELEMENTS DE GEOGRAPHIE HISTORIQUE DE L'ESPACE COMTOIS

PREMIERE PARTIE

	Pages
D. MATHIEU. MAITRISE DE L'EAU ET AMENAGEMENT RURAL EN FRANCHE-COMTE	11
INTRODUCTION	11
L'IRRIGATION	14
Chapitre I L'irrigation au XVIIIe siècle : la région de Montbéliard	14
Chapitre II L'évolution au cours du XIXe siècle et jusqu'en 1914	30
Chapitre III L'organisation de l'irrigation au XIXe siècle	45
Chapitre IV Le XXe siècle : disparition des arrosages traditionnels et développement des irrigations par aspersion	61
L'HOMME CONTRE L'EAU	67
Chapitre V L'assainissement général	67
Chapitre VI Le drainage souterrain	83
Chapitre VII La lutte contre les inondations	96
CONCLUSION	105
NOTES BIBLIOGRAPHIQUES	107

DEUXIEME PARTIE

J.P. NARDY ET A. ROBERT REPRESENTATIONS DU CONCEPT DE REGION DANS DEUX DEPARTEMENTS FRANC-COMTOIS AU XIXe SIECLE	113
J.P. NARDY PERCEPTIONS D'UN ESPACE REGIONAL. LA SOCIETE D'EMULATION DU JURA ET LA FRANCHE-COMTE (1818-1898)	115
1) LA PERIODE 1818-1854	116
La vie de la Société	116
La S.E.J. et sa région	119
Le Jura agricole	121
La S.E.J. et l'industrie	124
L'infrastructure des transports	125
La S.E.J. et son département	129
2) LA PERIODE 1863-1898	134
Les sociétaires et leurs préoccupations	135
La S.E.J. et sa région	139
CONCLUSION	145

A. ROBERT. L'IDEE REGIONALE A TRAVERS LES PREOCCUPATIONS DE LA SOCIETE D'AGRICULTURE DE HAUTE-SAONE AU XIXe SIECLE 147

   1) LE DYNAMISME DE LA SOCIETE D'AGRICULTURE DE LA HAUTE-SAONE 147
      2) LES SUJETS D'INTERET 158
      3) L'ESPACE D'INTERET 177
      4) LA VISION DU DEPARTEMENT 189
CONCLUSION 211

FACULTÉ DES LETTRES ET SCIENCES HUMAINES
30, rue Mégevand
25030 BESANCON CEDEX

4ème trimestre - 1985

IMPRIMEUR - 259